RÜDIGER BARTH

EIN MANN, EIN BOOT

Zum Buch

»Alles begann vor einigen Sommern in der Dänischen Südsee. Ich machte mit Freunden einen Törn als Mitsegler, sprich Ballast. Nachmittags ankerten wir, schwammen, lasen und tranken. Die Sonne ging kurz vor Mitternacht unter, der Himmel färbte sich langsam rot, das Wasser gluckste uns in den Schlaf. Schöner kann die Welt kaum sein. Kurz darauf machte ich auf der Alster den Sportbootführerschein, aber segeln konnte ich trotzdem nicht. Wenn sich die Jolle jäh auf die Seite legte, krallte ich mich an der Bordwand fest. Wenn die Segel knallten, schaute ich besorgt auf den Mast. Und wenn ich in den Hafen gedonnert kam, scheuchte ich schon mal ein paar Optimisten aus dem Weg. Mir blieb nur eins: mir endlich ein eigenes Boot zu kaufen.«

Von einem, der auszog, um das ideale Boot zu finden, und zum passionierten Segler wird – ein wunderbares Bekenntnis zum Segeln und zum Träumen.

Rüdiger Barth, geboren 1972, wuchs im Schwarzwald auf und lebt mit seiner Familie in Hamburg. Seit 2000 arbeitet er beim *stern*, 2007 wurde er Sportchef des Magazins, im Herbst 2010 Autor. Zuletzt veröffentlichte er bei Malik »Endlich weg – über eine Weltreise zu zweit«. Trotz Patenthalse bestand er 2007 den Sportbootführerschein Binnen. 2010 erwarb er Liv, sein eigenes Boot, eine Bianca Commander 31, Baujahr 1974.

RÜDIGER BARTH

EIN MANN

EIN BOOT

MALIK

Mehr über unsere Autoren und Bücher:
www.malik.de

Dank an Leonhardt & Høyer Literary Agency A/S, Copenhagen,
für die Genehmigung der Textpassage auf S. 109
aus Carsten Jensens Roman »Wir Ertrunkenen«, Knaus Verlag, München,
© Carsten Jensen 2006, in der Übersetzung von Ulrich Sonnenberg.

ISBN 978-3-89029-380-6
© Piper Verlag GmbH, München 2011
Redaktion: Fabian Bergmann, Ismaning
Umschlag und Bildteilgestaltung: Birgit Kohlhaas, Egling
Alle Fotos: Barth
außer: Baadmagasinet (Tafel 1 oben rechts); Marc Bielefeld (8 unten);
Thomas Hegenbart (2 oben und unten, 3, 15 unten);
Michael Müller (12 oben, 13 oben)
Satz: Fotosatz Amann, Aichstetten
Litho: Lorenz & Zeller, Inning am Ammersee
Druck und Bindung: CPI – Ebner & Spiegel, Ulm
Printed in Germany

Nichts
kommt dem Fliegen
so nahe wie Segeln –
außer Träumen.
Jerome K. Jerome, »Drei Mann in einem Boot.
Ganz zu schweigen vom Hund!«

Nichts,
da war er sich sicher,
würde je übertreffen,
wie er sich jetzt fühlte:
ängstlich, stolz, verloren,
unsichtbar, lebendig.
Denis Johnson, »Ein gerader Rauch«

Kaufen Sie dieses Buch nur ja nicht –
lesen Sie es nur ja nicht,
wenn es herauskommt,
denn es ist ganz und gar nichts für Sie.
Es ist kein feines weibliches Stück Spitalfields-Seide,
sondern aus jenem grauenhaften Gewebe,
das aus Schiffstrossen und Tauen gemacht ist.
Ein Polarwind pfeift hindurch & Raubvögel umflattern es.
Warnen Sie alle zartbesaiteten Seelen davor,
auch nur einen flüchtigen Blick
in dieses Buch zu werfen –
sie riskieren Hüftweh und Hexenschuss.
Hermann Melville über »Moby Dick«

INHALT

EINS VORWEG 8

EINS
SÜCHTIG WERDEN 11

ZWEI
VOM SUCHEN 19

DREI
VOM FINDEN 49

VIER
LIV 81

FÜNF
MAST AB 109

SECHS
ÜBERWINTERN 123

SIEBEN
MAST HOCH 145

ACHT
DURCHSTOSS 171

NEUN
VERTEUFELT ENG 227

ZEHN
SEEKLAR   247

ELF
HINAUS   273

ZWÖLF
LIV & WIR   305

GLOSSAR   312

EINS VORWEG, dieses Buch ist nichts für trockene Kehlen. Es wird manches Mal geflucht auf den folgenden Seiten, ich weiß auch nicht recht, warum, muss mit dem Bootsleben zu tun haben. Mit der Art, wie wir *sailors* so sind. Es wird auch oft gesoffen in diesem Buch, da werde ich keinen enttäuschen, no, Sir, doch am Ende werden Sie, verehrte Leser, die Böe in der Ferne wittern können, so wie ich sie zu wittern gelernt habe – und wie ich lernen, die Wellen auszureiten und den Rum zu verschütten und den Anker zu lichten und in einer mondhellen Nacht vielleicht sogar Schmetterlinge aus Lichtfunken ins Meer zu malen.

So vieles. Ich vermag, einen Traveller nach Lee rauschen zu lassen – was auch immer das ist, ein Traveller – und einen elf Meter hohen Mast zu legen; ich habe bei Windstärke fünf bis sechs Anlegemanöver gemacht, bis ich das Anlegen beinahe beherrschte; ich kann neuerdings sogar über Bord pinkeln, ohne die Pinne loszulassen. Bei allem Respekt, es erwartet Sie ein wilder Ritt, wenn Sie noch ein hundsgewöhnlicher Landmensch sind. Wer schwanger ist oder es schnell am Nacken kriegt, sollte besser aussteigen, wem leicht übel wird, dem rate ich rundweg von der Lektüre ab.

Also Leuten wie mir selbst.

Ich will keinem was vormachen. Ich gehörte nicht immer zu den Helden der See. Es gibt in unserem Land Millionen Menschen, die figgerig werden, wie ich es werde, wenn man ihnen eine Silikonpistole in die Hand drückt. Die eine Heidenangst schon bei der Vorstellung bekommen, auf einer schlingernden Plastikschale in ein Gewitter zu geraten. Und genug, da wette ich, die, wenn sie sich hinter die Brandung gekämpft haben, sofort dieses »Der weiße Hai«-Thema hören, *dudu-dududu*, und beim Schwimmen im Meer die Beine anziehen. Aber von denen will ja keiner ein eigenes Boot, oder?

Vielleicht sind Sie aber auch, wie ich es war. Sie hätten gern eines. Sie trauen sich aber nicht. Nicht nur es zu wagen, sondern sogar es auszusprechen. Weil es so lächerlich klingt. Weil so vieles dagegenspricht. Zum Beispiel die eigene Ehefrau. Meine sagte: »'tschuldigung, mein Lieber, aber wenn es einer nicht kann, dann du.« Das hat sie gesagt, ich schwör's, und zwar gerade, als ich mich aus innerster Überzeugung aufgemacht hatte, ein Seemann zu werden.

Schon lange hatte ich davon geträumt, ein Boot zu besitzen. Ein richtiges Boot mit Segeln, das lautlos übers Meer gleitet, nur die Kraft der Winde ausnutzend, eins mit Kojen, in denen man schlafen kann, einem Kühlfach, in dem eiskaltes Bier lagert, und einem bleiernen Anker, den man auswirft, wenn man eine Bucht entdeckt hat, in der das Wasser den roten Abendhimmel spiegelt. Mehrere meiner Freunde besitzen ein Segelboot. Sie sagten oft »Du musst dich zu deinem Glück zwingen. Kauf dir ein Boot, das kostet nicht so viel, wie du denkst. Wenn du eins hast, lernst du das Segeln. Und wir helfen dir.« Ich fand stets, das klang gut.

Selbstverständlich hörte ich mir alle Gegenargumente an. Sie waren durch und durch stichhaltig. Mein Vater erzählt bis heute gerne, einer seiner früheren Geschäftspartner, ein Anwalt, bekannter Mann in München, sei beim Segeln auf dem Starnberger See ertrunken. Allein unterwegs, es war kühl, Sturm kam auf, der Baum wehte ihn von Deck, bumms, tot. So gefährlich ist Segeln. Mein Bauch wiederum raunte, ich sei schon oft seekrank gewesen, ich könne es jederzeit wieder werden. Seekrank sein ist nicht schön, ein bisschen wie sterben, nur dass man nicht stirbt. Man hängt über der Reling und wartet, bis es nachlässt. Manchmal dauert es, bis es nachlässt. Meinem Vater wie meinem Bauch schleuderte ich das beste, aber auch einzige Argument entgegen, das mir einfiel: Ihr werdet schon sehen, wenn ihr dabei seid!

Und so stand ich eines Tages da, in Bogense, Nordfünen, Dänemark. Ein kühler Tag im Mai. Um meine Füße schmiegten sich Lederstiefel, mit denen man auch die Antarktis hätte befahren können. Meine Handschuhe waren an den Innenseiten angeraut, doch zwei Fingerkuppen lagen frei, wegen des Gefühls. Ein Himmel ohne Sonne, neun Grad, Windstärke drei bis vier aus Nordwest, das Meer breitete sich aus, als warte es auf uns. Die Crew: meine Frau Anna, die mitzog, weil sie immer mitzieht, wenn's drauf ankommt. Zwei beste Freunde, die uns halfen. Und natürlich der Skipper. Darf ich mich schon so nennen?

Unser Boot, Liv, eine Bianca Commander 31, neun Meter fünfunddreißig lang, zwo Meter siebzig breit und dreieinhalb Tonnen schwer, Baujahr 1974, war ein paar Wochen zuvor zu Wasser gelassen worden, der Mast, das Rigg, die Segel montiert. Nun startete ich den Motor, der, obschon etwas älter, schnurrend ansprang, und wir glitten gemeinsam aus dem Hafen, hinaus auf die blanke See, dorthin, wo jetzt ein schmaler Strahl der Sonne das Wasser glitzern ließ.

Mal sehen, sagten wir uns, wo wir heute Abend landen.

EINS

SÜCHTIG WERDEN

1

AM TAG, an dem unser Sohn auf die Welt kommt, beschließe ich vor lauter Glück, uns ein Segelboot zu kaufen. Ich erzähle es meiner Frau nicht sofort, das wäre nicht klug, ich warte ab, bis sie wieder stark genug ist, mich für verrückt zu erklären. Dann schauen wir unseren Sohn an, der noch sehr klein ist, wirklich wahnsinnig klein, und ich deute auf seine gebogenen Waden. »Seemannsbeine«, flüstere ich, und mein Sohn zwinkert mir zu. »Zwo zu eins«, sage ich.

Ich bin an den Hängen des Schwarzwalds groß geworden. Bei uns in Baden gibt es den eingedeichten Rhein, früher von Mücken umschwirrt, die bei uns Schnaken heißen, ein paar Baggerseen und oben in den Bergen die Schwarzenbachtalsperre, die man sonntags gar nicht sieht vor lauter Harley-Hintern auf Picknickdecken. Segeln tut da kein Mensch. Aus meiner Kindheit kenne ich das malerische Bild, wenn ein Dutzend Enten aus einem Feld aufsteigen, ich weiß, wie sich der Knall eines Gewehrschusses anfühlt im eigenen Magen, und ich sehe noch vor mir, wie erst ein schlaffer Körper abstürzt und bald darauf einzelne Federn zu Boden schweben. In meiner Familie gibt es, historisch gesehen, viele Jäger, aber keinen einzigen seefahrenden Entdecker. Ich werde der erste sein. Ein Pionier. Mein Sohn wird mal sagen können: »Mein Vater war ein Segler. Und meine Mutter wurde auch zu einer Seglerin. Ich habe segeln gelernt, da war ich nicht viel größer als eine Boje.« Das soll er mal sagen dürfen.

Also werde ich mir ein Haus auf dem Meer kaufen. Ein altes Boot mit Seele, mit viel Holz, ächzendem Tauwerk und bewegtem Leben, weil vor allem solche Boote einen Charakter haben, und ein Boot ohne Charakter will ich nicht. Am besten eines, das so alt ist wie ich selbst, womöglich mein Baujahr, 1972.

»Und denk an Pumba«, fahre ich fort, »sie wäre total heiß.«

»Das ist unfair«, erwidert meine Frau.

»Drei zu eins.«

Wir haben einen Hund, der groß ist und schwarz und aussieht wie eine Mischung aus Problembär und Alf. Es wäre ihm peinlich, erkannt zu werden, daher wollen wir ihn im Verlaufe dieser Geschichte Pumba nennen, wie das furzende Hängebauchschwein aus dem »König der Löwen«, ohne dass ich erläutern möchte, wieso. Pumba ist ein Weibchen, auch wenn sie das zu verbergen sucht. Sie schwimmt für ihr Leben gern. Tappst freudig auf Stegen herum, erklettert begeistert Bordwände und schaut sehnsuchtsvoll Wildgänsen nach, die vor ihr flüchten – noch sehnsuchtsvoller aber, wenn sie nicht flüchten. Sie ist, man kann es so sagen, ein Wasserhund. Vielleicht wäre ich ohne Pumba gar nicht auf die Idee mit dem Boot gekommen. Obwohl, nein, das ist zu viel der Ehre.

Einmal segelten wir auf dem Plöner See in der Holsteinischen Schweiz, in Sachen Berge ein Witz, aber schön dort. Wir hatten uns eine Jolle gemietet, es sah nicht sehr windig aus, aber es war windig. Und es war das erste Mal, dass wir unseren Sportbootführerschein lässig auf die Theke knallen konnten. Davon träumt man ja als Segelschüler: sich einfach mal irgendwo eine Jolle zu mieten, an einem dieser friedlichen Seen, wo man sonst nur steif am Ufer sitzt und bei einem hellen Hefeweizen den weißen Segeln hinterhersieht. Da draußen pfiff eine böige Brise, die unser kleines Boot bedenklich in Schräglage brachte. Meine Frau traute sich nicht an die Pinne, was ungewöhnlich ist, sie sagte, sie fühle sich doch noch zu unsicher. »Mach du mal«, forderte sie mich auf.

Wenn man in die richtige Richtung guckt, sieht der Plöner See aus, als wäre er aus Skandinaviens Wäldern herausgepult. Es war nicht viel Betrieb, und so sausten wir hierhin und dorthin, mit viel Druck auf den Lappen, wie man so sagt, ordentlich Schweißperlen auf der Stirn und Pumbas Gehechel in den Ohren. Vor lauter Wonne – es war ein heißer nordischer Tag –

wäre sie über Bord ins Wasser gesprungen, wenn Anna sie nicht an der Leine gehalten hätte. Das gehört zu den komplizierteren Dingen: mit einem Hund an Bord eines Segelbootes die Leinen und die Leine auseinanderzuhalten. Wenn sich das alles verknotet, gute Nacht! Dann reicht ein strammer Windstoß, und der Hund wird einmal gekielholt und wieder retour.

Aber das weiß der Hund ja nicht, zum Glück, und so hatte Pumba keinen blassen Schimmer, dass es nur ein wenig misslingendes Gefummel gebraucht hätte, und sie wäre entweder erdrosselt oder ertränkt worden oder beides zugleich. Stattdessen leuchteten ihre Augen vor Begeisterung, als wir wieder anlegten, ein Unterfangen, das mir zugegebenermaßen nicht auf Anhieb gelang. Eine unidentifizierbare Strömung drückte uns vier Mal wieder vom Steg weg, sodass ich auf kleinstem Raum mehrfach meine ganze Kunst aufbieten musste, die vor allem darin bestand, in Bruchteilen einer Sekunde den Kopf einzuziehen und von der einen Cockpitwand zur anderen hinüberzuhechten. Von meiner Panik bemerkte Pumba nichts. Hinterher sah sie ganz segelgeil aus, fand ich. Auf ihre Stimme kann ich seitdem zählen. Drei zu eins, wie gesagt.

»Du kannst nicht segeln«, hielt mir meine Frau vor, als wir wieder an Land waren. Da hatte ich sie gerade nach Hause gesegelt. Unser Sohn war zu jenem Zeitpunkt noch nicht mal im Werden.

Und jetzt wiederholt sie diesen Satz, unseren Sohn in ihren Armen.

»Eben«, entgegne ich und lächele weise, denn was anderes bleibt dem Pilger, der einer Bestimmung folgt, die sonst niemand erkennt? Und füge hinzu: »Es wird ein Wunder sein.«

2

EIN PAAR WOCHEN vor jenem ersten Törn auf dem Plöner
See, in einem makellosen Sommer der Nullerjahre, hatten wir
unseren Segelkurs auf der viel besungenen Außenalster in
Hamburg gemacht, der Hahnenkamm-Abfahrt unter den
Segelseen. Lacht da wer? Der kennt die Alster nicht. Das heim-
tückischste aller Reviere. Selbst die Fischer der bretonischen
Gezeitenfjorde und die Piraten der molukkischen Garnelen-
sümpfe würden mit den Hamburger Fallwinden ihre liebe
Mühe haben und Patenthalse auf Patenthalse hinschmettern.

Den »Sportbootführerschein für Binnengewässer« bestand
ich bei Vollflaute in einer Jolle, einer fünf Meter langen, offenen Nussschale. Seitdem habe ich den Lappen, drin pappt ein
Bild von mir, das mich vollbärtig zeigt und wie im Rausch,
aber segeln kann ich trotzdem nicht. Wenn Böen kommen
und sich das Boot jäh auf die Seite legt, kralle ich mich unwillkürlich an der Bordwand fest, wenn die Segel knallen, schaue
ich besorgt auf den Mast, und als ich einmal zu schnell in den
Hafen gedonnert kam, rammte ich versehentlich eine Handvoll Kindersegler in ihren Optimisten aus dem Weg.

Daran erinnert mich jetzt wieder meine Frau. Wir sitzen in
einem Café an der Alster, der Kleine schläft, so Kleine schlafen
ja viel. Pumba hat sich zwischen uns ausgerollt, da macht
ihr niemand was vor. Ich erinnere Anna an die Regatta, die
unseren Anfängerkurs krönte. Meine Frau war am Ruder, sie
verpatzte den Start, drehte ab, prallte gegen eine Boje, und ich
wedelte vorne machtlos mit der Leine des Vorsegels herum.
Wir kamen erst ins Ziel, als die anderen schon ihr Alsterwasser
zischten.

Unsere reizende Freundin Kornelia, die auch teilnahm, erzählt gemeinsamen Freunden seither gerne, wie sehr wir zwei
uns bei dem Kurs gestritten hätten, wie ein altes Ehepaar. Dies
sei eine rundweg falsche Interpretation, widerspreche ich stets
voller Würde. Anna pflichtet mir ebenso würdevoll bei. In
diesem Moment bin ich stolz auf meine Frau, weil sie sich vor

uns wirft, wie sich das gehört. Jeder Hader ist vergessen, die vergeigte Regatta verblasst. Es habe nur Idee gegen Idee gestanden, verkünden wir, je nachdem, wer das Steuer in den Händen gehalten habe; Befehl gegen Trotz.

3

DER KAPITÄN IST SCHULD, er hat mich verführt und auch Anna. Vielleicht sollte ich ihn kurz vorstellen, die meisten werden zwar schon eine Geschichte von ihm gelesen haben, denn wer Bücher liest, liest auch Zeitungen, und der Kapitän ist eigentlich überall zu lesen. Aber wer weiß schon, dass der Name aus der Sonntagszeitung zu einem Menschen aus Fleisch und Blut gehört? Der Kapitän ist seit einiger Zeit Anfang vierzig und wäre am liebsten U-Boot-Kommandant geworden; immerhin hat er es zu einem blitzenden, schmalen schwedischen Holzboot gebracht. Nach jedem Törn sieht er aus, als hätte er die Seeschlacht am Skagerrak persönlich befehligt. Der Bart wie aus silbernen Drahtfäden gewirkt, die Wangen verbrannt, und der Blick verliert sich irgendwo zwischen Nordnordwest fünf bis sechs und der kurzen, steilen Welle des Kleinen Belts. Wenn der Kapitän ankert, springt er ab und zu von seinem Boot unvermittelt ins Meer und krault zu einem anderen Schiff, um es sich aus der Nähe zu betrachten. Manchmal hat er Glück, und der Skipper bittet ihn an Bord, und sie heben einen zusammen. Manchmal hat er noch mehr Glück, und der Skipper ist eine Skipperin. So viel Glück hat er aber selten, hört man.

An einem Sommerwochenende nach einer beglückenden Fußball-WM segelten wir durch die Dänische Südsee. Der Tramp war noch dabei, ein knuffiger Kerl und Lehrmeister aller Klassen, der es schon mal auf die Titelseite der *Hamburger Morgenpost* gebracht hat, als der FC St. Pauli in letzter Sekunde den Klassenerhalt sicherte und die Fans vor Glück durchdrehten; er war auf dem Foto der Typ in der Mitte, der mit der lederbesetzten Baseballjacke, die Hände gen Himmel, als wäre er der Vetter vom Heiland. Der Tramp hat auch ein eigenes Boot, ein Folkeboot, das dem des Kapitäns ähnlich sieht.

Am Nachmittag ankerten wir vor einer lang gezogenen Insel namens Drejø, wir schwammen und lasen und tranken. Die Sonne ging nicht unter, der Himmel färbte sich langsam rot und blau. Einen nach dem anderen ruderte uns der Tramp mit seinem kleinen Dinghi an Land, wir grillten Würstchen und Krabben im Schilf. (Die Krabben waren voller Eier und schmeckten nach überhaupt nichts; wir warfen sie ins Meer, was uns ein schlechtes Gewissen bereitete. Bis einer sagte: »Staub zu Staub.«) Das Boot war ein Schemen im weichen Nachtlicht des Nordens. Schließlich gluckste uns das Wasser vom Rausch in den Schlaf.

Seitdem möchte ich es selbst können: segeln. Auf dem Wasser zu Hause sein, der Wind bestimmt, wohin die Reise geht, und keiner quatscht einem rein.

Na ja, das klingt ein bisschen pathetisch, aber wer kein Pathetiker ist, sollte sich entweder gar kein Segelboot zulegen – niemals! – oder alternativ ein Motorboot. So wie einer meiner Kollegen, der Segler insgeheim verlacht. »*Put the Hebel on the table*«, sagt er gerne, grinst und tut mit der rechten Hand so, als gäbe er Vollgas, zwei Maschinen, jede mit 120 PS, wrumm! Natürlich geht es da um eine Lebensanschauung, das ist gar keine Frage.

Vielleicht habe ich in all den Gesprächen mit dem Kapitän und dem Tramp nicht die Falten um ihre Augen und ihre Stirn gesehen, die entstehen, wenn man die Wolken am Horizont anspäht und den Bauch des eigenen, blendend weißen Segels, die von der Reflektion des Sonnenlichts auf den Wellen kommen, aber auch vom ständigen Besorgtsein. Kein guter Segler, der nicht ständig besorgt ist, wenn er sein Boot führt. Ob der Wind dreht, ob der Wind nicht dreht, ob der Anker hält, ob das Wasser, das in der Bilge schwappt, nicht in der letzten Stunde ein bisschen sehr viel mehr geworden ist? Früher habe ich diese Falten nicht gesehen. Dabei bin ich hochtalentiert darin, mir Sorgen zu machen, und mir fallen schon von selbst mehrere tausend Gründe ein, warum ich mir kein Boot kaufen sollte.

Und das sei nur das Äußerliche, meint der Tramp. Man werde nach ein paar Wochen auf See auch innerlich ein wenig, nun ja, merkwürdig. »Wenn man immer nur sich selbst um sich herum hat«, sagt er, »bekommt man seinen eigenen Rhythmus. Seine eigenen Gedanken. Man braucht, bis man sich wieder an das Leben an Land gewöhnt hat. Und bis sich die Leute nicht mehr wundern, weil man sich so seltsam benimmt.«

So gehen die Geschichten. Oder vielmehr: So fangen sie an. Bei anderen Hobbys macht man Feierabend, trinkt ein Bier und geht duschen. Beim Segeln ist man tagelang, wochenlang nur Segler. Ich kenne Juristen, die sich nicht mehr rasieren, habe von Radiomoderatoren gehört, die einen halben Tag lang geschwiegen haben sollen, von Agnostikern, die gläubig geworden seien auf See. Sie stellt was mit einem an. An Land würde es niemals hervorgelockt. Eine Veränderung geschieht. Aber was für eine? Das ist das Geheimnis. Ich will es herausfinden.

Da sind schon ein paar Falten um meine Augen, glaube ich. Freudenfalten. Gibt es die?

ZWEI

VOM SUCHEN

1

NACH ZWEI STUNDEN RECHERCHE im Internet habe ich begriffen, dass ich genauso gut beschließen könnte, mir einen nordkoreanischen Spähpanzer zuzulegen oder in arabische Rennpferde zu investieren. Ich weiß nicht nur nichts vom Segeln, von Tuchstoffen, von Schnitten, von Ankern, ich weiß auch nichts von Booten. Ich kenne keine Kielarten, keine Rumpfformen, kein null Komma gar nischt. Und ich kenne keine Häfen, kenne unser Revier nicht, die Ostsee. Bin ein Festlandsmann.

Wo nur anfangen? Mit Google Earth fliege ich über die deutsche Küste. Entdecke Strände, von denen ich nichts wusste, kleine Städte, deren Namen ich nie gehört hatte. Langballigau, war da schon mal jemand? (Ein paar Wochen später werden wir vorbeikommen. Kurven hinein in die nicht weit von Flensburg entfernte Bucht und wieder hinaus, ein rummeliger kleiner Hafen mit Räucherbuden am Steg.) Mit dem Zeigefinger navigiere ich mich Zentimeter um Zentimeter an der deutschen Küste entlang und hinauf nach Dänemark. Die Farben des Meeres... Das Hellblau, das Türkis. Wie schön das deutsche Meer ist. Wie fremd, wenn man von See her denkt.

Seit Neuestem lerne ich auf den nächsten Schein, weil es immer gut ist, sich fortzubilden. Auch wenn alle sagen, Segeln lerne man nicht durch Lesen, Segeln lerne man durch Segeln. Aber den »Sportbootführerschein See« zu machen, kann ja wohl nicht schaden, und wenn man's genau nimmt, ist er auch Pflicht, falls man raus will aufs Meer. Der nächste Schritt ist es sowieso. Ich entscheide mich für die Autodidakten-Variante, keine Frage, habe nicht schon wieder Lust auf quälend langweilige Unterrichtsstunden, wie einst in der Fahrschule.

An einem Abend, als ich auf die Prüfung lerne, schaue ich mir den Kartensatz näher an, der hinten im Lehrbuch pappt. Es geht um die Kunst der Navigation, aber ich betrachte die Karten, wie man den Globus eines fernen Planeten betrachtet. Sie beschreiben, das entdecke ich plötzlich, sehr exakt diese andere Welt, die da neben unserer Festlandswelt existiert. Den Lockruf der Leuchttürme, die Leitfeuer der Tonnen, die Tiefen und die Felsen, Gebiete, in denen U-Boote tauchen. Ein unbekanntes Abenteuerland.

Wenn ich abends aus dem Büro komme und zur U-Bahn latsche, wischt mir hinter der Ecke des Verlagsgebäudes als Erstes der Wind mit der nassen Faust durchs Gesicht. Es sind nur noch ein paar Schritte – Hamburg ist die Stadt der Glückseligen – zu den Masten, zu den Schiffen. Nur zweihundert Schritte von der seelenverschlingenden Drehtür des Arbeitgebers entfernt. So manche Mittagspause schlendere ich über den Kai und schaue mir die Kähne an, die unten am City Sporthafen liegen. Aber viele Jahre lang fühlte ich mich dort wie hinter einem Fenster. Das ist die Welt der anderen, dachte ich, der Menschen des Wassers, zu denen ich nicht gehöre. Seit ein paar Wochen setze ich mich nun mit einem sehnsüchtigen Lächeln in die Bahn, das keiner deuten kann, der nicht denselben Traum träumt.

In diesen Anfangstagen trete ich in den Segelclub meines Arbeitgebers ein. Per Mail erfahre ich alles, was ich wissen muss, und seitdem darf ich mir ein Bötchen der Machart »Squib« schnappen, wann immer ich will, um über die Alster zu flitzen. Die Mitgliedschaft kostet hundert Euro im Jahr, ein fairer Deal, wie ich finde.

Das erste Mal probiere ich den Schlitten mit keinem Geringeren als dem Kapitän aus, der gerade von einer vierwöchigen Dänemark-Tour zurück ist. Sein Gesicht ist tief gebräunt, die Bartstoppeln leuchten in der Sonne wie silberne Dornen. Eine Provokation für jeden Büromenschen. An diesem Tag faucht ein strammer Wind durch die Straßen, der die Alster quirlt und ihr Schaumkronen aufsetzt, ein Wind, bei dem ich noch niemals draußen war auf diesem See, auf dem manchmal, *klackklackklack*, die Masten der Jollen bei Gewitterböen umkippen wie Dominosteine. Wir fuhrwerken eine halbe Stunde herum, bis wir die Segel angeschlagen haben, schlüpfen dann in die Rettungswesten. Ich spiele ziemlich lange mit dem Gedanken, ob wir reffen sollen, also die Segelfläche verkleinern, um Druck aus dem Boot zu nehmen, aber der Kapitän winkt nur ab. »Das sind höchstens fünf Windstärken, das reiten wir aus.« Es ist jedenfalls viel, viel mehr als bei unserem Soloritt auf dem Plöner See. Es ist ein Kenterwind.

Wir reiten ihn aus. Normalerweise braucht man seine Zeit, ehe man die Alster durchmessen hat. Jetzt fliegen wir nur so dahin zwischen dem Hotel »Atlantic« und »Bodo's Bootssteg«. Als Erster sitzt der Kapitän an der Pinne. Ich greife mir die Leinen des Vorsegels, die er Schoten nennt, spüre, wie die Luft das Tuch packt, ziehe mit aller Kraft, es wird mir fast aus der Hand gerupft, so viel Druck liegt drauf. Unser Boot nimmt Fahrt auf, kippt zur Seite. »Juhuu!«, ruft der Kapitän. Wir lehnen uns nach außen, um die Krängung auszugleichen, ich klammere mich an der Leine fest, es ist eine wahre Freude. Und wir sind fast allein, Montagnachmittag, kaum andere Segler draußen, was aber nicht am Montag liegt, sondern nur am Wind. Er kommt in Böen, die Feinheit ist eben, genau zu sehen, wann eine anrauscht. »Da vorne«, sagt der Kapitän. Verwundert schaue ich mich um, sehe keine Veränderung auf dem Wasser oder in der Luft, da knallen die Segel auch schon, der Squib macht einen Satz, wir legen uns auf die Seite, und mir wird fast die Schot aus der Hand gerissen.

Der Kapitän kann das Wasser lesen. Die Geisterschrift auf den Wellen. Das Kräuseln, das Zupfen. Wie es näher kommt, wie die gestaltlose Hand ins Segel fährt und das ganze Boot packt. Man spürt es unterm Hintern. Die schnelle Reaktion des Skippers, ein Zusammenzucken vor den unsichtbaren Kräften. Oder eben: das Spiel mit ihnen. Die Böe wittern, sehen, spüren, und das Boot in ihre Wucht hineinbetten. So macht es der Kapitän. So würde ich es gerne auch können.

Und gerade als wir meinen, schneller, härter am Wind gehe es nicht mehr, gehe es überhaupt nie mehr auf der Alster, hören wir hinter uns einen Brüller – »Rauuuum!« –, und wusch!, ein Katamaran zischt an uns vorbei, einen Rumpf hoch oben in der Luft, zwei Jungs, die auf ihrem Gerät herumturnen wie an einem Stufenbarren. Der Kapitän weicht aus, geht auf einen ruhigen, leerlaufartigen Halbwindkurs, Wind von der Seite, und zündet sich erst mal 'ne Zigarette an. »Alter Schwede«, murmelt er leise.

Später, als ich an der Pinne sitze, lassen die Böen etwas nach. Vielleicht liegt es auch an meiner Bootsmannskunst, denn ich krame in meinem Grundkurswissen. Wenn hart am Wind eine Böe kommt, den Bug etwas in den Wind drehen, anluven heißt das: hinein in die Luft. Bei halbem Wind wiederum die Großschot etwas lockern. Die schnelle Hilfe, um Druck aus den Segeln zu nehmen, um das Boot wieder aufzurichten, um meine Nerven zu schonen.

Ich lerne an diesem Tag, mit dem Knie die Pinne zu arretieren und damit den Kurs zu halten und beide Hände freizubekommen, um mit aller Kraft die Großschot, die Leine des Großsegels, in meine Richtung ziehen zu können. Dichter zu holen, im Fachjargon, an den man sich rasch gewöhnte, gäbe es nicht so viele Begriffe zu lernen. Seedeutsch ist eine eigene Sprache.

Nach einer Weile überholen wir ein Schulungsboot der Segelschule »Käpt'n Prüsse«, blau und harmlos, vielleicht fünfzig Meter entfernt, das einzige, das sich heute hinausgewagt hat. Die Segelschüler sehen blass um die Nase aus. Auf so einem Boot hatte ich das Einmaleins gelernt. Lahme Ente.

»Okay, setz dich hinter sie.« Der Kapitän dreht sich um. Er grinst. »Jetzt!«

»Hinter sie?«

»Vollkreiswende!«, ruft er.

»Aber warum?«

»Um unsere Torpedos klarzumachen.«

Ich drücke die Pinne von mir weg, mitten in dieses Mordsgebläse hinein. Die Segel knallen, das Boot wimmert und ächzt, Wasser spritzt, wir mit der Nase durch den Wind. Die Wende ist geschafft, ich drehe weiter und müsste nun mit dem Arsch durch den Wind. Halsen also bei hohem Tempo, da fehlt nur ein einziger harter Windstoß – ich sehe schon den Baum samt Großsegel herumknallen und uns von Bord fegen, ich sehe den Mast knicken, ich sehe tausend Tode.

»Ich breche ab!«, brülle ich.

Von vorne kommt nur ein Nicken. Nach einer Weile, in einem ruhigen Moment, sagt der Kapitän: »Schade.«

»Zu hektisch«, rechtfertige ich mich.

»Na ja«, erwidert er, »war eh kein lohnendes Ziel. Wir müssen Torpedos sparen.«

Ein paar Minuten danach, ohne den Druck, mein Zielfernrohr füllen zu müssen, gelingen mir ein paar ganz hübsche Halsen. Aber so was muss bei mir immer noch schön gemütlich gehen, ich muss meine Sinne beisammen haben. Von selbst funktioniert nichts.

Werde mir abends notieren: *Eine Jolle zu segeln ist wie ein Tänzchen auf dem Wasser, den eine Marionette ausführt, und die Marionette ist dein Boot. Du ziehst an ihren Seilen, du steuerst sie, doch wenn sie kentert, gehst du mit unter, denn du bist Teil der Marionette.*

Als wir das Boot wieder festmachen, sind wir sehr zufrieden mit uns. Zwei Stunden Sturmgebläse mitten in Hamburg. Man hat sich durchgepustet. Das ganze System. Wir sitzen danach auf dem Steg der »Kajüte«, eines Restaurants an der Alster, das kein Mensch in Hamburg, den ich kenne, kennt. Innen drin ist es ausgestattet wie das Innere eines Traditionspottes, mit gelacktem Mahagoni. Wir sitzen aber draußen, trotz der Sonne mit hochgezogenen Kragen. Und Blick auf unsere Schaumkronen.

»Den Prozess des Segelnlernens musst du dir vorstellen wie eine Pyramide.« Der Kapitän formt mit Daumen und Zeigefinger beider Hände ein Dreieck. »Eine Pyramide, die auf dem Kopf steht.« Er kippt sein Handdreieck und wirft dabei fast sein Alsterwasser um. »Am Anfang bist du ganz unten, da geht es nur um die Grundlagen, und dann arbeitest du dich langsam nach oben. Und je mehr du lernst, desto mehr begreifst du, wie viel du noch zu lernen hast. Dass es immer mehr wird, je mehr du begreifst. Das macht es so faszinierend. Und es gibt kein Ende.«

Darauf stoßen wir an, aber auf der Fahrt nach Hause denke ich: Der kann einem ganz schön einen Schrecken einjagen.

2

DEN ALTEN ZU TREFFEN würde ein Höhepunkt, ich wusste es. Ein kühler Juni, es regnet so, wie es in Hamburg selten regnet, auch wenn alle sagen, es regne immer so. Bindfäden. Dazu eine unruhige Brise, die einem das Wasser in den Nacken treibt. Wir haben uns in einem Café in Eppendorf verabredet, das überzeugend versucht, einen auf Sylt zu machen. Aber draußen sitzen, unter der Markise, will der Alte nicht, Segler sind nicht immer hartgesotten.

Der Alte ist Mitte sechzig. Sieht aus wie einer, der sein Leben lang gesegelt hat, spricht wie ein Segler und führt an Land das windguckende Leben eines Seglers. Ein grauer Seewolf, im Berufsleben ein hochdekorierter, mutiger Reporter, ein Vorbild, dessen Stimme rau geworden ist in seinen persönlichen Stürmen und der mir ein paar Monate zuvor bei einem Fondue-Abend im Hamburger Norden zugerufen hatte, ich solle mir ein Boot kaufen, unbedingt, am besten eine Commander 31, wie er selbst eine habe. »Spitzenboot, genau richtig für eure Familie!« Bedenken? Vergiss sie. Der Vater des Alten war Kapitän, ein Bruder ist Kapitän, ein anderer macht in Segel, die

See gehört zur Familie. Nur seine Frau mag das Segeln nicht so recht. Segeln ist Ballett mit dem Tod, sagt sie. Der Alte ist am Elbstrand aufgewachsen, in Oevelgönne, wo die Fischer wohnten, und er hat Regatten gewonnen, aber ständig knallt er irgendwo gegen, sein Ruder bricht, eine Leine reißt, die Mole ist länger als gedacht. Doch es schert ihn nicht, er lacht nur sein Wolfslachen, flucht, dass es kracht, und macht sich stracks an die Arbeit. Seinen Latte macchiato schlürft er allerdings lieber drinnen.

Wir sprechen über Reviere, weil ich wissen will, also mal grundsätzlich, um überhaupt eine Ahnung zu bekommen: Wo soll man als Neuling aus Hamburg am besten mit seinem Boot liegen? »Nach Neustadt in Holstein wären es nur siebenundvierzig Minuten von Tür zu Deck«, fange ich an, es gerät mir etwas schwärmerisch. »Ein Vormittagstraining wäre möglich. Oder ein Feierabendtörnchen und morgens wieder zurück ...«

»Völliger Blödsinn«, brummt der Alte. »Die Lübecker Bucht ist zu unruhig, und wenig abwechslungsreich sowieso, für Anfänger schlecht geeignet, kaum Häfen – vielleicht noch die Trave, aber da hast du Strom. Die Flensburger Förde ist viel netter, geschützter. Und das Beste: Dänemark ist um die Ecke. Ich segele immer unter dänischer Flagge.«

Er lacht. Ich hebe die Brauen.

»Ich mag die Deutschen nicht, ihre Besserwisserei.«

Er erzählt, wie sein Vater, der Kapitän eines Windjammers war, mal sein eigenes kleines Boot an einem Kai festmachte, und der Nebenmann sagte, das geht so nicht, mit so einem Knoten, den Sie da probieren, warten Sie, ich zeig's Ihnen, aber passen Sie gut auf. Und der Vater schaute zu und hielt die Schnauze. »So sind leider einige der deutschen Segler, aber nicht die Dänen«, sagt der Alte. Und so ist die Familie des Alten – im Angesicht der Borniertheit auch mal die Schnauze halten.

Hafengedanken. »Die Flensburger Förde«, fährt er fort, »da hast du kleine Häfen, viele Ankerbuchten, alles ganz entspannt, du bist schnell in Sønderborg und dem Sund, und wenn das Wetter gut ist, kannst du sogar über den Kleinen Belt hinüber zu den Inseln. Wenn Wind aufkommt, lass den Pott drüben liegen und komm mit der Fähre zurück. Auf den Wetterbericht musst du natürlich hören.«

»Skagerrak, fünf bis sechs.«

»Ja«, sagt der Alte, flüstert: »Die Stimme des Unheils.«

Wir schwatzen und schwatzen, und es fehlt nicht viel, präzise: nur ein Hotspot, und wir würden gemeinsam sofort im Netz auf den Bootsbörsen stöbern gehen. Stattdessen verlassen wir das Café und stehen draußen herum, und weil der Regen nun so dicht fällt, dass er fast unsere Worte mit sich reißt, stellen wir uns in den Eingang einer Apotheke. Aus dem Laden schaut eine Frau im weißen Kittel mit großen Augen, wer sie da belagert, aber wir treten zur Seite, wann immer ein Kunde angetrieft kommt.

»Die Commander«, rät der Alte, »schau dir die Commander an. Ich weiß gar nicht, wie das noch gehen soll auf einem kleineren Boot. Über alles andere ärgerst du dich nur. Einunddreißig Fuß sind das Mindeste, das sind knapp mehr als neun Meter. Das ist der entscheidende Meter Länge mehr, der ausmacht, ob du Spaß hast oder keinen Spaß.«

Ich habe schon gehört, dass jeder Bootseigner, egal, wie lang sein Boot ist, sich nach einem sehnt, das einen Meter länger ist. Immer fehlt der entscheidende Meter. Der Alte redet einfach weiter. »Das Boot ist leicht untertakelt…«

»Untertakelt?«

»Es hat für die Größe und den Schnitt weniger Segelfläche, als es tragen könnte. Und es hat fast so was wie ein Jollengefühl. Du bist ganz nah dran am Wasser.«

»Aha«, sage ich. Denke: Will man das denn?

»Und das mit dem Kind und dem Hund, na ja, du musst es wissen, es geht schon. Irgendwie.«

»Es muss gehen«, grummele ich, »irgendwie. Es gibt keine Alternative. Aber bis einer von den beiden an Bord kommt, muss ich wissen, was ich da tue. Und ich muss einigermaßen sicher sein.«

»Aber wirklich sicher ist man nie.«

»Nee«, sage ich lahm.

»Wenn ein Gewitter kommt, nimmst du die Segel runter und motorst in den nächsten Hafen.«

»Und wenn kein Hafen in der Nähe ist?«

»Hältst du dich fern von Land. Aber du brauchst einen starken Motor, eine Einbaumaschine, keinen Außenborder, sonst rührst du zwischen den Wellen in der Luft herum, das macht keine Freude. Such dir einfach ein schönes Boot, mein Lieber, such dir eins, das dir keinen Ärger macht.«

»Aye, Sir.«

»Weil ein Boot kann dir so viel Ärger machen, das kannst du dir gar nicht vorstellen.«

»Ich hab viel Phantasie.«

»Nee.« Der Alte lacht. »Das kannste dir nicht vorstellen.«

So verabschieden wir uns. Nachdenklich gehe ich zur U-Bahn. Ich bin der einzige Mensch auf der Isestraße, durch die sich zweimal in der Woche die Massen schieben, des Marktes wegen. Die Bäume rauschen unter jähen Windstößen, die Blätter flirren. Es ist ein Wetter, bei dem man eine Gänsehaut kriegt, wenn man an die offene See denkt, zumindest, wenn man nicht segeln kann, aber segeln können möchte. Es sind Böen, die eine Jolle locker umzuhauen vermögen, wenn man nicht rechtzeitig den Druck rausnimmt.

3

EIN AUSFLUG NACH LÜNEBURG führt einen ja nicht gerade ans Meer oder an den Jangtse. Aber wir sehen da ein Schild: Hafen. Ich habe es früher nicht gesehen, jetzt ist es das erste. So verschiebt sich die Wahrnehmung. Ein Hafen in Lüneburg? Versteht sich von selbst, dämmert mir, auch diese Stadt war einst Hansestadt. Danach zu Freunden in die Heide. Nur durch Zufall haben wir mal erfahren, dass auch Micha ein Boot besitzt, es liegt an der Elbe. Aber er redet nicht über das Segeln, auch seine Freundin mag es nicht, und Segler haben gelernt, wenn einer das Segeln nicht mag, sollte man besser das Thema ganz weit umfahren.

»Und was war mit dem Tornado?«, frage ich.

»Ach«, seufzt er, »das ist ein trauriges Thema.«

Micha ist nämlich einer der wenigen Deutschen, denen ein Tornado das Boot zerstört hat. Das soll einem einer glauben, ist aber wirklich wahr. Vor Jahren zog eine Windhose über Hamburgs Süden hinweg. Michas Boot lag ausgerechnet in jenem Schuppen, der den Tornado aufhalten wollte.

Als wir ihn endlich bitten, ein Foto von seinem Renner zu zeigen, beginnt er aufzutauen. Zehn Meter lang, nur zweieinhalb Meter breit, aus Holland, wie ein geölter Blitz gleite es durchs Wasser. Und er schwärmt uns von seinen früheren Touren vor, von verträumten Ankerplätzen vor der Insel Als, von der winzig schmalen Einfahrt in diesem Fjord nördlich von Sønderborg.

Micha fragt, was für ein Schiff ich denn im Auge hätte.

»Warum ›Schiff‹?«, frage ich zurück. »Das klingt so groß.«

»Ein Boot ist nur ein Sportgerät«, sagt er. »Ein Schiff sorgt für dich, es beschützt dich, es kümmert sich um dich. Ein Schiff ist eine Lebensweise.«

Er spricht davon, dass ich mir ein Dickschiff zulegen müsse, wegen der Familie. Ich muss schmunzeln, aber er meint es im Vergleich zu seinem Fliegenden Holländer, und am Ende pflichte ich ihm bei: Ein Dickschiff muss her. Es darf auch gern recht schlank sein.

4

DIE PRÜFUNG KOMMT NÄHER, schneller, als mir lieb ist. Zehn Tage davor hocke ich beim Arzt, das gehört dazu für den Führerschein, Sehtest und auch ein Gehörtest. Der Arzt ist ein kleiner, drahtiger Mann, der über der Mönckebergstraße, Hamburgs Einkaufsmeile, eine gut gehende Praxis betreibt. Nach zwei Minuten Palavern empfiehlt er mir mit ernstem Gesicht, ich solle zu Hause in den Kohlenkeller ziehen, wegen des Babys, »oder alternativ eine Klinikpackung Ohropax benutzen, aber jedes einzelne Ohropax dritteln und morgens mit einer spitzen Pinzette wieder aus dem Ohr pulen«.

Die Augen habe ich überstanden, die sechs Dioptrien scheinen ihn nicht zu schocken, da dreht er sich um und flüstert etwas. Aber in diesem Moment beginnen die Glocken von St. Petri zu läuten, und ich verstehe kein Wort. »Das war auch schwer«, sagt er und flüstert »Vierundachtzig«, während ich mir das rechte Ohr zuhalte, und »Dreiundsechzig« beim linken. In getragenem Ton wiederhole ich diese Zahlen. Man kann sagen, ich höre gut genug.

Mit dem amtlichen Wisch in der Hand verlasse ich die Praxis, fahre in die Gründgensstraße zum Prüfungsamt und gebe persönlich alle meine Unterlagen ab. Bei so was darf man nichts dem Zufall überlassen. Auf dem Weg stolpere ich, lasse um ein Haar die Papiere fallen. Noch eine Woche.

Am Abend läuft im Fernsehen »Der Sturm«, der wirklich beeindruckende Wellen zu bieten hat. Es spielt auch ein Segelboot eine Rolle, das wissen die meisten gar nicht. Der Skipper will das Wetter abwettern, indem er sich einbunkert und wartet, was der Sturm mit seinem Schiff macht. Sie kentern durch, einmal 360 Grad, das Boot richtet sich wieder auf, aber seine Crew, zwei Frauen, überstimmen den Skipper und meutern recht eigentlich. Sie rufen die Seenotrettung, und bald sind ein Hubschrauber und ein Tankflugzeug draußen und ein paar Rettungsschwimmer im Wasser, was einer nicht überlebt. Aber die Segler überleben das. Was mit dem Boot passiert, wird nicht gesagt. Der Skipper kommt rüber wie ein rechtes Würstchen, aber vermutlich hatte er recht.

Eine Woche Ferienhausurlaub in Dänemark wird zum Intensivkurs. Jede Nacht, wenn mein Sohn schläft, meine Frau schläft, mein Hund schläft, sitze ich über den Seekarten und versuche zu begreifen, wie ich das Kursdreieck halten soll, schlage im Lehrbuch nach, ob jenes mysteriöse Seezeichen bedeutet, dass der Schleppverband in Fahrt ist, oder ob der Schleppverband nicht vielmehr ein Schubverband ist, der auf Grund lief. Natürlich habe ich mir noch die offiziellen Prüfungsfragebogen besorgt, und als ich sie durchforste, weiß ich bald, durchfallen kann ich nicht. Dazu ist mein Kurzzeitgedächtnis zu gut. Das Problem ist nur: Ich lerne von nun an gezielt aufs Durchkommen, nicht mehr aufs Verstehen. Das kann, wie jeder weiß, ein gehöriger Unterschied sein. Auf See vielleicht der zwischen … Ach, ich will nicht übertreiben. Hauptsache, ich packe dieses Examen.

Dazu gehört auch die gleiche praktische Motorprüfung wie beim Schein für die Binnengewässer, die reine Abzocke, kommt man nicht drumrum. Es ist aber nicht weiter knifflig; man dümpelt mit einem kleinen Kajütboot durch einen breiten Kanal im Hamburger Industriegebiet und muss – Höchstschwierigkeit – eine Boje aufnehmen, die über Bord gegangen ist. Beinahe schaffe ich es, das Manöver zu versemmeln. Haue zu früh den Rückwärtsgang rein, rühre verzweifelt herum, bis auf wundersame Weise die Boje in die Hand des Lehrers flutscht.

»Im wahren Leben hätten Sie Ihren Kameraden jetzt mit der Schraube in Stücke gehackt«, murmelt der Prüfer freundlich.

»Oh«, erwidere ich förmlich, »das war nicht meine Absicht.« Die eine Hand am Steuerrad, die andere am Gashebel, schaue ich ihn über die Schulter hinweg an, als könne ich grundsätzlich niemanden in Stücke hacken.

Kleine Pause. »Schon gut«, sagt er, »der Nächste, bitte.«

Bei der Theorie gibt es keine Probleme, ich bekomme den gleichen Bogen, den ich morgens beim Frühstück durchgekaut habe, beginne innerlich zu pfeifen und bin flott fertig. Als ich den Schein in den Händen halte, erfüllt von massivem Stolz, denn jetzt darf ich ein Boot mit mehr als fünf PS auf den deutschen küstennahen Gewässern führen, fragt mich Tom, der nette Meeresbiologe, mit dem ich die praktische Prüfung gefahren habe:

»Machst du jetzt auch den Sportküstenschifferschein, den SKS? Erst damit kannst du auch mal eine Yacht chartern. Sonst war das Ganze ja sinnlos.«

Ein ICE rauscht über die Eisenbahnbrücke hoch über uns, sodass ich meine eigenen Gedanken nicht verstehe. Unser Prüfungsschiff dampft gerade wieder auf den Kai zu, an Bord die nächsten käsnasigen Prüflinge.

»Nee.« Ich zögere und mag die Wahrheit nicht aussprechen, will mich einem Fremden gegenüber nicht rechtfertigen müssen, nicht jetzt, nicht hier: Ich werde mir ein Boot kaufen, und dafür reicht dieser Schein.

»Es ist nie zu Ende«, pflichte ich Tom schließlich bei. »Segeln ist wie Tauchen in einem Fass ohne Boden, nicht wahr?«

Tom runzelt die Stirn, wir drücken uns die Hand. Hinterher erst frage ich mich, aus welcher Windung meines strapazierten Hirns dieser Vergleich herbeigetrieben kam.

5

IN DIESEM SOMMER verbringen wir unseren Urlaub im Süden Deutschlands, in der Heimat. Freunde von uns, die in Tübingen wohnen, also weit weg vom nächsten segelbaren Gewässer, haben sich vor Kurzem ein kleines Segelboot geleistet, das am Bodensee liegt, und so statten wir ihnen einen Besuch ab. Pumba bleibt bei meinen Eltern, wo es ihr besser geht als überall sonst. In all den Jahren unserer Freundschaft mit den Tübingern war Segeln niemals ein Thema, und nun, unabhängig voneinander, 700 Kilometer trennen uns, haben wir es in den letzten Jahren jeweils entdeckt. Wencke ist Lehrerin und liebt an Bord das Faulenzen; Pit bildet junge Lehrer aus und ist auch an Bord ein geborener Ausbilder. Hat das Segeln selbst erst vor ein paar Jahren gelernt, hier auf dem See, hat das Mittelmeer besegelt und nimmt dem Ganzen schon durch seine Art das Geheimnis. Viel Wissen bedeutet viel Ruhe. Wenn da sechs Leinen liegen, jede in einer anderen Farbe, heißt das nicht, dass gerade ein Houdini seine Entfesselung geübt hat, sondern jede Leine hat ihre Funktion, und welche Funktion wann benötigt wird, ergibt sich aus der Situation. Eins plus eins gleich zwei, so geht Segeln bei Pit. Ich mag seinen Ansatz.

Es wird ein herrlicher, wenngleich kurzer Ausflug. Sechs Windstärken mit einer beachtlichen Welle, mein Sohn auf seinem ersten Segeltörn. Im Wickeltuch eng an Mama gepresst, macht er die Achterbahn eine Stunde lang klaglos mit und beginnt dann wie ein Wilder zu brüllen. Was ich nicht ganz verstehe, schließlich ruht er muggelig an Mamas Brust, aber zum Diskutieren ist er nicht bereit. Wir steuern zurück, die drei anderen setzen uns beide ab, wir verkrümeln uns in den »Schuppen 13«, ein italienisches Restaurant im verzweigten Hafen von Langenargen, in dem man draußen aufs Angenehmste auf Stoffstühlen sitzt und auf tief hängende Zweige überm Wasser blickt. Die meisten Boote in diesem Hafen sind, jetzt im Juli, abgedeckt, als schaue der Winter gleich vorbei. Vermutlich wegen der Entenkacke. (Vielleicht aber auch aus dem gleichen Grund, aus dem mancherorts man zu Hause den Schonbezug überm Sofa lässt: damit man es nach dreißig Jahren wie neu zum Sperrmüll geben kann.) Ich erkenne die Atmosphäre kaum wieder. In Dänemark könnte stündlich aus jedem Hafen eine Armada ausrücken, hier ist es so, als warteten alle auf den nächsten Sommer. Aber der ist doch jetzt.

»Das Problem am Bodensee ist die Knappheit der Liegeplätze«, hatte Pit erklärt, »die werden hier vererbt. Viele haben ihr Boot nur im Wasser liegen, um ihren Anspruch auf den Platz nicht zu verlieren. Manche Schiffe werden in der ganzen Saison kein einziges Mal bewegt.«

Ich lachte.

»Gar nicht witzig«, tadelte er mich. »Wegen solcher Leute haben wir erst mal keine Chance, zu einem vernünftigen Preis einen Liegeplatz im Wasser zu ergattern. Die sind hier so begehrt wie ein Freiflug zum Mond.«

Auf dem Weg von der Slipanlage hinaus – Wenckes und Pits kompakte Jeanneau Sun 2000 muss nach jeder Fahrt an Land gebracht werden – kamen wir an einer Riesenyacht vorbei.

»Gehört dem örtlichen Schönheitschirurgen«, erzählte Pit. »Ist gut im Geschäft.«

Staunen an Bord. Auf dem oberen Deck schien mir ein Hubschrauberlandeplatz angelegt zu sein, das ganze Ding war zweistöckig und hatte was von einem Fischtrawler. Auf seine Art auch ein Traum von Schiff, ganz auf Silikon gebaut.

Am nächsten Tag liegt der Bodensee platt da, wie es sonst nur Flundern zu tun pflegen. Pit holt sein gewaltiges Vorsegel raus, den Gennaker, Wencke streckt sich in der Sonne, Anna tut es ihr gleich, unser Sohn döst im Kinderbett, das wir ins Cockpit gestellt haben, und wir gleiten wie in Zeitlupe über diesen weichen flüssigen Spiegel.

Weit hinten am Horizont, Richtung Konstanz, erspähen wir ein riesiges Großsegel. »Ein America's Cupper«, flüstert Pit in die Behaglichkeit hinein. »Man sieht den Rumpf nicht, das ist die Krümmung des Erdballs.«

So groß ist nämlich der Bodensee.

Bald werfen wir die Leinen los und lassen uns treiben. Springen ins Wasser, aber immer so, dass einer an Bord bleibt, wegen unseres Sohns. Die Alpen im Süden sind mit kleinen Wolken betupft, der Himmel über uns räkelt sich ganz blau, und das nächste Segel scheint eine Tagesreise weit weg. »So muss es sein, wenn man Geld wie Heu und in Saint-Tropez eine Yacht geerbt hat«, sage ich, »nur dass man kein Geld wie Heu braucht, um das zu erleben.« Zwanzigtausend Euro hat die Jeanneau gekostet, so gut wie neu, ein G'schössle aus Plastik, in dem man zur Not auch übernachten kann.

Abends sprechen wir über unsere Bootspläne, die tausend Bedenken und die Sorgen, unserem Sohn zu viel zuzumuten, und darüber, dass Frauen tendenziell eher die Probleme einer Idee sehen, Männer eher die Chancen. Und irgendwann, nach dem dritten Trüben im Steinkrug, verkündet Pit: »Eine Frau darf nicht zwischen einen Mann und sein Boot treten.«

Die Mädels lachen ein Tickchen zu laut. So ist das mit den Mädels. Aber für Pit ist mit diesem Satz alles gesagt: Ich solle meinen Traum verfolgen, und der Rest würde sich ergeben, wie er sich bei Menschen, die sich lieben, immer ergibt.

6

AUF SCANBOAT.COM und *Boatshop.com*, plus massenhaft Maklerseiten, über die ich stolpere, suche ich nun jeden Abend, manchmal stundenlang. Mein Sohn wird bald wieder aufwachen, das weiß ich, jede zweite Nacht habe ich Dienst, es ist mein Schlaf, der da vor dem Rechner draufgeht, aber ich kann nicht anders. Jede Anzeige ist ein Fenster in diese andere Welt. Mit jedem Klick, unendlich langsam, aber unaufhaltsam, beginne ich ein Gefühl für das Geld zu entwickeln, das man mindestens investieren muss, und ich lese von Dingen, die mich neugierig machen und zugleich ermatten lassen: »Lazyjack« und »Selbstholewinschen«, »Saildrive« und »selbstlenzende Pumpen«, »IOR-Risse« und »7/8-Riggs«. Manche Verkäufer schmücken ihr Inserat aus, als würden sie ein Familienmitglied in die Ferien schicken wollen, andere haben ihre Anzeige einfach so hingerotzt.

Jede Nacht geht das jetzt so. Mir schwirrt der Kopf. Boote zwischen acht und zehn Meter sind schnell aufgerufen, schwupp, es erscheint eine lange Liste. Namen, Baujahre, Preise. Jede Marke ein geheimnisvoller Code, eine Chiffre, die nur Eingeweihte entziffern können: »Baltika 74«. »Bandholm 24«. »Albin Ballad«. »Shipman 28«. »Ohlson 8:8«. Verzweifelt versuche ich, in Eignerforen irgendwelche Tipps zu erhaschen, surfe viel und finde wenig. Bootswerften gibt es nicht nur fünf, sechs, nicht nur Volkswagen, Toyota oder Porsche. Es gibt Dutzende, so wie ganz früher Autohersteller, und noch in den Siebzigerjahren, als die Kunststoffboote Alltag wurden, gab es Hunderte. Selbst Kenner kennen nicht alle Werften.

Es ist ja sonst in allen Bereichen des Lebens so, dass man überschüttet wird mit Vorschlägen jedweder Art, weil die meisten zu wenig Ahnung haben von den komplizierten Dingen in dieser Welt, aber durchaus eine wortreich zu umschreibende Meinung. Ganz egal, um welches Thema es sich handelt. Beim Segeln erlebe ich das Gegenteil. Welches Boot denn nun in Frage kommt: welche Länge, welches Modell, welche Werft, welcher Zustand? – außer dem hartnäckigen Befehl »Commander 31!« des Alten erreicht mich keine kompetent wirkende Empfehlung. Es ist zum Haareraufen.

Vielleicht, um ihn zu provozieren, vielleicht, weil er meine einzige Hoffnung ist, rufe ich den Alten also an und frage ihn: »Was hältst'n du von der Shipman 28?« Der Alte segelt seit mehr Sommern, als ich mir vorstellen kann.

»Nie gehört«, antwortet er.

Am nächsten Tag erzähle ich dem Kapitän etwas von der Albin Ballad, und er sagt nur: »Hör bloß auf, ich weiß beim besten Willen nichts über diese Dinger, mir reicht schon, dass ich bei alten Holzbooten keinen Überblick habe.«

Es ist hoffnungslos – doch die Sucht ist gnadenlos. Jedes Boot könnte meins sein. Jedes Foto birgt eine Geschichte. Und eine mögliche Zukunft. Wie gut erhalten die Eimer sind, kann man bei *Scanboat* an vier Kategorien ablesen, eins bis fünf Punkte: Unterwasser, Motor, Kabine, Mast und Segel. Das Problem ist nur, dass keiner nachprüft, ob der Verkäufer ehrlich ist oder nicht, böswillig, streng mit sich selbst oder schlicht ahnungslos. Man muss sich die Boote anschauen, es hilft alles nichts. Eigentlich jedes einzelne anschauen, bis es schnackelt. Aber welches Modell? Wo anfangen?

Bis ich im Magazin *Yacht* von einer Bianca 27 lese. Ein »gutmütiges« Boot, steht da, »solide«, »familientauglich«, wie geschaffen also für meine Ansprüche. Insgesamt, ich kann es kaum glauben, wurden von der Bianca 27 zwischen 1965 und 1975 nicht mehr als 604 Exemplare hergestellt. So genau weiß man es nicht, weil die offiziellen Unterlagen verschollen sind – die Firma hat mehrere Eigentümerwechsel hinter sich, sitzt aber immer noch in Rudkøbing, Dänemark. Der Rumpf der Bianca 27 besteht bereits aus glasfaserverstärktem Kunststoff, kurz GFK, ihr Innenleben aus handgearbeitetem Holz. Eine Plastikschüssel der Neuzeit, die noch Seele hat. Die so alt ist wie ich oder älter. Das könnte passen. Das muss doch passen. Ich vergucke mich nur aufgrund der Reportage. Und wahrscheinlich, weil ich beschlossen habe, mich zu vergucken. Es ist in Wahrheit einfach mal ein konkreter Name, ein konkretes Boot. Es lockt die Rettung aus der Sucht, zu suchen.

In der *Yacht* sind es gerade ein paar Seiten, aber denen nähere ich mich immer wieder. Besonders elegant sieht die Bianca 27 nicht aus. Eher etwas störrisch. Trutzig. Wie ein alter kauziger VW Bulli. Nur halt auf dem Wasser. Die Ingenieure leben noch auf Langeland, werde ich später erfahren, weißhaarige Dänen mit Wetterfältchen um die Augen. Der Mann, der die Bianca schuf, entwarf später Fischkutter für Grönland. Bianca, fällt mir da ein, war das nicht auch die Werft der Commander 31? Egal.

Eines späten Juli-Abends sitze ich draußen auf der Terrasse, der Himmel ist wolkenlos, mondlos, sodass die Sterne leichtes Spiel haben. Nicht mal die große Buche, die unser windschiefes Gartenhaus beschattet, gibt einen Laut von sich. Kein Lüftchen. Flaute in der Nacht. Mit ruhigen Fingern tippe ich erst *Scanboat.com* und dann in das Suchfeld Bianca 27. Zwölf Ergebnisse. Elfmal Dänemark und einmal Deutschland.

Eine dunkelblaue Bianca 27. Kiel. Eine Stunde nur entfernt. Ich will da hin.

7

EINE RENNZIEGE werden Sie aus ihr nicht mehr machen«, sagt der Makler, als er mich an Bord bittet.

»Möchte ich ja gar nicht«, antworte ich, aber genau so, dass er's nicht verstehen kann.

Er hat eine halbe Stunde auf uns warten müssen in Mönkeberg, einem hügeligen Vorort von Kiel, der an guten Tagen aussieht wie ein Vorort von Sydney, und wir haben einen verdammt guten Tag erwischt. Unten am Wasser gibt es einen kleinen Yachthafen, und da liegt die dunkelblaue Bianca 27, unsere erste, überhaupt unser erstes Boot, das wir uns anschauen. Anna wartet mit der Entourage auf dem Steg. Es ist heiß, und sie ist ungewöhnlich miesepetrig, womöglich, weil ich ursprünglich versprochen hatte, in diesem Sommer erst mal keine Boote anzuschauen, also: nur welche im Internet. Aber halte das mal durch.

Ich gebe zu, ich bin nervös. Ich fürchte, wir machen uns lächerlich: sich für ein Boot zu interessieren, ohne segeln zu können. Wie lange wird es dauern, mich als Idioten zu entlarven? Doch da sehe ich ihn und bin beruhigt. Schiffsmakler sind auch nur Makler. Er trägt nicht nur ein hellblaues Polohemd, sondern auch ein rundum gewinnendes Lächeln, das ich schon mal irgendwo gesehen habe, und zeigt nicht mehr als ein angemessen dezentes Engagement, das Boot an den Mann zu bringen.

Als Erstes erzähle ich, dass ich Einsteiger sei. Weil ich denke: Angriff ist die beste Verteidigung. Wenn es schon peinlich enden wird, dann lieber mit Anlauf. Als Zweites entfährt mir, dass ich Folkeboote gut kenne, aber sonst nichts, was natürlich ein erstklassiger Trick ist, um unter Seglern ernst genommen zu werden. Dessen bin ich mir bewusst. Ich gehe doch nicht zu so einem Termin und habe mich nicht ordentlich munitioniert.

Nordische Folkeboote sind wunderschön, aber rank und ehrlicherweise etwas unbequem; die meisten Segler schwärmen von ihrem anmutigen Riss, würden aber niemals so ein spartanisches Boot selbst befahren. Man muss sich viel bücken, und eine Menge Platz hat es nicht. Aber massig Flair. Nur Puristen besitzen ein Folkeboot, meistens Männer, die am liebsten allein auf See sind. Oder zu zweit, wenn sie den anderen gut kennen oder gerne gut kennenlernen würden. Der Kapitän hatte mal ein Folkeboot, der Tramp hat eins, Kollege Schwarz auch, und der Alte hat ein Junior-Folkeboot als Zweitboot. Um mich herum wimmelt es also von Folkebooten. Viele Yachtbesitzer haben eine Art schlechtes Gewissen, wenn sie ein Folkeboot sehen, weil sie selbst es sich so bequem machen. Weil sie so viel Schnickschnack brauchen, obwohl es doch viel schlichter geht. Also besitzt man als Folkebootler in Seglerkreisen ein famoses moralisches Überlegenheitsgefühl.

Auf dieses Überlegenheitsgefühl setze ich nun, auch wenn ich mir zuvor nicht sicher war, ob es sich zum einen wirklich einstellen würde und ob es, zum zweiten, auch funktionierte. Es funktioniert prächtig. Ich deute auf den Knubbel vorne am Bug, wo das vordere Segel endet, und sage kleinlaut: »Das ist doch eine Rollfock, oder?«

»Ich zeig sie Ihnen mal.« Sofort knöpft der Makler die Abdeckung auf.

»Folkebootler finden so was wie 'ne Rollfock natürlich furchtbar«, bemerke ich listig.

»Klar.« Der Makler scheint mir ein bisschen zu erröten, was aber auch an der Sonneneinstrahlung liegen kann. »Es ist halt sehr praktisch.« Und er beginnt mir zu erklären, wie man auf großen Yachten auf Knopfdruck von seinem Kommandostand aus die Segelfläche verkleinern könne, weil ein kleiner Motor die ganze Arbeit erledige. Auf kleineren Yachten wie der Bianca 27 ziehe man aus dem Cockpit an der entsprechenden Leine, und das Vorsegel rolle sich ein. Gut, wenn man reffen wolle, also die Segelfläche verkleinern. Oder in den Hafen einlaufen. »Ansonsten«, endet der Makler, »muss man ja auf See nach vorne, während das Segel ausschlägt, und man muss aufpassen, dass man sich nicht verheddert, von Deck fällt oder beides.«

»Das«, sage ich gönnerhaft, »leuchtet mir ein. Warum wird das Boot eigentlich verkauft?«

»Die Eigner ziehen nach München um, beruflich, und es bricht ihnen das Herz, aber es hat keinen Sinn, das Boot zu behalten. Sie haben zwei Kinder, die sind quasi an Deck aufgewachsen.« Er deutet hinüber auf den Steg, wo unser Sohn im Kinderwagen schlummert.

Anna hat sich auf die Planken gesetzt, die Augen geschlossen und genießt die Sonne. Pumba hat es sich daneben gemütlich gemacht. Sie füllt den Steg diagonal in seiner ganzen Breite aus und hat sich auf den Rücken gerollt. Eine Umdrehung weiter, und sie produzierte eine astreine Arschbombe.

Wir bewegen uns weiter Richtung Cockpit, es geht ans Eingemachte. Das Boot blitzt im grellen Licht. Das Deck ist blendend weiß gewienert, sehr sauber, und die Holzbänke wirken, als wären sie aus geronnenem Honig.

»Und?«, fragt der Makler.

»Schön. Gepflegtes Ding.«

»Absolut. Fertig zum Lossegeln!« Der Makler lächelt ganz fein.

»Und drinnen?«

»Ja, drinnen«, seufzt er. »Also zu drinnen sind die Eigner noch nicht gekommen. Sie haben das Unterwasserschiff und die Aufbauten erneuert, und das wäre als Nächstes dran gewesen.«

»Verstehe.«

Er drückt am Niedergang auf einen Knopf, ein Gerät geht an, auf dem Display flimmert was. »Der Fishfinder. Das ist natürlich gut, wenn man gerne fischt.«

»Für Angler ist so ein Fishfinder sicher sinnvoll«, sage ich. »Bin aber keiner. Will auch keiner werden. Könnte keinen Fisch töten, den ich gefangen habe.«

»Ist gar nicht so schwer. Ein Schlag, und es ist vorbei.«

Wir steigen die steile Treppe hinab in den Salon – und ich bin ernüchtert. Zwar staune ich über die Stehhöhe, traut man so einem kleinen Kahn gar nicht zu, aber das Interieur atmet plötzlich ein Alter, so alt, wie ich mich noch nie gefühlt habe. Diese Bianca ist von 1972 und sieht leider genauso aus. Das Holz blättert, die Spülschüssel ähnelt der Waschküchenspüle vom Campingplatz auf Zakynthos (wobei die Sonnenuntergänge dort alles wettmachen). Und so weiter. Diese Bianca scheint mir eine etwas ältliche Dame zu sein, die zwar mit dem Cabrio vorfährt und so tut, als sei sie von edlem Charakter, in Wahrheit aber innerlich verwahrlost ist. Sie strahlt hier unten etwas Dumpfes aus an diesem heißen Tag, und als ich die Bretter im Boden hochhebe, gluckst mir Wasser in der Bilge entgegen, mehr als eine Handbreit tief.

»Ein Boot ohne Wasser ist kein Boot.« Der Makler lacht. Mir mangelt es an Erfahrung, um einzuschätzen, ob es ein nervöses Maklerlachen ist oder ein gut getimtes. »Alle Boote ziehen Wasser.«

»Aber GFK-Boote brauchen kein Wasser zum Quellen und Dichtwerden, oder?«

»Natürlich nicht.«

Ich vergesse nach dem Namen des Schiffes zu fragen. Ich bin mir hinterher auch sicher, dass der Makler den Namen nicht erwähnt hat. Merkwürdig, werde ich später denken, dass er es nicht getan hat. Gehört doch zum kleinen Maklerlatein, Bindung schaffen.

Anna löst mich an Bord ab, und ich setze mich zur dösenden Familie. Meine Frau findet es gar nicht so übel, das Boot ohne Namen.

»Nicht übel ist nicht genug«, flüstere ich ihr zu. »Hat's geschnackelt bei dir?«

»Na ja, ich finde es nicht übel. Ganz gemütlich, drin.«

»Die Polster waren spakig. Das Holz ganz fleckig.«

»Was verlangst du? Ein so altes Boot ist halt kein neues.«

Der Makler hat das Cockpit verriegelt, nun gesellt er sich zu uns. Wir unterhalten uns leise, um unseren Sohn nicht zu wecken.

»Wir werden uns melden«, sage ich, »das Boot muss man sich mit einem Experten nochmals anschauen.«

Zu diesem Zeitpunkt weiß ich noch nicht, dass es das schon gewesen ist. Der Makler zuckt mit den Schultern, so enden ja alle diese Termine. Nach dieser Besichtigung hat er Feierabend, er wird in herrlicher Abendsonne nach Hause fahren, und er wird nicht den Eindruck gewonnen haben, einem Spinner aufgesessen zu sein. Oder?

»Sechzehneinhalbtausend will der Verkäufer haben, Verhandlungsbasis«, hatte er ganz zu Anfang gesagt.

»Versteht sich«, erwiderte ich. »Mal so als Hausnummer.«

»Eben.«

Längst hatte ich gehört, dass der Markt am Boden sei. Dass die Preise überzogen seien und jeder runterverhandelbar sei. Jeder, und zwar kräftig.

Wo denn der Tisch fürs Cockpit sei?, maile ich anderntags nach Kiel. Es sei zwar nur ein Detail, und dazu ein womöglich etwas banales, aber ich wolle doch fragen, ob ich den Tisch übersehen hätte. Nein, schreibt der Makler nach einer Weile zurück, es sei kein Tisch da fürs Cockpit.

Wie haben die Eigner mit ihren beiden Söhnen draußen gegessen? Wie haben sie es sich gemütlich gemacht? Ich kann es mir nicht vorstellen. Dieses Boot scheint mir ohne Leben. Ich nehme ihm nicht ab, für uns das richtige sein zu können. Hey, ich weiß, das klingt komisch, aber ohne ein Versprechen lasse ich mich auf nichts ein. Noch in derselben Nacht sage ich per Mail höflich ab, und ich weiß, ich tue das Richtige.

8

WIR GEHÖREN aber nun dazu. Haben einfach so ein Boot angeschaut, als meinten wir es ernst, eins besitzen zu wollen. Ich und ein Boot. In dieser Nacht träume ich von Böen, die hoch über mir Segel bauschen. Die das Gefährt beschleunigen, dass ich es nicht mehr halten kann. Ich rausche über ein Meer, das sich zu einem wogenden Gebirge aufgeworfen hat, und habe keine Gewalt mehr über das Ding unter mir, das einen eigenen Willen entwickelt. Eine Höllenfahrt. Aber ich wache auf, ohne gekentert zu sein.

Von heute auf morgen hat sich alles geändert. Vor allem die innere Haltung zu den Dingen. Man schaut abends den Wetterbericht ganz anders, damit fängt es schon mal an. Achtet auf den Wind, um den sich die meisten Menschen einen feuchten Kehrricht scheren. Es schleicht sich auch langsam eine eigene Sprache in unser Haus. Wir machen bald nicht mehr sauber in der Küche, wir machen »Klarschiff«.

Ich ahne, wie es sein wird, das Gefühl zu gewinnen, ein natürlicher Teil dieser Landschaft des Nordens zu sein, die so vom Meer geprägt ist – die Städte, die sich um die Häfen ballen, die Bäume, die vom Wind zerzaust sind, die Menschen, die wenig sprechen, weil ein Blick aufs Wasser hinaus allemal interessanter ist als der neueste Tratsch.

Am lichten Tag geht es mir nun öfter so, dass plötzlich, ganz kurz, der Boden unter mir ein wenig zu schwanken beginnt, wenn der Wind in die hohen Fichten fährt, die bei unseren Nachbarn wachsen, und ich zum Himmel spähe, wo die Wolken einander jagen. Es ist eine Haltung zum Leben, das begreife ich rasch, die einen nicht mehr loslässt. Immer wieder, wie aus dem Nichts, erwischt es mich. Ich lümmele auf der wackeligen Holzliege im Garten, die jeden Moment unter mir zusammenbrechen könnte, eine Wolke hat sich vor die Sonne geschoben, und meine Füße frösteln, da streift eine Böe durch die Buche über mir, ich spüre die Kraft dieser Böe an meiner Wange, meinen Nasenflügeln, und mir ist für einen Moment, als müsse ich etwas tun, das Ruder neu justieren etwa. Meistens geschieht das nur in diesem Dämmerzustand. Unheimlich. Segeln ergreift Besitz. Man ist an Land nicht mehr sicher. Aber das alles muss sein. Es gilt, auch im Innern zum Segler zu reifen.

Dies freilich ist ein teuflisch langer Weg. Die vielen Telefonate helfen, die mit den Freunden, die gerade in einer dänischen Bucht ankern. »Wie in der Karibik!«, tönen sie, »flacher Sandstrand!«, »einfach Anker raus!«, »herrlich!«. Der Kapitän klingt bereits betrunken, um halb fünf. Der Tramp faselt was von einer Hippie-FKK-Party auf einer abgelegenen kleinen Insel, seine Freundin ist dabei, »einer der besten Tage meines Lebens«.

Der Fachmann für die Bianca 27, den ich im Internet aufgetan habe, ruft am nächsten Abend zurück. Ich kenne nur seinen Namen und höre dazu passend einen norddeutschen Bass.

»Wir waren schon in Kiel«, berichte ich, »wir haben uns eine angesehen.«

»Wie alt, wie alt der Motor, wie viel soll sie kosten?«, fragt er.

»Von '72, von '92, so sechzehn.« Verblüfft registriere ich, wie flüssig mir die Zahlenkombination über die Lippen kommt.

»Überteuert. Da haben Sie nicht viel Freude dran.«

»Okay.«

»Nur Geduld, Herr Barth.«

Er zählt weitere Biancas auf, die auf dem Markt sind.

»Die ganz oben auf der Liste ist eine Gurke. Die für zwanzigtausend sieht gut aus, war aber mal komplett im Hafen gesunken. Müsste man sich ansehen, ist halt viel Geld für ein Boot, das schon mal gesunken ist.«

»Nee, das schaue ich mir erst gar nicht an. Ein Boot, das untergehen kann und sogar schon mal untergegangen ist, das ist nicht mein Boot. Da bin ich vielleicht etwas altmodisch.«

»Keine Ahnung, was da war, wahrscheinlich ein Sturmschaden.«

»Da macht man ja kein Auge mehr drauf zu, wenn man mal ankert. Und im Sturm denkt man, jede Sekunde zieht das Ding Wasser und macht wieder einen auf U-Boot.«

»Müsste man sich natürlich gründlich anschauen«, sagt er. »Bis vor Kurzem hatte ich Kontakt zu einer Frau, die hat ihrs für zwoundzwanzig verkauft. War aber tipptopp, alle Segel doppelt, alles vom Feinsten.«

»Ist aber viel Geld für 'ne Bianca 27, oder etwa nicht?«

»Stimmt schon. Ein VW Golf bleibt immer ein VW Golf und wird kein Ferrari, selbst wenn man ihn rot anstreicht. Sind Sie online?«

»Jupp.«

»Dann schauen Sie mal auf *Scanboat* rein, sehen Sie die für siebzehnvierfünf? Die ist superschick. War ich schon mal drauf, kenne den Eigner, der hält das Boot ordentlich gepflegt. Ist aber ein Holzmast.«

»Ja. Hat die Kieler auch. Sah nicht sehr neu aus. Und?«

»Den muss man pflegen. Die sind nicht aus einem Baum geschnitzt, die sind gebaut, diese Masten.«

»Oh, das wusste ich nicht, dass Masten nicht aus einem Guss sind, also aus einem Stück.«

»Hier, sehen Sie? Vang, das ist auf Bornholm. Könnte man mal ein paar Tage Urlaub machen und die sich anschauen, wenn die Familie mitzieht.«

»Gute Idee.« Ich stelle mir vor, wie sich Anna vor Lachen böge, wenn ich ihr vorschlüge, nach Bornholm zu fliegen, um en passant ein Schiff zu besichtigen.

»Und da gibt's noch eine aus Schweden, hat gerade ein Freund von mir sich angeschaut, als er beruflich in Göteborg war. Kostet nicht mal zwölftausend.«

Drei Minuten später kommt eine Mail, zwei Megabyte dick, anbei Dutzende Fotos. Schönes Boot, hellblau gestrichen, karg eingerichtet, aber sauber. Mittendrin im Salon baumelt eine riesige Petroleumlampe, das bleibt mir haften: die Petroleumlampe.

Während mein Liebhaber der Bianca 27 weiterspricht, schaue ich auf die Karte Skandinaviens und stelle mir vor, wie es wäre, in Göteborg einfach so den Vertrag zu unterschreiben und die schwedische Küste runterzusegeln, mit einem an der Seite, der's kann, wohlgemerkt. Wie man über den Großen Belt schaukelte, durch das Südfünische Inselmeer.

Mit jedem Blick beginne ich die Topografie des Nordens besser zu verstehen. Wo zuvor die Küste nur das Land begrenzte, zergliedert sie nun die See, sehe ich Buchten, Durchlässe, Naturhäfen. Ich begreife, dass die Dänen ein Seefahrervolk werden mussten und noch immer sein müssen, um sich als zusammengehörigen Staat begreifen zu können. Einen Bootsführerschein braucht dort kein Mensch. Boot fahren ist Naturrecht.

Es ist eine laue Sommernacht, wie es sie in Hamburg gibt, auch wenn einem das keiner abnehmen würde. Anna hat Kerzen im Garten verteilt und sie nach Anbruch der Dämmerung angezündet, warme, flackernde Leuchtfeuer. Unser Sohn schläft längst. Wir tranken eiskalten Weißwein und lasen, als der Anruf kam; nun starre ich in den Himmel, höre die Stimme des Bianca-Mannes und versuche mir das vorzustellen: in Göteborg los, von der Schärenküste Bohusläns aus nach Hause. Der Herr redet darüber, als sei es das Selbstverständlichste der Welt, dass ich bald ein Boot besitzen würde. Wahrscheinlich, weil er es sich in seiner Welt nicht vorzustellen vermag, wie sehr man zweifeln kann, wie irrational für Leute wie mich der Kauf eines Bootes ist.

»Aber sind Sie sich schon sicher mit der Bianca 27?«, fragt er.

»Natürlich nicht. Ich war nur froh, den Test zu lesen. Irgendwo muss ich ja anfangen zu suchen.«

»Die Bianca ist narrensicher«, erzählt er, »aber sie hat auch ein paar Macken. Sie ist ja ein Langkieler.«

Ich beobachte einen Falter, der sich müht, in eine Kerze zu stürzen. Dass Langkieler schwerfällig sind, weiß jedes Kind – sofern es zufällig Segelmagazine liest. Aber ein paar Macken?

»Na ja«, sagt der Seefahrer, »die alte Lady legt sich sehr schnell auf die Seite, wenn ein Puster kommt. Manches Mädel an Bord erschrickt sich fürchterlich. Wenn sie aber endlich auf der Seite liegt, wird sie steif. Dann segelt sie stur auf ihrem Kurs.«

Ich denke an unser erstes Jollengesegel, wie ich mich krampfhaft am Süllrand festhielt, weil ich dachte, dass die Jolle jeden Moment kentern könnte. Und wie Anna lachte, ja: mich auslachte.

»Kein Problem«, sage ich. »Nicht jedes Mädchen erschrickt sich so.«

Aus dem Hörer dringt ein heiseres Lachen, das eine Geschichte haben muss. »Und gegen die Welle ankreuzen mit diesem bauchigen Löffelbug der Bianca 27 ist bei der kurzen Ostsee-Welle kein Spaß. Sie wissen ja, wie schön geräumig die Vorschiffkajüte ist. So viel Platz haben Sie auf manch größerem Boot nicht. Aber gegen den Wind und die Welle erkaufen Sie sich das bitter. Da hämmert der Bug gegen die Wellen, dass es kracht, und bei der dritten kommen Sie fast zum Stillstand.«

»Oh«, entfährt es mir.

»Oh ja. *You have to treat her like a gentleman.*«

Ich muss schmunzeln. Die Bianca scheint mir ein Boot zu sein, das geschaffen ist für faule Ausreden. Das gewisse Kurse nicht mag, das sich schwertut, wenn die See rau wird, das einen also unentwegt anzwinkert, doch nicht so hektisch zu sein, nicht so große Strecken zu planen, auch mal einen Gammeltag einzulegen. Es scheint mir ein Boot für mich zu sein, für meine Familie, die zur Hälfte noch nicht mal ahnt, was sie erwartet, und zu einem Viertel fürchtet, dass ich es wirklich wahr mache.

Es gibt Momente, in denen ich mich auf diesem Weg allein fühle. Verdammt allein. Das habe ich vorher gewusst. Die Frage ist, ob ich mich selbst wirklich mitnehmen werde ins Ziel.

Fast ist es Mitternacht, als der Bianca-Mann und ich auflegen. Segler quatschen gerne, beinahe so gerne, wie sie segeln. Und sie zögern nicht, anderen zu helfen. Es gibt sicher Dünkel in dieser Welt, vielleicht mehr als anderswo, viele abschätzende Blicke, aber noch viel mehr helfende Hände.

Beseelt von der Empfehlung des Experten, schicke ich am frühen Morgen freundliche Mails gen Norden über die See, an die Herren Bengt und Flemming, nach Bornholm und Göteborg. Im Radio sagen sie für den nächsten Tag frischen bis starken Wind an, Windstärke fünf bis sechs. Es wird abkühlen. Ich beuge mich wieder über die Karte und versuche herauszufinden, wie man segeln müsste, sagen wir, von Kopenhagen nach Hause. Um Seeland herum, die Nordspitze von Langeland passieren und vorbei an Svendborg. Was für ein Abenteuer das wäre. Geld übergeben und Leinen los. Wie weit das wäre. Locker vier oder fünf Tage. Aber strammes Segeln. Und wenn einem der Wind entgegenbläst, muss man schon viel Liebe mitbringen, oh ja.

In der Nacht träume ich wieder, auf einem schwankenden Boot zu sein, allein an der Pinne, um mich nichts als Wasser. Ich weiß nicht, ob ich den Sturm überstehe, der naht. Ich sehe ihn kommen, sehe die Wellen, die mein kleines Boot überspülen, die Segel schlagen in den Böen, die Gischt, der Bug hämmert in die Seen ... Da weckt mich das Schreien meines Sohnes.

Bengt und Flemming antworten nicht, die Männer des Nordens mit ihren Biancas 27. Tun dies am nächsten Tag nicht, in der nächsten Woche nicht, werden niemals antworten. Ich weiß nicht, woran es liegt. Vielleicht sind sie auf See. Viel später werde ich vermuten, dass sie ihre Boote nur mal so anboten und zurückschreckten, als sie merkten, sie könnten sie tatsächlich bald los sein.

Ein Boot zu verkaufen heißt offenbar, einen Traum zu verraten.

DREI

VOM FINDEN

1

UND DANN SCHNACKELT ES. Es ist allein schon der Name. Shipman. So hieß einstmals die Werft. Die Shipman 28, also 28 Fuß lang und Baujahr 1971, liegt in Neustadt in Holstein, fast um die Ecke. Auch sie ist dunkelblau gestrichen. Sie hat was, ich muss sie mir ansehen. Die plumpe, launische Bianca 27 ist vergessen, so treulos bin ich.

Der Makler antwortet sehr zügig auf meine Anfrage, die Freitagnacht bei ihm eintrifft – und zwar samstagmorgens, 9.32 Uhr. So muss das sein.

Diese Shipman hat in den vergangenen 4 Jahren Investitionen i. H. v. ca. 12 000 € erfahren: neue Segel, Groß und Rollreffgenua mit UV-Schutz, Segelkleid mit Lazyjacks, Sprayhood, Kuchenbude, Teakdeck, Eberspächer Heizung, Kühlfach mit Kompressor, Induktionskochfeld, Toilette, GPS, Windmess, Tridata, Ladegerät mit Landanschluss, Schalttafel mit Verkabelung, neue Küchenarbeitsplatte. Es bleiben in meinen Augen folgende Punkte offen: kleinere Schönheitsarbeiten im Innenraum, Neuabdichtung Kielnaht, Austausch Antriebswelle wegen Elektrolysefraßes. Hierzu liegt ein Kostenvoranschlag vor, 1350 € inkl. MwSt. Der Motor ist in Ordnung, hat gute Kompression, springt freudig an. Der Rumpf ist dunkelblau lackiert. Bei näherer Betrachtung sieht man eine Menge Kratzer, Spuren der Zeit. Wer noch ein wenig in dieses Boot investieren mag, erhält eine sehr gut und aktuell ausgestattete Shipman 28, die noch lange Spaß und Komfort liefert. Das Boot kann an Land nach Absprache besichtigt werden.

Ich am nächsten Tag nichts wie hin, mit 180 Sachen. Auch wenn ich nicht weiß, wie man Elektrolysefraß buchstabiert, was ein Tridata ist und ob ein Induktionskochfeld als letzter Schrei oder letzter Scheiß zu betrachten ist.

Das Boot steht gleich am Eingang rechts, auf dem Parkplatz vor einer Montagehalle. Es lugt so um die Ecke. Blaue Schnauze. Der Mast ragt unvorstellbar hoch in die Luft. Wenn ein Flugzeug am Himmel wäre, es könnte sich den Boden aufschlitzen an diesem Mast. Ich weiß nicht, ob so weit oben noch Sauerstoff ist. An der Spitze flattert ein Wimpel, auf dem Shipman steht. So beginnt sie mir den Kopf zu verdrehen.

2

EISKAFFEE, DER HERR, sagt der junge Ober, man gibt sich etwas vornehm in dieser Marina, tausend Liegeplätze, viele Riesenyachten, viele gestärkte Polokragen. An der schmalen Badestelle springen ältere Pärchen jauchzend in die Ostsee. Man redet beim Handtuchrubbeln über den HSV, die Werftenkrise, den Bürgermeister. Hamburg ist hier zu Hause. Und auch reiche Polen, reiche Russen, erzählt man sich unter Seglern.

Der Eiskaffee kommt lauwarm. Wie kriegt man das denn hin: Eiskaffee lauwarm? Zwei nicht mehr sehr junge Damen hinter mir, die Stimmen plattgeraucht, bestellen Pinot Grigio. Die Luft steht. Das Wasser der Ostsee liegt ölig glatt da, wie beschichtet. Ein Windhauch streicht über den Hafen. Geschnatter in der Luft. Hinter dem Mastenwald die grünen Hügel Neustadts. Ein gelber dicker Himmel. Gewitterdampf. Und mein Kopf raucht. Ist sie das? Kann sie das sein? Die Shipman und ich?

Der Makler hat vorhin im Prinzip nur über den Diesel geredet. Wir schlenderten von seinem Büro über den Hof. »Ich traue dem Motor«, sagte er. »Ein Farymann. Zwar noch das

Original von 1971, aber fragen Sie mal Landwirte, was diese Dinger leisten. Oder Bauarbeiter. Das sind Arbeitstiere. An dieser Shipman werden Sie noch fünfzehn, zwanzig Jahre Ihre Freude haben können.«

Ich weiß, dass die Maschine das Teuerste an einem Boot ist. Offenbar ist es ein seriöser Makler. Oder zumindest will er mir den Anschein geben. Zu seinem hellblauen Polohemd (eine Makleruniform?) trägt er eine beigefarbene Outdoor-Hose mit extragroßer Gürtelschnalle.

Wir stehen vor dem Kiel, denn die Dark Sea, so steht es am Bug, ist aufgebockt, das Deck drei Meter über dem Asphalt. Sehr schmal, der Kiel, wenn man von vorne draufguckt. Als wolle sich das Boot in einem unbeobachteten Augenblick verdünnisieren. Ich deute auf die fingerdicken Rostlinien, die sich einmal quer über den rot gestrichenen Kiel ziehen.

»Die entstehen da, wo die Eisenbombe an den Rumpf angeflanscht ist«, erklärt der Makler. »Keine große Sache.«

»Kann ... Kann der Kiel nicht abfallen?«

Der Makler lacht, er lässt mich dabei nicht aus den Augen. »Nein, das ist nur oberflächlich. Das haben alle alten Boote mit Eisenballast.«

Ich habe keine Ahnung, was »angeflanscht« heißt, wie man anflanscht, ob man auch abflanschen könnte, aber es hört sich satt und gründlich an.

»Mit dem Bolzen«, fährt der Maker fort, »muss man das Sikaflex abpulen und neu auftragen.« Mir kräuselt es die Brauen.

Wir umrunden den Rumpf. Hinten, an der Antriebswelle, legt sich plötzlich eine sorgenvolle Falte auf die Stirn des Maklers, er zeigt auf schwarz glänzende Tropfen. »Da ist Diesel ausgetreten. Das darf da nicht sein.«

»Hatten Sie nicht gesagt, die Welle müsse eh erneuert werden?«

»Die muss überholt werden, zwotausend Euro, alles in allem. Aber der ausgelaufene Diesel lässt auf irgendwas anderes schließen. Das müssen wir nochmals prüfen. Ich werde mit dem Eigner reden, das muss er natürlich machen lassen.«

»Natürlich«, wiederhole ich hilflos, aber auch beeindruckt. Der Mann scheint mir auf meiner Seite zu sein.

Wir haben das Schiff noch nicht geentert, aber so weit sind wir schon. Offensichtlich setzt er große Dinge auf mich. Ich fühle mich ein wenig geschmeichelt. Ein ernst zu nehmender Interessent, einer, dem man nichts vormachen sollte. Natürlich habe ich nicht vergessen, meine Geschäftsmiene aufzusetzen, die sich aus starken Kennermienen-Anteilen und einem brutal harten Kinn zusammensetzt.

Dann sind wir oben. Schickes Teakdeck. Wunderschön. Ich sehe Anna da liegen, hingegossen. Ich sehe mich selbst da liegen, ein Buch in der Hand, schläfrig. Ich will dieses Boot haben. Sofort.

Der Makler schließt die Tür zum Niedergang auf, hebt die Steckschotten an und legt sie zur Seite. »Es gibt hier keine Geheimnisse«, sagt er, »schauen Sie sich alles in Ruhe an, gucken Sie überall rein.«

Nun lässt er mich allein. Seine Schritte knirschen übers Deck, seine Schuhe lassen die Leiter quietschen, er ist verschwunden.

Unten ist es dunkel. Gemütlich dunkel das Holz, ein bisschen gruftig vielleicht, wie eine altenglische Bibliothek. Die Küche zieht sich quer durch den Niedergang. Sie hat ein Induktionskochfeld, und damit fängt es schon mal an. Es gibt ungefähr eine Million Dinge, die ich nicht einordnen kann. Ob sie Patina haben oder bald auseinanderfallen werden.

Eine kurze Koje links, zu klein für einen Mann, eine lange rechts, unterbrochen durch einen versenkbaren Tisch. Keine Ahnung, ob diese Anordnung praktisch ist. Ich schaue aus dem schmalen Fenster. Höre das Gewitter in der Ferne grollen. Es riecht gar nicht übel hier an Bord. Natürlich nicht nach Lavendel oder so, ein bisschen nach Diesel. Im Regal stehen bunte Romane von Miranda Lee und Barbara Cartland auf

Dänisch, dazu »Die große Seemannschaft« auf Deutsch, ein Buch, in dem alles drinsteht, was man übers Segeln wissen möchte und eine Menge mehr.

Ich schlüpfe aus meinen Schuhen, gehe nach vorne, krieche in die Bugkajüte im Vorschiff, öffne das Luk und lege mich flach auf die Polster. Schaue hinauf in den Himmel. Da oben treibt langsam eine dicke Wolke vorbei, die ein bisschen aussieht wie Norwegen. Aus irgendeinem Grund stelle ich mir vor, dahinter seien Sterne. Ich verschränke die Arme hinterm Kopf. Das Boot scheint ein klein wenig unter mir zu schaukeln, aber das kann nicht sein.

Zurück im Salon. Das klein bisschen Wind singt fröhlich im Rigg. Sehr heller Ton. In den Schubladen und hinter Klappen kleben Späne. Man muss dazu sagen, ich kann Flecken aushalten. Ich bin kein Fleckenfan, das nun auch nicht, aber ich erkenne an, jeder Fleck hat seine Geschichte. Sie verursachen mir keinen Ekel, ich habe selbst zu viele Flecken produziert in diesem Leben, und meistens war es gar nicht so schlimmes Zeug, das ich verschüttet habe. An der Decke Kaffeespritzer. Die da hochflitzen zu lassen und dann noch vergessen, sie wegzuwischen: Respekt.

Nach einer halben Stunde habe ich alle Schapps geöffnet, meine Nasen in alle Luken hineingesteckt, die Luken wieder geschlossen, den Niedergang ebenso, die Kuchenbude zugezogen. Die Kuchenbude: noch so ein Wort. So heißt das Überzelt, das man übers Cockpit zieht, nur klingt Überzelt nicht sehr seglerisch. Kuchenbude zwar auch nicht, aber egal.

Ich trolle mich in das Büro des Maklers, das im Ladentrakt zu finden ist. Als ich eintrete – es gibt keine Vorzimmerdame –, schreckt er von seinem Computer hoch, als habe er mich vergessen. Er erhebt sich. Er ist größer als ich, und ich bin nicht klein. Mit einer lockeren Handbewegung bittet er mich aufs schwarze Ledersofa, fragt, ob ich etwas trinken wolle.

Ich will. Ein Wasser. Was zu trinken haben ist immer gut, man kann unauffällig nachdenken, zum Beispiel, wenn es ums

Verhandeln geht. Der Markt ist so gut wie tot, sage ich mir, sei lässig, sei ein Profi, sei quasi gar nicht interessiert, aber ein bisschen schon, spiele virtuos mit seiner Gier. Lehn dich zurück und lass ihn kommen.

Aber er macht es besser. Setzt sich federnd, verschränkt die Beine, lehnt sich selbst zurück, und ich finde mich auf der rutschigen Kante meines Sessels wieder, leicht schwitzend, weil es zu warm ist für meine wasserabweisende Kleidung. Das Problem ist: Ich bin es natürlich selbst, der gierig ist. Gibt es Rivalen, Nebenbuhler? Ein richtiges Boot, meine Güte, innerlich taumele ich bei der Vorstellung, dass ich jetzt, in diesem Augenblick, nur Ja zu sagen bräuchte und es besäße. Ich bin so dicht davor. Wer einen Sinn für Romantik hat, wird verstehen, dass ich gerade geneigt bin, den Verstand auszuschalten.

Meine Fragen drehen sich, das muss ich leider zugeben, nur um Lappalien. Ich habe mir vorher ein paar Punkte überlegt, aber was richtig Schlaues ist mir nicht eingefallen, irgendwas, das den Makler verblüffen könnte.

Dabei leben Journalisten davon, immer Fragen parat zu haben. Wecke einen von uns nachts, und er wird anfangen loszuplappern und sein Geplapper in eine Frage münden lassen, um das Gespräch zu entfachen, er wird nachhaken und es am Laufen halten. Aber wenn's um mich selbst geht, bin ich im Fragen nicht immer stark. Wo die Eberspächer Dieselheizung sei?, will ich wissen. Ich hatte sie nicht gefunden. Ob man die höre? Was es koste, die Dichtungen der Backskisten zu erneuern? Ob es stimme, dass das Boot luvgierig sei, dass man es also gewaltsam davon abhalten müsse, in den Wind zu schießen (woraufhin jede Fahrt aus dem Boot geht und es ein Spielball der Wellen wird und man querschlägt und kentert oder Schlimmeres)? Ein Boot, das also den berüchtigten Sonnenschuss quasi erfunden habe?

»Na ja«, antwortet der Makler. »Sie müssen am Ruder ein bisschen arbeiten. Es ist eben ein Boot mit Charakter.«

»Okay.« Ich bin bereits versöhnt. Der Makler nickt, als ich leise anmerke, es sei halt nicht sehr gepflegt. »In der Bilge steht ein schmutziges Gemisch aus Öl und klebrigen Überresten von irgendwas.« Dabei finde ich es ziemlich gut gepflegt für so ein altes Boot, aber ich posaune das einfach mal hinaus.

Der Makler pustet eine Haartolle aus der Stirn und nickt schuldbewusst. »Das habe ich dem Eigner auch gesagt, es könnte gepflegter sein. Da muss man sicher mal mit Chemie ran.« Sein Ton ist sachlich, als sei es das Normalste auf der Welt, einen Eimer Chemikalien in sein Schlafzimmer zu schütten.

Mit jedem Wort aber merke ich, wie er ungeduldiger wird. Ich scheine ihm die Zeit zu stehlen. Ich stehle sie ihm ganz gewiss, und das irritiert mich maßlos, bin ich doch derjenige, auf den er händeringend gewartet haben muss. Er ist ein voluminöser Mann, er schaut mich an, als warte er auf meinen Abgang. Halte ich ihn von den wahren Geschäften ab? Sonst hat er nur die Hunderttausender im Angebot, die Blitzyachten. Ich bin ein kleiner Fisch. Aber 18 000 Euro ist 'ne Menge Geld. Ich will fast schon sauer werden, aber er bleibt unerschütterlich freundlich. Das muss ich ihm hoch anrechnen. Stabilere Gemüter hätten seine innere Eile nicht gemerkt, aber ich erhebe mich.

Vor zwei Wochen sei er selbst auf der Dark Sea gesegelt, erzählt er, als ich mich zum Gehen wende. »Ich habe sie einst aus Schweden mitgebracht. Sie ist etwas verlebt, aber sie hat Charakter. Ein wirklich schönes Boot, Herr Barth.«

»Bis bald«, sage ich.

3

VERLIEBEN MUSST DU DICH in ein Boot«, hat der Kapitän gesagt, »du musst es begehren!« Ich begehre die Shipman. Weil sie die Richtige ist? Oder nur, weil zum Greifen nah? Ich habe doch gar keine Kriterien. Ich habe nur meine Lust, ein Boot zu besitzen. Bin ein inkompetenter Naivling, ein Spielball in den Händen eines geschickten Maklers. Kenne sonst nur die Bianca 27. Lächerlich.

Zwei Tage später, feinstes Badewetter, überrede ich meine Familie, nach Pelzerhaken zu fahren, wo es einen wunderbaren wilden Hundestrand gibt, den Pumba der Copacabana für würdig hält, ja, ihr sogar überlegen, weil es an der Copacabana weniger Wildgänse gibt. Und man kommt auf dem Weg an der Marina vorbei.

»Moin moin«, grüße ich den Makler am Handy, »wir sind gerade auf der Autobahn Richtung Neustadt, könnten wir uns die Dark Sea noch mal angucken?«

»Oh«, höre ich, »ich bin gerade in Flensburg, aber … Ich lass Ihnen den Schlüssel hinterlegen, okay?«

Ich bedanke mich überschwänglich, entschuldige mich für den Überfall und entlocke ihm, dass er versucht habe, den Eigner zu erreichen. Der werde mit dem Preis runtergehen müssen, so viel wie eben die Reparatur des Diesellecks koste. »Das müssen wir aber erst checken lassen«, sagt der Makler.

»Ist ja keine Eile«, erwidere ich gönnerhaft, dabei lege ich gerade eine mordsmäßige Eile an den Tag. Ich habe keine Lust, dass mir einer dieses Boot wegschnappt.

Wieder an der Leiter. Zuerst klettert Anna nach oben, ich stehe am Kiel, kraule mit links unserem Sohn das Kinn und fahre mit rechts die Rostlinie entlang. Pumba jault erbärmlich, weil Anna in den Himmel emporgestiegen ist und nicht mehr herunterkommt. Ich trete aus dem Schatten des Bootes hervor. Der Mast ragt unverändert hoch auf, und wo das Vorsegel an den Mast gebunden ist, ziehen Wolken schnell vorbei, es ist ein Tag des Windes. Aber es sieht aus, als wäre es das Boot, das sich bewegt, als hätte es sich losgerissen von seinem stählernen Bock und flöge, und wir flögen mit. Ich höre Schritte, Annas Sohlen auf der Leiter.

»Und?« Ich weiß, jetzt wird es sich entscheiden.

»Sie ist nicht so liebevoll ausgestattet wie die Bianca in Kiel, und es riecht komisch.«

»Riecht komisch?«

»Nach Pisse und Diesel.«

»Pisse und Diesel?«

»Aber sonst ist sie schön.«

In Annas Urteilen stecken meist klare Empfehlungen.

Wir essen im Hafencafé einen Happen zu Mittag, über ihre Worte komme ich nicht so schnell hinweg. Vor unseren Augen tickt eine Bavaria 46 Cruiser herein, ein Monster von fast 15 Metern, sie wird per Bugstrahlruder gezielt an den Steg bugsiert. Ein Charterboot, der Hintern so breit wie vier Brauereigäule, aber Zentimeterarbeit. Hafenmanöver scheinen ja einfach zu sein. Und noch viel einfacher werden sie mit einem kleineren Boot sein. Ein Klacks. *Easy-peasy.*

Wortlos schleppen zwei Familien ihre Sachen aus den Tiefen hervor, ein junger Kerl trägt nichts als ein volles Sixpack Bier. Lange Gesichter. Tief sitzende Mundwinkel. Der Seekoller hat zugeschlagen, das ist offensichtlich. Wir hören über unserem Salat, wie der Skipper leise die Frau fragt, die vor ihm geht: »Und du willst wirklich nie wieder segeln?«

Stunden später, nach dem Strandbesuch, die Sonne geht gerade hinter Neustadts Getreidesilos unter, setzen wir uns an die Kaimauer. Gegenüber wird lärmend ein Frachter gelöscht, eine Motoryacht tuckert aus dem Fjord. Ich besorge uns eine Riesenflasche frostiges, trübes Bier aus dem Brauhaus »Klüvers«. Der wärmende Stein unter unseren Füßen. Unser Sohn gluckst und spielt selig mit dem Stoffkrokodil, das glücklicherweise eine Engelsgeduld besitzt. Die am Laternenpfahl festgemachte Pumba hält aufmerksam Wache. Am Ende, die Sonne ist verschwunden, unsere nackten Füße baumeln über dem Wasser, sagt Anna leise: »Hat schon was, so ein Boot. Wenn man's beherrscht.«

Ich antworte nichts vor Glück.

Vier zu null.

4

ABENDS DIE MAIL VOM KAPITÄN:

Habe mir im Netz die Shipman angesehen. Schönes Cockpit mit dem Teak! Von innen auch knuffig, geht man den Niedergang über die Küche runter ...? Hm, macht aber auch nichts. Klar, von außen gibt es Boote mit einem schöneren Riss, aber ein Boot in dieser Art macht Sinn, denke ich. Nicht zu groß, nicht zu klein, für Euch genug Platz innen, und absolut handlebar nach meiner Einschätzung. Und man muss sich mindestens sehr doll verlieben in das Boot! Mit weichen Knien und so.

Beim Lesen betaste ich meine Knie. Sie sind knüppelhart und ächzen in ihren Gelenken, die Knorpel sind ein Fall für den Recyclinghof. Alte Kriegsverletzung vom Sport.

Der Kapitän:

Ich weiß, wie sich diese Hummeln im Hintern an- fühlen. Man will Fakten schaffen, man will irgend- wann ein Boot! Ich würde, weil man sich mit einem Boot nun mal einen ganz schönen Klotz ans Bein bindet, zwei Dinge tun.
1. Noch ein bisschen weiter schauen.
2. Unbedingt einen vertrauten Experten ausfindig machen, der sich das Boot sehr genau ansieht.

Der Kapitän macht es einem wie immer nicht leicht. Sich der Leidenschaft hingeben, aber nüchtern dem Vortrag des Sach- verständigen lauschen? Das ist eine Höchstschwierigkeit. Am Ende lädt er mich auf einen Törn in die Dänische Südsee ein: *Du musst jetzt Meilen sammeln.*

Wann geht's los?, antworte ich. Nach diesem Törn, das trage ich mir auf, werde ich wissen, ob die Shipman mein Boot wird oder nicht. Und von den Kaffeespritzern werde ich es nicht abhängig machen. Aber dass fast vierzig Jahre so viel anrichten können mit einem Boot, darüber muss ich noch mal nachdenken. Dass ich selbst vielleicht ganz genauso gebraucht bin wie die Dark Sea. Dass man vielleicht selbst bald ein wenig zu müffeln beginnt. Muss mich selbst wieder mal kräftig durchlüften. Wie das geht? Segeln natürlich.

5

ÜBERN KLEINEN BELT BOLZEN, das ist die Idee. Zweieinhalb Tage habe ich von meiner Stammcrew Ausgang bekommen. Ich warte vor Hamburgs U-Bahnhof Lattenkamp, fröstele in meinen kurzen Hosen, seit Wochen hat es nicht geregnet oder zumindest nicht so, dass ich's gemerkt hätte. Jetzt aber 15 Grad und eine kühle Dusche.

Auf geht's nach Dänemark! Ich habe den Kapitän bekniet, mich mitzunehmen auf seine sagenumwobene »Operation Schneeflöckchen«. Sein Boot, ein wunderschöner Schärenkreuzer aus Holz, Atina, ist von 1952. Von Neun-zehn-hundert-zwei-und-fünf-zig. Rund sechzig Jahre alt, das Ding. Da war Adenauer seit drei Jahren Bundeskanzler, Deutschland noch nicht für die Fußball-Weltmeisterschaft in der Schweiz qualifiziert, und die Briten rückten Helgoland wieder heraus. Auf Atinas Hintern hockt ein moderner Außenborder, ein röhrendes Ding von fünf PS, das die eleganten schmalen Linien auf fürchterlichste Weise verhunzt. Ein Freund sagte dem Kapitän, nachdem er mit ihm herumgetörnt war: »Wenn ich das nächste Mal dabei bin, will ich den Lümmel da hinten nicht mehr an Deck sehen.«

Ein Innenborder muss also her, und als der Kapitän vor ein paar Wochen in Fåborg auf Fünen, jenseits des Kleinen Belts, einen Bootsmacher traf, der ihm versprach, sich den Kahn anzugucken, sollte er zufällig mal in Svendborg vorbeischauen, beschloss der Kapitän, zufällig mal in Svendborg vorbeizuschauen.

Die Fahrt von Hamburg hinauf zu Atinas Heimathafen nach Dänemark zieht sich, draußen trübe Stimmung. Ich sitze am Steuer – der Kapitän ist müde – und lege einmal bei Tempo 150 eine Vollbremsung hin, weil ich, Fluch der Automatik, auf die Bremse trete, als ich die Kupplung suche. Trübe Stimmung auch drinnen, auf den ersten Kilometern Autobahn jedenfalls. Dicke Tropfen betrommeln unser Gefährt, die Scheibenwischer verteilen den Feinstaub der vergangenen Wochen auf der Windschutzscheibe.

»Regen auf dem Wasser, das hasse ich«, knurrt plötzlich der Alte mit seiner Stimme, die den Fliegenden Holländer zum Auftanken zwänge. Der Alte ist natürlich auch mit dabei, er sitzt hinten, beugt sich über seinen Laptop und wird auch nicht gesprächiger, nachdem er sich einen halben Becher dampfenden Kaffees über sein weißes T-Shirt geleert hat. Aber der Kapitän tut sein Bestes, um ihn aufzumuntern; sein Plan ist, den Alten dazu zu bringen, Geschichten zu erzählen. Dafür genügt im Grunde vollkommen, einmal laut »Na?« zu fragen.

Da kann der Alte nicht widerstehen, und so schildert er, wie er gerade erst auf den Boddengewässern Mecklenburg-Vorpommerns an seinem Junior-Folkeboot das Fockfall hat sausen lassen – also die Leine, mit der man das vordere Segel hochzieht –, sodass der Schäkel unerreichbar oben baumelte, und wie er, weil er ja ein Glückskind ist, einfach hinüber zur Gorch Fock paddelte, zu diesem massiven Dreimaster, der zufällig nebenan vor Anker lag, und einen Matrosen bat, doch bitte schön hinaus aufs Bugspriet zu klettern, das aussieht wie ein Rammsporn, und von da aus war's für den Matrosen ein Kinderspiel, das Fall zu bergen.

»Hehehe«, macht der Alte. Die Stimmung ist schlagartig bestens, wir sind auch sehr zufrieden, schöne Geschichte, gemessen am Wetter draußen, und man schmunzelt so in sich hinein. Wer segeln kann, kann auch erzählen. Ich kenne niemanden, der das widerlegte. Woran das liegt? »So 'ne Gorch Fock müsste man immer dabei haben«, werfe ich schließlich in die Runde, und der Alte gönnt uns wieder sein bemerkenswertes Lachen, das einen einmal ums Kap Hoorn zerrt und wieder zurück. *(Das war vor den Skandalen.)*

Nach zwei Stunden sind wir da. Ein verschlafener Hafen nicht so weit von Sønderborg, in dem graubärtige Dänen mit Pfeife im Mund und groben Schuhen an den Füßen auf den Bänken sitzen, den jüngeren Männern zuschauen oder hinaus aufs Meer blicken und sich Schauermärchen aus alter Zeit erzählen. Sie sitzen sehr häufig hier, weil es für einen Fischer, der nicht mehr hinausfährt, keinen besseren Platz gibt als einen Hafen. Und das gilt für uns alle genauso. Der einzige Ort, an dem seit jeher jeden Augenblick das Große passieren kann, auf das wir alle warten, etwas, das keiner zu benennen vermag und von dem doch alle wissen, dass es eintreffen wird, wenn nicht gleich jetzt, dann morgen oder in ein paar Jahren, bei einem Sturm, der uns alle verändert.

Dänemark, das den dickbäuchigen deutschen Landen so klein scheint, hat eine Küstenlänge von 7314 Kilometern, wohingegen Deutschland nicht mal 2400 Kilometer Küste besitzt. Dreimal so viel also. Das ist für Segler ja kein unerheblicher Wert. Aus Seglersicht – und wer von uns möchte nicht von sich behaupten können, ein kompetentes Seglerurteil fällen zu können – ist Deutschland sogar ein recht unerhebliches Land, was die Küsten angeht. Frankreich, um mal einen Vergleich zu nennen, hat 3427 Kilometer zu bieten, Schweden nicht mehr als 3218, dafür aber, jetzt kommt's, Italien: 7600 Kilometer! In Sachen Küsten ist der Däne dem Italiener also beinahe ebenbürtig und in Sachen Lebensfreude sowieso.

Das liegt freilich an den vielen Inseln. Inseln machen frei. Es gibt so viele Inseln in Dänemark, das können wir Deutsche uns gar nicht vorstellen. Für uns sehen Inseln aus wie Sylt oder Rügen, und bereits wenn man den Namen Wangerooge ausspricht, schleicht sich ein leichtes Kichern in die Stimme, denn wer nimmt schon solche Fleckchen Erde ernst, verglichen mit dem prächtigen deutschen Kernterritorium? Dänemark aber muss vollkommen ernst genommen werden, und natürlich erleichtert die Aufgabe, die Dänen ernst zu nehmen, dass sie sich selbst nicht ernst nehmen. Von ihrem Wesen her sind sie Tonganer. Grundlos sonnige Menschen, nur dass sie ein grausamer Gott zu weit im Norden abgesetzt hat. Das Grüßen am Morgen unterlässt man in Norddeutschland ja besser, um niemanden aufzuschrecken. In Dänemark darf man's tun.

Keine Bar in diesem kleinen Hafen, kein Restaurant, nicht mal ein Hotdog-Stand. Nur die Boote, die hölzernen Stege, die schützende Mole, dahinter die See. Die ist jetzt aufgerissen unter den Hieben des Sturms, kein Schiff hat sich hinausgewagt.

Das Boot des Kapitäns, das nur ein paar Meter von der Commander 31 des Alten entfernt liegt, ist von Tropfen benetzt, schmatzend wiegt es sich im Wasserbett. Wir springen drauf, dass es schwankt. »Erst mal Klarschiff machen«, verkündet der Kapitän. Er greift sich die nasse Persenning, löst sie von den Haken und schlägt sie zur Seite. »Willkommen auf Atina.«

Ein paar Minuten später sitzen wir unter dem halb geöffneten Überzelt, um uns tropft, rinnt und gurgelt es, und halten den Willkommensschluck in der Hand. Ananassaft mit Rum oder vielmehr die Spezialmischung des Kapitäns, Rum mit Ananassaft.

Das Ankommen auf einem Boot ist immer ein komplizierter Vorgang, man findet sich nicht sofort zurecht. Erst mal alles verstauen, was im Weg ist. Ein jedes Ding hat seinen Platz, damit es bei Seegang nicht herumstürzt. Das Leben muss diszipliniert geführt werden, sonst ist Chaos an Bord. Und Chaos an Bord führt schnurstracks in die Katastrophe. Frag den Kapitän. Den Kram wegtüdeln, aber trotzdem mit einem Griff rankommen, das ist die Aufgabe.

Darin bin ich allerdings zu meinem Bedauern nicht wettbewerbsfähig. Wenn ich irgendein Ding irgendwohin packe, habe ich zwei Sekunden später vergessen, wohin, und nach dreißig, was ich da überhaupt weggepackt habe. Meistens kommt der Gegenstand wieder zum Vorschein, wenn ich etwas ganz anderes suche, und meistens so, dass er herausfällt oder herunter und zerbricht oder mich piekst mit einer unsichtbaren Nadel. Dazu kommt das Wissen, dass ich mir in den nächsten Stunden hundert Mal den Kopf anschlagen werde, am Deckel des Niedergangs, an den Schapps, am Baum. Und nach ein paar Minuten klemme ich mir schon traditionell die Finger in der Backskiste. Für tüddelige Menschen gibt es keinen besseren Ort als ein Segelboot, um sich selbst zu foltern.

Ein guter Drink hilft aber, anzukommen.

Ich passe eine Regenpause ab, um an Land pinkeln zu gehen, und bin auf dem Rückweg keine zehn Schritte weit gekommen, als der Regen von Neuem einsetzt. Für einen Augenblick überlege ich umzukehren; ich habe nur dünne Schuhe an, schwarze Turnschuhe von der lächerlichen Sorte, Sommerschuhe. Aber ich denke, schwuppdich, ich bin schnell genug, spurte also, zack, auf den Steg und, wusch, um die Kurve. Es schüttet jetzt – Mist, einen Steg zu früh! Als ich auf Atina springe und mich ins Cockpit hangele, bin ich durchnässt bis in die Ritzen zwischen meinen Fusszehen. Die ganze Welt tropft, kaum sieht man noch den Schuppen am anderen Ende des Hafens. Dass Wolken so dunkel sein können. Wie viel Licht verschluckt wird, wo bleibt das denn? Ich rubbel mich trocken. Hab keine trockenen Schuhe dabei. Schlüpfe in dünne Socken und schimpfe mich selbst einen Riesendepp. Dachte, das eine warme Paar Socken wird es mir muggelig machen, aber nun dampfen sie in der Ecke vor sich hin, und wir sind erst eine Stunde da. Und nicht mal unterwegs. Das wäre ja alles kein Problem, aber an Bord, in diesem Wetter, werden Socken nicht trocken. Nie mehr. Im Zweifel würden die jahrelang vor sich hingammeln, bis sie sich davonschlichen oder einer sie erlöste. Meine Jeans, modisch lang geschnitten, ist auch bis zu den Knien durchtränkt. Man meint zu hören, wie sie vor sich hin schmaucht. Es gibt keinen nasseren Fleck auf Erden als in einem feuchten Segelboot. Man ist umhüllt von Wasser, und von innen hat man auch Wasser. Die ganze Seele geht baden.

Und es riecht. Nach Muff und Mief, nach Petroleum, Spiritus, Benzin und Schmieröl, nach feuchtem Holz, nach tausend unsagbaren Dingen, nach allem, was je verschüttet wurde im Seegang. Es schmeckt auch nach der See. Vor allem nach der salzigen See. Das ist einer der wichtigsten Gründe, so viel weiß ich schon, warum du dir, wenn dich die Flaute packt und die Sonne dich plattdrückt, dich und dein Boot hineinhämmert in eine Milchsee aus flüssigem Blei, um den Preis einer Höllenfahrt einen Hauch von Wind wünschst. Allein, weil es so stinkt. Nasse Socken helfen da nicht weiter.

Zum Glück schert mich der Dreck wenig. Andere schon eher. »Da ist ein Staub auf dem Wasser, das glaubst du nicht«, sagt der Kapitän, wir plaudern genüsslich vor uns hin. Er springt auf, geht die paar Stufen hinunter, kniet sich hin, ich beuge mich um die Ecke, er fährt mit dem Finger über ein Bord. »Man könnte verrückt werden. Jetzt frag ich dich, woher der ganze Staub kommt. Das glaubt einem doch kein Mensch, dass auf dem Wasser so viel Staub ist. Dabei ist es doch vor allem feucht auf einem Boot.«

Ich sauge die Luft ein, die aus dem Niedergang dringt. Den Geruch nach Feuchtigkeit, der uns umgibt. Die Ahnung des ständig drohenden Verfalls. Das Echo des Holzwurmhustens.

»Das Einzige, das bleibt«, sagt der Kapitän, »ist hinauszusegeln auf den Atlantik, dort wird es diesen Film aus Dreck und Staub und was eigentlich, Ruß?, nicht geben.«

»Aber was, wenn es ihn gibt?«, frage ich.

»Ja, was?«, wiederholt er. »Teufel!«

»Stell dir vor, die Schmiere gibt's da draußen auch. Stell dir vor, da wird sie hergestellt.«

»Dann«, der Kapitän nimmt einen Schluck aus seinem Becher, »wäre ich noch saurer. Dann wäre ich so was von sauer. Dann würde ich keine Gnade mehr kennen. Dann würde ich um mich schießen.«

Ein paar Minuten lauschen wir nur der tropfenden Stille im schlafenden Hafen. In der Ferne das Wolfsgeheul des Sturms. Es hört sich an, als sammelten sich die Wölfe. Rings um uns liegen die Boote dunkel da. Wasser tropft von den Wanten. Das sind die Drähte, hat der Kapitän mal erläutert, die den Mast halten.

»Wenn man erst unterwegs ist«, sagt er jetzt, »geht es gerade so weiter. Das ganze Boot schwitzt. Das läuft die blanken Wände runter.«

»Kondenswasser.« Ich gönne mir ein Schlückchen Rumsaft.

»Man könnte meinen, das Ding hat einen zu hohen Blutdruck. Ist aber normal.«

»Scheißklima, eigentlich.«

Wir prosten uns zu. Es fängt schon wieder an. Wir verändern uns. Das Boot verändert uns. Das Erste ist die Sprache. Die ganze Art zu sprechen. Sie wird bildhafter, kürzer, roher, reduziert auf den Kern. Keine Ahnung, woran das liegt. Alles Nebensächliche streift sich ab. Segeln macht klar, das wird es sein. Es lichtet das Herz, es lichtet den Verstand. Man verliert seinen Geruchssinn, man spürt seine Knochen nicht mehr. Vielleicht stumpft man ab, vielleicht ist es aber auch ein gesundes Hinaustreten aus sich selbst. Es ist ja nicht so, dass man mehr hört, wenn man ständig in sich hineinhorcht. Auf einem Boot (vorausgesetzt, man ist nicht seekrank) horcht man nicht in sich hinein. Man lauscht nicht mehr dem eigenen wichtigtuerischen Gedankenstrom.

Ein Segelboot, überlege ich mir zwischen zwei tiefen Schlucken, ist eine Waschmaschine im Entschleudergang. Die Zeit scheint langsamer zu verstreichen. Eine Stunde dehnt sich, bis sie sich anfühlt, wie sie sich mal angefühlt hat, als man noch Kind war. Man ist zurückgeworfen auf sich. Es gibt nicht viel zu tun, wenn der Wind ruhig und konstant weht. Und so entsteigt einem anlegenden Segelboot ein selbstbewussterer Mensch, womöglich, weil er glaubt, das Meer bezwungen zu haben oder zumindest bewältigt. Viel eher aber noch, weil er sich selbst niedergerungen hat. Der Gang ist breiter, weil er den Seegang ausgleichen musste, und die Schultern haben sich entfaltet.

Durch mein Dahinträumen dringt ein Pochen, Knochen auf Holz. »Ist ein Winga-Kreuzer«, sagt der Kapitän leise, »von denen wurden nur vierundzwanzig Stück gebaut.«

»Ein Kleinod«, lobe ich.

»Früher hieß sie Carina, dann wurde sie umgetauft. Zum Glück, Carina wäre ja gar nicht gegangen.«

»Oder Renate.«

»Renate!«, ruft er und krümmt sich unter einem kurzen Lacher. »Oh Gott! Ein Schiff namens Renate. Nein, ein Schiff muss heißen wie eine Lady.«

»Warum?«

»Weil es eine Lady ist. Gerade wenn sie etwas betagter ist. *Treat her like a lady.*«

»Das merke ich mir. *Treat her like a lady.* Jemand anderes sagte mir: *Treat her like a gentleman.* Wurscht.«

Auf dem Wasser, schemenhaft in der Dämmerung, Entenjungen und ein Schwan. Der Kapitän lockt sie heran, wie er auch Hunde heranlockt, mit seiner eigenen Locksprache, die einer Ammensprache nicht unähnlich ist, nur dass sie vor allem bei Enten und Hunden so zielgenau funktioniert. Pumba hört auch drauf, wahrscheinlich, weil sie hofft, en passant eine Ente abzustauben.

Aus den Boxen dringt Swing der Vierzigerjahre. Richtiger Klasseswing, bei dem man mit dem Fuß mitwippen und das Kinn ordentlich zum Nicken bringen muss. Die Musik dieser Nacht. Man könnte jetzt tanzen hier, wenn man ein Tänzer wäre und einen Saal hätte und vor allem eine Frau, mit der es sich zu tanzen lohnte. Es ist eine Musik, die erhaben macht.

Sie legt sich über das Boot wie eine Glocke aus einer anderen Zeit und kriecht in unsere Zellen, bis auch die mitwippen.

Drei Mal werfe ich meinen Rum in der Dunkelheit um. Er sickert geräuschlos in die Bilge. Bin ich so betrunken? Jedes Mal reiche ich dem Kapitän wieder wortlos meinen Becher, er füllt ihn stets ohne Widerspruch aufs Neue.

»Wie viel Liter fasst die Bilge?«, frage ich.

»Genug. Zur Not werfen wir die Pumpe an.«

Der Wetterbericht im Deutschlandfunk auf Mittelwelle. Es knarzt im Weltempfänger, es muss knarzen! Langsam und windrau die Stimme: »Skaaageeerrrrak füüüünf bis sechsss.« Wie aus einer anderen Zeit. Unser Revier heißt »Belte und Sund«. Sie sagen auch für uns für den nächsten Morgen eine Windstärke von fünf bis sechs an, dazu Schauerböen. Das wird heftig. Da fahren die meisten Segler gar nicht erst raus. Also, ich würde das erst mal nicht tun, mit Hund und Sohn und Weib, für die ich die Verantwortung als Skipper tragen werde. Wenn es darum geht, sich verantwortlich zu fühlen, bin ich ganz gut. Das erfordert ja auch nichts weiter als eine Haltung, eine innere Pose, ein Strammstehen vorm Schweinehund.

Sterne über uns beginnen zu blinken. Ostseehimmel, weit und sanft. Es ist schon spät, als der Alte über den Steg geschlappt kommt – die Commander ist klargemacht –, im Arm eine Buddel Rotwein. Der Regen hat aufgehört, die Persenning ist noch feucht, aber das Cockpit bereits abgetrocknet. Der Alte hüpft an Bord. Unter seinen Schritten bewegt sich das Boot, anschleichen geht nicht.

»Morgen früh«, verspricht der Kapitän, »bringen wir dir frische Brötchen mit, oben, vom Markt.«

»Jau«, freut sich der Alte, er bestellt »*gro styker*« oder so ähnlich, und wir machen uns einen Spaß daraus, ihn nicht zu verstehen.

»Morgen früh wirst du geweckt wie im Traum«, prophezeit der Kapitän schließlich. »Freu dich schon mal aufs Knuspern des Blätterteigs.«

»Nein«, ruft der Alte entsetzt, »genau die nicht! Um Gottes willen!«

Der Kapitän wendet sich an mich. »Weißt du noch, welche er wollte?«

Bald reden wir über Wesentliches. Der Alte hat noch nie von einer Shipman gehört. Es gab so viele Werften, die in den Sechziger-, Siebzigerjahren, als Glasfaserkonstruktionen aufkamen, in mühevoller Handarbeit Boote fertigten, oft hatten sie sich den Riss irgendwo abgeschaut. Ein paar hundert Exemplare eines Typs waren mitunter schon viel. Ich beschreibe das Boot, so gut ich kann. Dass der Motor zu reparieren, zwar alt, aber belastbar sei, wie sie aussieht, wie sich ihr Teakdeck anfühlt, wie sie innen drin riecht …

»Wie viel?«, fragt der Alte in meinen Wortschwall hinein.

»Achtzehntausend. Verhandlungsbasis natürlich.«

»Viel zu viel. Und wenn der Motor nicht geht, das ist Scheiße.«

»Aber er wird gehen. Die Welle muss ausgetauscht werden, das kostet knapp zweitausend, das zahlt aber der Eigner.«

»Das verschlechtert aber deine Verhandlungsposition.«

»Was ist 'ne Welle?«, will der Kapitän wissen, während er einen Karton Saft aus dem Schrank holt.

»Der Antrieb für die Schraube, damit die Kraft ins Wasser kommt.«

Ich bin es, der das sagt. So ein technischer Satz hat eine Schönheit ganz eigener Art. Da möchte man am besten los und mit einem frischen Ledertuch nachwienern, wenn einem wie mir so ein Satz gelingt. Ich bin ganz schön stolz auf mich, überhaupt mal was zu wissen, aber der Alte scheint gar nicht hingehört zu haben.

»Und die Segel?«, erkundigt er sich.

»Neu.«

»Neu?«

»Fast neu.«

»Wie neu?«

»2005 oder 2006. Neuwertig.«

»Das ist nicht neu«, sagt der Kapitän beim Eingießen.

»Das ist nicht neu«, sagt der Alte eine Sekunde später. »Können ganz schöne Lappen sein.«

»Aber ich kann das nicht beurteilen«, entgegne ich kleinlaut. »Ich habe keine Ahnung, was gut ist und was nicht.«

»Du brauchst Gutachter. Einen fürs Boot und einen fürn Motor«, rät der Alte.

»Gibt's keinen, der beides kann?«

Eine dunkle Wolke schiebt sich vor den Großen Wagen.

»So einen gibt's nicht, der beides kann«, antwortet der Alte. »Motorfredis sind von einem ganz anderen Schlag. Das sind Schrauber. Die steckst du in den Motorraum, und dort vergessen sie, dass sie auf einem Segelboot sind. Also, wie alt sind die Segel?«

»Fast neu. Vier, fünf Jahre.«

»Nee, das ist nicht neu«, sagt der Alte.

Ich zucke mit den Schultern. »Aber es hat einen Lazyjack, das Segel fällt von alleine geordnet ...«

»Scheiß auf den Lazyjack«, unterbricht mich der Alte. »Neue Segel sind was Feines.«

Am Ende eines solches Gesprächs ist man verwirrter als zuvor. Die Shipman konnte nicht viel punkten, das ist klar. Der Alte lädt mich zum Abschluss auf seine Commander ein, und ich schaue sie mir spät in der Nacht noch an. Schweinegemütlich, denke ich. Licht flutet durch die Bullaugen, die so hoch sind wie ein Bierdeckel, aber viel breiter. Die Wärme der Petroleumlampe. Ihr Geruch nach Weite. Auf dem Tisch Bücher, Seekarten, ein wollener Pullover.

Der Alte lacht heiser. »Innen hat es Platz wie eine Yacht, und außen fühlt es sich an wie eine Jolle. Das ideale Boot.«

Ich springe zurück an den Steg und entere Atina mit sicheren Schritten, dabei bin ich voll wie eine Strandhaubitze.

»Irgendwann willst du losschlagen«, sagt der Kapitän, als wir in der Falle liegen.

Ab und zu fällt noch irgendwo ein Tropfen ins Wasser, aber man kann dem Boot beim Trocknen zuhören, wenn wir leise sind, man ahnt, wie es knackt.

»Du willst losschlagen«, wiederholt er. »Ich kenn das, du wirst sonst verrückt. Es verfolgt dich bis in die Träume.«

»Aber wann?«

»Wenn du dir sicher bist.«

»Wann bin ich mir das?«

»Das wirst du wissen, wenn es soweit ist. Vorher denkst du, du kommst nie dahin.«

Über seinen Worten fallen mir die Augen zu, und ich lösche die Messinglampe. Vom Niedergang strömt kühle Luft unter Deck, ich mummele mich in meinen Schlafsack. Man liegt sehr gut in einem solchen niedrigen Boot, das ganz aus Holz gewirkt ist. Es ist wie ein Kokon, gewoben von kundigen Händen. Bald schnarcht der Kapitän, als wolle er seinen Mast zerlegen.

Von ihrem unsagbaren Ort aus, hohe fordernde Rufe wie aus einem Traum, singen mich die Wölfe in den Schlaf.

6

AM NÄCHSTEN MORGEN SCHIEBEN sich in rasendem Tanz immer wieder Wolken vor die Sonne. Das Holz im Cockpit glänzt vor Tau. Warm, fast zwanzig Grad. Leider auch Windstärke sechs. Draußen, neben dem Landzipfel, sieht man, wie der Wind Gischtfahnen aus den Wellen reißt. Nicht weit davon, um den Zipfel herum, ist die Stelle mit dem sandigen Untergrund, wo es sich prima ankern lässt. Ein Wasser wie in der Südsee, hat der Kapitän gesagt.

Aber heute ist das Wasser aufgewühlt und zerpeitscht, und schon die Boote im Hafen schaukeln im Wind. »Schaffen wir das?«, frage ich den Kapitän und deute auf den niedrigen Freibord; vielleicht vierzig Zentimeter trennen Kante und

Wasser. Er zuckt mit den Schultern, und ich antworte mir selbst: »Natürlich, wo kämen wir denn sonst hin, wenn wir das nicht schaffen!« Es klingt großsprecherisch, aber mir ist danach. Wenig in diesem Universum erscheint einem so harmlos wie ein platt daliegendes Meer, wenn es wirkt, als habe es seine Waffen gestreckt. Sich zu vergegenwärtigen, dass dieser tobende Teppich da hinten immer noch dasselbe Meer ist, ist ein prächtiger Trick, sich Mut einzureden.

Das erste Mal in meinem Leben segelte ich mit 23 Jahren, in Australien, Whitsunday Islands. Die Siska war ein Renner von einem Boot, wir hatten drei Profis an Bord und 13 Mitsegler. Ich weiß noch, dass mir am zweiten Tag schlecht wurde und wie ich matt am lang gezogenen Strand von Whitehaven lag, dessen überirdisch weißer Sand beim Gehen unter den Zehen knirschte. Jahre danach schrieb ich für den *stern* eine Geschichte über eine Woche Mitsegeln. Sie begann so:

> »*Den seekranken Kolumbus, grün im Gesicht, lockten wenigstens Berge von Gold. Ich sehe nur sonnenverbrannte Beine. Einen Schiffsrumpf, gleißend weiß. Und Wasser. Die Beine sind meine. Das Wasser gurgelt heimtückisch. Alles schaukelt, alles schwankt. Auf und ab. Schwauf und schwapp. Die Welt ist aus Wellen, Wellen, Wellenbergen. Bellenwergen. Kellenwürgen. Schawapp. Neptun, nimm das. Seeleute, das wird jedermann leicht einsehen, sind stolze Menschen. Nichts Erhabeneres gibt es, als mit der Kraft des Windes über die Hügel der See zu reiten. Leider auch nichts Gemeineres, als sich in herrlicher Landschaft die Seele aus dem Leib zu kotzen. Hart ist es, kein Seemann zu sein.*«

Das mag illustrieren, dass sich in mir seit heute morgen aus gutem Grund Angespanntheit breitmacht. Ich beherrsche es aufs Vorzüglichste, auf See von jetzt auf nachher reihern zu müssen. Aufführungen dieser Kunst habe ich an nahen und fernen Orten dieser Welt gegeben, auf Fähren, die nach Diesel stanken, einmal auf der Fahrt vom australischen Festland nach Frazier Island, es war nur eine ein paar hundert Meter lange Strecke, ich wohl traumatisiert, ein andermal auf dem alten Boot des Kapitäns vor Avernakø, einer Insel, die gleich um die Ecke liegt. Das Boot kreiste langsam um den Anker. Das Meer lag wie gebügelt.

Ich glaubte das Ganze überwunden, aber das ist es wahrscheinlich nicht. Werde ich akzeptieren müssen, dass es zu mir gehört? So wie meine Haut sich nach einer Zeit in der Sonne bräunt, so wird mir nach ein paar Stunden des Segelns schlecht? Ich weiß, auch Horatio Nelson neigte zur Seekrankheit; Lord Nelson, der von der Trafalgar-Schlacht.

Es gab sogar eine Zeit, da brauchte ich nur an die Möglichkeit zu denken, an Bord eines Schiffes zu sein, und sofort stellte sich ein Druck in meinem Kopf ein, der Magen krampfte sich zusammen, und mir war, als würde ich gleich loslegen. Nur aus der Erinnerung heraus. Ich fand das bemerkenswert und erschreckend, aber ein wenig wunderte ich mich auch, dass ich mich selbst so überlisten kann. Bei der Seekrankheit ist ja grundsätzlich das Problem, dass das Gleichgewicht ins Wanken gerät und das Gehirn Signale sendet, die kein Mensch braucht. Und es ist eine Krankheit, keine mangelnde Disziplin, kein Weicheitum. Das hier mal fürs Protokoll. Wenn der Kampf begonnen hat, darf man natürlich, um Gottes willen, auch nicht dran denken, was man morgens gegessen hat, etwa: ein hart gekochtes Ei, frische Blätterteigbrötchen, die *Birkes*, mit würzigem dänischem Landkäse und Honig, dazu einen starken Kaffee, der auch als Pech zum Abdichten eines Lecks getaugt hätte. (Aber der Moment, in dem der Kaffee fertig ist, der ist auf einem Boot ein großer.)

Es muss nur irgendwann enden, der durchgeknetete Magen sich plötzlich anfühlen, als wäre er mit Eisen ausgegossen. Das ist exakt die Sekunde, in der man seefest geworden ist.

Leider kann man diese alchimistische Reaktion nicht bewusst herbeiführen.

In Sebastian Jungers Wellenbuch »Der Sturm« – Wolfgang Petersens Verfilmung ist eine Klasse schwächer – geht es um wilde Burschen, Schwertfischer, und das Thema Seekrankheit spielt gar keine Rolle, obwohl man sich schon mal fragen darf, ob denn da gar keiner kotzen muss, unter Deck, wenn das Schiff so Sperenzchen macht. Die Fischer sind halt hartgesottene Kerle. Segler natürlich auch, also: geborene Segler. Menschen wie ich haben es da schwerer, die mit 16 Jahren auf einem Baggersee einmal Windsurfen probierten. Aber es wehte kein Wind, und ich stand auf dem Brett wie an einer Theke morgens um eins.

Diesmal lässt es sich gut an. Ich genieße den Ritt wie eine Fahrt auf dem Rummel. Vor uns der treue, unbeirrbare Bug, der in den Himmel springt und im nächsten Moment hinabstößt, einzutauchen scheint in die köchelnde See. Es könnte so schön sein.

Aber wir haben zu viel Segel gesetzt. Als wir die Flensburger Förde verlassen und in den Kleinen Belt stoßen, werden die Wellen höher, die Dünung kommt aus dem Norden angerauscht, und unser Boot neigt sich immer mehr auf die Seite. Wir müssen reffen. Weniger Segelfläche heißt weniger Winddruck heißt weniger Krängung. Hört sich so leicht an. Ist auf großen Booten auch leicht. An ein paar Leinen zuppeln, und schwupp, ist die Segelfläche verkleinert. Auf meernahen, rohen Booten wie Atina sollte man am besten der Eintänzer an der Scala sein, um das hinzukriegen, ohne über Bord zu gehen. Ein Eintänzer ist der Kapitän nicht. Aber grimmig entschlossen.

Mitten auf dem Belt dreht er bei, was ein erstaunliches Manöver ist: das vordere Segel auf die falsche Seite des Windes ziehen, die Schot des Großsegels loswerfen und sich treiben lassen. Sofort ist Ruhe im Boot, wenngleich zu dieser Ruhe gehört, dass es sich unter den Schlägen der Wellen noch immer aufbäumt. Da springt der Kapitän auf, federt nach vorne zum Mast, zuppelt ein Stück des Großsegels herunter, das Schiff bockt wie ein wildes Pferd, und der Zureiter hat Zeisinge, kurze Leinen, zwischen den Zähnen, steht breitbeinig an Deck und macht etwas, das man nichts als bewundern kann – auf diesem Gefährt die Nerven zu bewahren und die richtigen Handgriffe zu setzen. Er zurrt das Tuch fest und schraubt herum, bis das verkleinerte Großsegel wieder fest sitzt. Geschafft. Auf der Stirn des Kapitäns stehen Schweißperlen, die sich mit Gischttropfen vermischen.

»Machst du das auch, wenn du allein an Bord bist?«, frage ich.

»Ich muss das demnächst anders lösen«, knurrt er, »das geht nicht immer gut. Irgend 'ne technische Lösung.«

»Das ist ein Wahnsinn.«

»Muss mir was einfallen lassen.«

Die Fahrt wird angenehmer, doch nach fast vier Stunden, gerade runden wir die Westspitze Avernakøs, kommt es mir hoch. Von hinten rollen die Wellen nun heran, sie schieben uns wie auf einem Tablett weiter, ein fieser, schaukelnder Kurs. Erst wird mir ganz heiß, dann ganz kalt. Ich kotze in die Pütz, den Bordeimer, dafür ist der ja da. Beuge mich drüber, fühle mich besser, die Kälte ist weg. Die Pütz ausgespült. Halb hockend, halb schlafend, dämmere ich vor mich hin. Einmal nicke ich ein, eine Cola in der Hand, und wache auf, als die Dose mir aus den Fingern gleitet und scheppernd auf den Cockpitboden fällt. Der Boden klebt unter den Schuhen.

»Fließt in der Bilge zum Rum«, ruft der Kapitän.

Ich grinse schwach.

»Alles klar?« In der Stimme des Kapitäns liegt keine Häme, keine Schadenfreude, keine Ironie, einfach nur Besorgnis. Ein wahrer Skipper.

Ich zwinge mir ein Nicken ab. Übers Heck blickend, sehe ich jetzt erst, was da los ist in diesem Wind, der uns vor sich hertreibt. Das Meer hat sich halb in Dunst aufgelöst, in

Schwaden aus Gischtfahnen, deren Tropfen grell leuchten, wenn die Strahlen der Sonne sie erfassen. Dazwischen gähnen dunkle Gräben, die Schatten der Wellentäler. Meine Haut brennt und dampft, vom Wind, der Gischt, der Sonne. Acht Knoten haben wir drauf, wenn Atina ins Surfen kommt, das zeigt das GPS. *Acht* Knoten. Das ist bootsbautheoretisch mit diesem Boot gar nicht möglich, es sei denn, es surft mit der Welle. Bootsbautheoretiker reden da übers Thema Rumpfgeschwindigkeit oder auch: Maximalgeschwindigkeit. Und die hängt von der Länge der Wasserlinie ab, habe ich mir sagen lassen.

Jede Welle könnte ich hassen, aber ich tu's nicht. Sie sind nicht schuld, das habe ich schon vor Jahren begriffen, sie sind uns diesmal sogar wohlgesonnen, sie geleiten uns in den Hafen. Diesmal habe ich mir auch nichts eingeredet, ganz bestimmt nicht, habe sogar zwei Stunden lang vermeiden können, überhaupt an die Möglichkeit zu denken, dass ich eventuell seekrank werden könnte. Aber dann kam es plötzlich, wie eine Tatsache. Wenigstens würge ich diesmal nicht Galle hervor.

Immer, wenn sich der Kapitän eine Zigarette anzündet und sein mit Stoppeln übersätes Gesicht vom roten Schein erhellt wird, hat das was von Kino, was Filmisches. Aber mir spült es alles sofort wieder hoch. Der bloße Gestank des Tabaks.

»Hatte mal 'ne Freundin«, erzählt er beim dritten Glimmstängel, »die musste kotzen, sobald ich …« Er macht einen tiefen Zug.

»Bist du sauer, wenn du hier mit mir keine mehr rauchst?«, ächze ich.

»Ach was.«

»Gut. Rauch keine mehr. Nie mehr.«

Dabei weiß ich, es sind seine Genuss-Zigaretten, wohlverdiente Labsal auf einem harten Törn.

Endlich glättet sich das Wasser. Flirrendes Wolkenband, eine Spiegelsonne. Wir zischen nur so dahin. Die Häuser am Svendborgsund blicken vornehm aufs Wasser, gestutzte Rasen, vor den meisten läuft ein Steg hinaus. Überraschend schnell beginne ich mich zu erholen. Kenne ich gar nicht von mir. Einfach nur, weil die Bewegung aus dem Boot gewichen ist. Seekrank zu sein saugt einem die Kraft aus dem Leib. Die Pinne halten, das geht, aber das Boot auf Kurs zwingen? Das ist körperliche Arbeit. Wäre zu viel. Und der Kapitän ist ja da.

»Wäre ich nicht da«, sagt er, »würdest du nicht seekrank.«

»Oh doch«, widerspreche ich düster.

»Aber du würdest es steuern können. Ganz sicher.«

»Meinst du? Ich glaube, ich würde einen solchen Ritt wirklich erst mal vermeiden.«

»Aber manchmal kannst du ihn nicht vermeiden. Manchmal musst du nach Hause, und der Wind haut dir eins auf die Schnauze. Manchmal könntest du um dich schlagen, weil du keine Wahl hast, als da durchzusegeln, aber das Meer interessiert sich nicht dafür.«

Ich versinke in brütendes Schweigen. Unter der Brücke, die nach Tåsinge führt, kurz vor Svendborg, nimmt eine gewaltige Fähre genau Maß auf uns. Sie hält Konfrontationskurs, und erst als wir ausweichen, ändert sie ihre Peilung. Hatte wohl Lust, uns zu ärgern.

»Lass dich nicht abschrecken«, sagt der Kapitän, als wir in den Nordhafen einlaufen, »das war schon extrem heute, und hast lange an der Pinne gesessen, das saugt.«

»Ja«, versichere ich, »nee. Ich lasse mich nicht abhalten.«

Der Kapitän grinst. Er klopft mir auf die Schulter. »Im Prinzip, das hat mal ein erfahrener Tankerkapitän gesagt, ist die Ostsee nicht viel mehr als eine überflutete Wiese.«

Ich kann sogar beim Anlegen helfen, was mich einigermaßen versöhnt. Wir quetschen uns zwischen zwei kleine deutsche Yachten, die Crews bewegen sich erst widerwillig zu ihren Leinen, helfen bald aber nach Kräften.

Svendborg: Kinder eiern in ihren Dinghis zwischen den Anlegern herum. Frischer Fisch, harter Wind. Wie festgefügt das

Land ist. Wie einbetoniert selbst der Rasen. Habe noch keine Bootsbeine, so schnell geht das nicht. Schwanke ich, oder ist das der Ponton?

Der Hafen ist rappelvoll. Die braune Haut der Segler. Viele ältere Männer mit Hemingway-Bart, die Frauen mit kurzen Haaren. Manche Skipper schlendern vorüber in weißen Slippern und weißen Stoffhosen, dazu vielleicht ein Lacoste-Hemd und ein passender Pulli, der lässig über die Schulter gelegt ist. So führen sie ihre Seehaut spazieren.

Wie erschlagen sinken wir in die Kojen, am frühen Abend um sechs, für einen ersten Erholungsschlummer. Bewacht von der *Kongelig Toldkammer*, der Königlichen Zollkammer, einem mächtigen Bau, der den Hafen überblickt, umspült von Quallen, die sich mit ihren weichen, lautlos schmatzenden Bewegungen an unserem Rumpf vorbeitreiben lassen. Ist es ein nimmer aufhörender Strom? Oder ein Karussell?

Was, wenn ich immer seekrank würde?, frage ich mich. Es wäre ja nicht schlimm, aber man kann keine Verantwortung tragen. Die Augen fallen zu. Man kann alle Götter der See anrufen, aber sie fallen einem zu. Was gesund ist. Aber nicht, wenn man Skipper ist und eine Crew hat, die in der Mehrzahl noch keine Pinne halten kann wegen zu kleiner Hände oder überhaupt in Ermangelung solcher.

Oder lag's etwa am Rum? Alkohol, behaupten ernst zu nehmende Zeitgenossen, verstärke die Symptome. Hm.

Abends verdrücke ich bei »Bendixens« kalten Stremellachs und dazu ein kälteres Konterbier. Um 22 Uhr fallen wir in die Koje, müde wie niemals an Land. Der Kapitän liest murmelnd in seinem Logbuch, was er sich alles für den Winter vorgenommen hat. »Achterstag prüfen, Beschläge prüfen, wenn rott, Gefahr, Mastbruch!!!« Er deutet auf die drei Ausrufezeichen, lacht sein »Hohoho«. Darüber fallen mir die Augen zu.

Der Wecker klingelt um 6.15 Uhr, aber ich rühre mich nicht. Die liebenswürdige Stimme des Kapitäns dringt an mein Ohr:

»Auf 'nem U-Boot hättste jetzt schon die Knarre des Alten am Kopp gehabt.«

In der ersten Nacht habe ich mir zweimal den Schädel angerammt am Regal hinter mir, und jetzt falle ich vor Schreck um ein Haar im Schlafsack aus der Koje, und zwar mit den Füßen zuerst, wie ein Sack Kartoffeln. Schwer zu vermeiden als Mumie. Irgendwie aber schaffe ich es, meinen Körper durchzubiegen, und schnelle mich in der Luft nach oben. Das klappt sonst nur in Comics.

Klarer, kalter Morgen, Schwaden über dem Wasser. Für den Tag sind 35 Grad angekündigt, aber jetzt fröstele ich in meinem T-Shirt. Eine Haut aus feinen Tropfen auf Cockpit, Deck und Kissen. Die Boote neben uns schlafen noch. Die Sonne bricht durch die Wolkendecke, als ich mir meine Sachen schnappe, den Kapitän umarme, der einmal kurz noch winkt, und schließlich zum Bahnhof gehe, ohne mich umzublicken. Ein Greenhorn nach einem Teufelsritt, das mit dem Dampfross zurückkehrt.

Der Koch von »Bendixens« grüßt. Ein weißhaariger Segler schlappt zur Dusche, an den Füßen Crocos. Das Blumen geschmückte Schiffsrestaurant »Oranje« erstrahlt im ersten Licht. Um 7.22 Uhr verlasse ich Svendborg. Aus den Zugfenstern sehe ich den Wald der Masten, drüben im Hafen, aber Atina ist zu klein, als dass ich ihr Rigg sehen könnte. Schön wäre es, denke ich, jetzt schon auf dem Wasser zu sein, wenn es noch so glatt ist. Wie wenn man ein frisches Nutella-Glas aufmacht und der Erste sein darf, der das Messer hineintaucht, nur dass es hier kein umschließendes Glas gibt, das die Freiheit des Eintauchens begrenzte.

VIER

LIV

1

ZU HAUSE ERWARTET mich eine Mail des Alten. Wir hatten ihn im Hafen zurückgelassen, wo er für die nächsten Tage an seiner Commander frickeln wollte. Im Kofferraum des Kapitäns schleppte er eine ganze Werkbank samt Werkzeugkasten mit, er wollte sägen, schleifen, spachteln und was auch immer. Mir wurde ganz übel, wenn ich daran dachte, dass womöglich alle Bootseigner so sein müssen wie der Alte, aber dann sagte ich mir, dass ich ja zum Glück gar keine Werkbank besitze.

Der Alte:

> *Die Shipman: Außen sieht sie gut aus. Aber innen ... Gewöhnungsbedürftig. Und etwas gammelig. Da ist die Commander weit besser, und auch mehr Platz. Und Du kannst ihn sicherlich um 2000 Euro runterhandeln. Also ich glaube, die Commander ist die bessere Option – wenn auch derzeit nur in Dänemark zu haben, die beste scheint mir die in Kopenhagen zu sein.*

Schon wieder wirbt dieser Kerl für sein Boot. Ich antworte prompt, etwas gallig, weil er meinen Favoriten so heruntermacht. Schließlich wähnte ich mich noch vor wenigen Tagen kurz davor, zuzuschlagen, oder zumindest fühlte ich mich in einem Zustand des Kurzdavorseins. Erst später werde ich begreifen, wie weit weg ich da noch war, wie lächerlich wenig ich wusste.

Ich antworte dem Alten also flugs. Noch weiß ich es nicht, aber der Irrsinn hat gerade erst begonnen, mein Laptop wird zur rot glühenden Einsatzzentrale, die Mission nähert sich der entscheidenden Phase. Ich schreibe:

Gewöhnungsbedürftig ja, aber gammelig? Hm. Das Holz gewiss sehr dunkel, die Polster aber vergleichsweise noch ok und gemütlich. In den Schapps ist das Boot nicht so gepflegt, leider. Hatte mir zuvor eine Bianca 27 von innen angesehen, die war in der Tat gammelig, insofern war ich von der Shipman ganz angetan. Warum vertraust Du so feste drauf, dass die Commander in Kopenhagen ein Treffer ist? Einfach ein Gefühl? Demnächst werde ich Kind und Co. ins Auto packen und dahin düsen. Werde Dir berichten!

Das ist eine Art Notlüge, ich darf Anna mit so was erst mal nicht kommen. Obwohl ich mir schon insgeheim einen Schlachtplan zurechtlege, zu dem ein knuffiges Hotel am Nyhavn ebenso gehört wie ein raffinierter Hinweis auf die *Smørrebrød* Kopenhagens, die sie so liebt. Doch nun entdecke ich, beim wirklich absolut völlig zufälligen Umherstreifen, auf *Scanboat.com* selbst ein wunderschönes Boot. Eine Commander 31. Das Boot des Alten. Der Rumpf dunkelblau.

Ja, nun. Ich finde es keine schlechte Idee, wenigstens bei der Suche die Empfehlung eines so stolzen Seebären nicht zu ignorieren. Aber erst mal legt der selbst nach:

Jetzt habe ich mir die Fotos der Shipman noch einmal angesehen. Du hast die Arbeitsplatte hervorgehoben, die quer über den Niedergang verläuft. Sehr unpraktisch. Wenn jemand rein will, stiefelt er über die Arbeitsplatte, womöglich mit Hundekot an den Sohlen. Und wenn jemand dort gerade Salat putzt, kann niemand rein oder raus. Wenn ich mir das Holz innen genau ansehe, sieht es »verlebt« aus – betagt, wie ein verrauchter Himmel im Auto. Ich finde auch diese Sitzecke, Dinette, die man in den Sechzigerjahren gern baute, nicht boatlike. Die Bank

gegenüber scheint nicht zum Tisch zu gehören, son-
dern eher eine Wartebank wie beim Zahnarzt im
Sprechzimmer zu sein (etwas böse gesagt). Mach Dir
ein schönes Wochenende in Kopenhagen. Lauft über
die Strøget und trinkt im »Hotel D'Anglaterre« eine
Schokolade und hinterher im Nyhavn einen Aquavit
und seht Euch nebenbei die Commander an. Von
den Linien her ist sie weit über der Shipman.

Postwendend hämmere ich meine Antwort in den Rechner:

Mein Lieber, das sind ja Tiefschläge, paff, paff, wie
soll ich der Dark Sea noch unter die Augen treten?
Aber ich fürchte, Du hast recht. Nimm als Konter
diese Commander aus Nordfünen (siehe Link).
Zwar teurer als die in Kopenhagen (die Bank wäre
gesprengt, würde ich irgendwie hinkriegen), aber
sieh Dir bitte auch die drei Bilder im Anhang an.
Der TV ist lächerlich, sonst rundum top gepflegt
und sehr hell, sehr freundlich. Mit der Netzreling
(heißt die so?) auch ideal für Kind & Hund.

Keine zwei Stunden später antwortet endlich mal einer aus
dem Haufen von *Scanboat.com*. Und es ist tatsächlich die
blaue Commander aus Bogense, Nordfünen. Angehängt sind
Bilder, die ein unfassbar schick lackiertes Boot in einer Lager-
halle zeigen, ohne Mast, mit einem engmaschigen Netz um die
Reling und goldenen Buchstaben an der Seite: Commander 31.
Es sieht blank gewienert aus wie aus einem Jungentraum. Ein
Foto zeigt den Salon – helle Polster, warmes Holz, gemütliche
Einrichtung, Messinglämpchen, angenehm maritim also, und
das Schärfste: an der Wand ein kleiner Flachbildschirm. So was
gehört natürlich überhaupt nicht auf ein Boot, aber es wirkt
wie ein Requisit aus einem James-Bond-Film, und das schreckt
unmöglich ab. Im dritten Bild die Erklärung für den Fernseher,

so reime ich mir das zusammen. Kein anderer Inserent hat so etwas zuvor gemacht, und ich bin gerührt, weil ich zum ersten Mal nicht nur ein Boot, sondern richtige Menschen sehe, drei an der Zahl, eine Frau und zwei absolute Zwerge – sicher die beiden kleinen Söhne der Familie, die im Cockpit stehen, orangefarbene Rettungswesten tragen und ein ausuferndes Grinsen im Gesicht haben. Ich sehe in das Gesicht meines kleinen Sohnes, da ist die gleiche Lebensfreude, dieses Lachen ohne Gram, diese Lust auf den nächsten Augenblick, die gleiche vollständige Abwesenheit von Ärger und Verdruss, und in derselben Sekunde weiß ich: Das muss sie sein.

Das ist sie.

Da gibt es gar keinen Zweifel. Wink des Schicksals? Ich weiß es nicht, jedenfalls bin ich von diesem Moment an dieser Commander verfallen, und ich denke an die Shipman in Neustadt nur mehr mit einem bedauernden Achselzucken. Ein bisschen fühlt es sich an, als hätte ich Dark Sea verraten, aber es ist wohl ein trügerisches Gefühl, das Echo der unerklärlichen Zuneigung zu einem Haufen gammeligen Altplastiks.

Der Alte lässt nicht locker:

Tut mir leid, dass ich so harsch war. Aber ich hatte das Gefühl, dass Du Dich in den Kahn verliebt hattest. Und das ist zunächst immer gefährlich bei gebrauchten Booten wie Autos. Und ich glaube echt, dass er die inserierte Kohle nicht wert ist.

Deine blaue Commander wirkt sehr gepflegt. Man kann die sicher auch drücken. Im Moment kann man all diese Boote im Preis drücken. Also den für 16 000 Euro. Da muss man kühl rangehen.

Die Commander in Kopenhagen hat ein Teakdeck, was natürlich schöner aussieht. Wenn Du nicht mit der Rødby-Fähre fährst, sondern über die Brücke bei Middelfart und dann über die Große-Belt-Brücke, kannst Du Dir den blauen in Odense angucken

*und den anderen in Kopenhagen. Hier ist auch noch
eine Commander in Svendborg, kannst Du auf dem
Weg mitnehmen. Und es gibt noch einen in Malmö,
also von Kopenhagen über die Brücke, und einen in
Rungstedt, 20 km nördlich von Kopenhagen. Aber
das scheint keine Toilette zu haben, denn es ist von
1972.
Mich würde interessieren, was Dein Blauer für
Fockwinschen hat. Sind es echte Selftailing oder die
normalen Zweigang von Lewmar? Denn eine (!)
Selftailingwinsch kostet schon 900 Euro. Das macht
also 2000 Euro. Viel Kohle. Denn wenn Du mit
Deiner Frau segelst, ohne weitere Crew, ist eigentlich eine Selftailingwinsch ein Muss.
Hier ist einer in Holland für 13 500 Euro!!!!! Gute
Ausrüstung. Lass Dir doch mal Fotos vom Interieur
schicken. Und frage nach den Segeln. Was dabei,
wie alt, welche Marke/Segelmacher?*

Uff. So ist der Alte. Überfällt einen. Man kann nicht mal Piep
sagen, schon schwatzt er dir seine Commander auf. Aber gut,
ich wollte es so. Wollte eine Fachberatung. Ich bin nun völlig
überflutet von Informationen, kann kaum mehr klar denken,
sehe überall Segel, wo, wie ich weiß, blühende Sträucher sein
müssten. Und dem Alten will ich eine vor den Latz knallen,
aber der Latzknaller missrät:

*Keine Sorge wegen des rauen Tons, das ist der ein-
zige Ton, den ich verstehe, wenn ich mal wieder
romantisiere. Außerdem hatte ich mal einen Trainer
im Volleyball, der mich mit Vorliebe auf Tschechisch
»Hurensohn« nannte. Von dem habe ich das meiste
gelernt. Das Stöbern macht schon eine Menge Spaß,
aber die Nerven zu bewahren ist nicht leicht. Danke
Dir für die missweisenden Kompasskurse!*

An die »missweisenden Kurse« erinnere ich mich aus meiner Sportbootsführerscheinprüfung. Interessantes Thema, übrigens: dass der Kurs, den ein gewöhnlicher Kompass auf einem gewöhnlichen Schiff zeigt, gar nicht unbedingt stimmt. Wegen einer Art geophysikalischen Verzerrung. Vereinfacht ausgedrückt. Auch gar nicht schwer zu verstehen, wenn man innerlich zum *sailor* gereift ist.

Agnes heißt die Frau auf dem Foto, eine lächelnde blonde Dänin, jünger als wir. Danny, ihr Mann, bleibt im Verborgenen.

Ich antworte:

> Mange takk, *wir würden das Boot gerne persönlich anschauen! Wann habt Ihr Zeit? Es ist nur ein Ritt von zweieinhalb Stunden von Hamburg, und wir könnten schon morgen oder am Sonntag kommen. Wann auch immer …*

Die beiden schlagen den Sonntag vor; vorher sei zwar eine Gruppe Dänen da, aber kein Problem. Und am Sonntag könnten wir zwar, doch am Sonntag will Anna nicht. Das zermürbt mich kolossal.

> *Hi Agnes, leider können wir am Sonntag doch nicht. Wann könnt Ihr denn noch? Ich verstehe, dass das irgendwie auch von den Leuten abhängt, die Ihr morgen sehen werdet … Eine nautische Frage: Was für Winschen sind auf dem Boot, selbstholende?*

Die Frage nach den Winschen, diesen Trommeln, um die die Leinen gelegt werden, wenn man sie straff ziehen möchte, habe ich nur angefügt, um dem nimmersatten Alten ein wenig Futter zu geben. Es ist nicht so, dass ich in Sachen selbstholender Winschen wirklich begreifen würde, worum es da geht. »Du hast«, erklärt der Alte, »eine Hand frei, weil die Winsch die Leine selbst hält, und gerade, wenn du allein unterwegs bist oder deine Frau nach dem Kleinen guckt, ist das eine ganz feine Sache. Geht eigentlich gar nicht ohne.« Ich glaube ihm aufs Wort, aber genauso sicher bin ich mir, dass ich das Ganze erst im Innersten verstehen werde, wenn ich einmal in der Situation bin, das Segel trimmen zu müssen, und froh, eine Hand an der Pinne lassen zu können. Auf See. In schwerer See, bei ordentlich Wind. Wenn die Kacke am Dampfen ist also.

Agnes meldet sich:

Die Winschen sind selbstholende Edelstahl-Winschen von Andersen. Ich werde Euch diese Woche schreiben, wie sich die Dänen entschieden haben. Es ist eine Gruppe von fünf Leuten, die sich das Boot teilen wollen, also brauchen sie vielleicht ein bisschen Zeit zum Überlegen. Freuen uns drauf, Euch zu sehen!

Also haben die fünf Dänen jetzt die Chance, die Commander zu ergattern. Falls das nicht nur ein Verkaufstrick ist. Aber ich glaube das nicht. Ich bin mir sicher, dass diese Commander es sein wird für uns, diese und nur diese, verdammt, und natürlich ist unser Boot plötzlich von aller Welt begehrt. Ich werde unruhig. Die Ohnmacht gärt in mir. Ich wäre entschlossen, sofort zuzugreifen. Aber nun beginnen quälende Stunden. Ausgerechnet in dieser schweren Lage meldet sich der Neustädter Makler. Der Motor der Shipman 28 werde repariert, alles im Preis inbegriffen, und: »Der Eigner macht das Boot jetzt sauber.« Offenbar hatte der Alte doch recht: Käufermarkt. Trotzdem Nervenkrieg. Was passiert da oben in Bogense? Ist mein Boot schon weg, das einzige, das jemals in Frage kommen wird? Mein James-Bond-Boot? Was, wenn es weg ist? Werde ich das verkraften? Zwei Tage halte ich es aus.

*Hi Agnes, schon irgendeine Entscheidung seitens
der Dänen? Wir würden den Trip zu Euch mit etwas
Sightseeing kombinieren, daher würden wir gerne in
Svendborg ein Hotel buchen – also wäre es schön,
früh zu hören, ob wir überhaupt kommen sollen.
Aber wenn die noch Zeit brauchen, fair enough.*

Das mit dem Sightseeing und dem Hotel in Svendborg ist ein
plumper Trick, um nicht ganz so aufgeregt zu erscheinen. Ein
paar Stunden später die Antwort:

*Sie haben sich noch nicht entschieden, weil zwei von
den fünfen nicht kommen konnten, und jetzt müssen sie das erst mal bereden. Ihr seid eingeladen, das
Boot so oder so zu sehen, wir haben denen nicht versprochen, das Boot zu reservieren.*

Gut. Gut, gut. Es ist nicht weg! Mein Herz pocht, da möchte
ich gar nichts beschönigen. Ich habe nur ein paar Bilder.
Aber mein Gefühl, meine Bereitschaft, mich zu verknallen.
Anna fragt, was los sei, aber ich druckse herum. Ich kenne sie
gut genug, um den Zeitpunkt zu erwischen, wo sie mitziehen
wird, gegen jede Vernunft. Wann der kommt, vermag ich
nicht zu sagen. Noch ist er jedenfalls nicht da.

Auch der Kapitän meldet sich. Ist zurück von seiner sagen-
umwobenen »Operation Schneeflöckchen«, ergebnislos, wie
er schreibt, kein Motor aufzutreiben, der passte, im ganzen
Universum nicht. Mault herum, was das alles noch solle. Aber
meinem Affen gibt er natürlich Zucker:

*Mann, Mann, diese Commander sieht richtig ver-
schärft aus! Kannst Du noch schlafen? Das könnte
das Boot sein …! Wirklich sehr schön. Frag den
Alten doch noch mal, worauf Du in den Details
achten solltest. Dass er sie mal wieder zu teuer finden*

*wird, versteht sich von selbst. Aber wenn sie so top
ist, wie sie aussieht, lohnt es sich meines Erachtens.
Sonst hat man nachher den Mist an der Backe.*

Es geht Schlag auf Schlag. Endspielstimmung erfasst mich,
und das Schwierigste ist, mir nichts anmerken zu lassen. Ich
tue mein Allerbestes, aber natürlich gelingt mir das nicht.
Anna kennt wiederum mich zu gut, und als ich beiläufig erzähle, wir könnten ja mal einen Ausflug nach Dänemark
machen, Bogense, Nordfünen, ein wunderschönes Städtchen,
Strände um die Ecke, da wittert sie das Unheil sofort. » Zeig
mir das Boot«, verlangt sie.

Ich zeige es ihr. An der Art, wie sie schweigt, merke ich: Es
gefällt ihr. Es gefällt ihr so gut, dass sie nicht mal aus Protest
leise stöhnt. Nach einer Weile sagt Anna nur: » Versprich mir,
dass du nicht gleich zuschlägst. Das ist das Einzige, was du
mir versprechen musst. Da muss jemand draufgucken, der
Ahnung hat. Du hast keine, das ist dir wohl klar.«

Ich verspreche es ihr. Ich sage, ja, ich wisse, ich könne ebenso
gut einen Konzertflügel anschauen gehen, gewiss. Aber dass
ich eben auch begriffen hätte: Man müsse hinein, in die Boote
kriechen, ihr Herz packen und es schlagen fühlen.

Der Alte kriegt wieder Post von mir:

> *Samstagnachmittag werden wir die blaue Nordfüner
> Commander sehen können! Du hattest gesagt, beim
> Bezahlen in dänischen Kronen könne man sparen,
> wenn man ... Was war das noch mal? Überweist?
> Dies nur für den Fall, dass wir hingerissen sein soll-
> ten. Kann ja passieren. Von den Holländern keine
> Reaktion, übrigens, auch von den Schweden nicht.*

Man kann nicht sagen, dass es lange dauert, ehe der Alte reagiert:

Die Schweden und Holländer sind vielleicht in Ur-
laub. Noch einmal versuchen. Nicht zu schnell kau-
fen!!!!!!!!!!! Immer wichtig: Hat das Boot Osmose?
Hat das Unterwasserschiff Pickel/Blasen? Achte auf
die Fenster innen. Ist dort Wasser durchgekommen?
Maschine ansehen. Kein Öl irgendwo. Ist sie sau-
ber? Von oben (Cockpitboden hoch) und von der
Kajüte aus gucken. Wie sind Winschen? Wie ist das
Teakholz auf den Cockpitduchten? Oft ist das er-
neuerungsbedürftig. Leckt es oben irgendwo an der
Verbindung Deck-Rumpf? Fragen: Wie alt die Segel,
von wem? (Das ist der Antrieb!!!!!!) Hat das Schiff
mal einen großen Ramming gemacht? Hat es Falt-
propeller? Der kostet auch gut 500. Sieht das Deck
bei den Püttings gut aus? Keine Risse, Hochbeulun-
gen etc. Natürlich Eindruck der Kajüte. Bin in Eile.
Das sollte eigentlich genügen. EU-Überweisung ist
das billigste, weil der Devisenkurs gerechnet wird.

So eine Mail macht mich völlig fertig. Ich schaffe fast gar
nicht, sie zu Ende zu lesen. Nein, fragen Sie mich nicht, was
Püttings sind. Ein Ramming ist klar, den Unfall, das Hinein-
donnern, hört man dem Wort ja schon an. Aber Püttings? Der
Kapitän hat das Wort auch mal verwendet, erinnere ich mich.
Muss mit dem Mast zu tun haben und den Wanten. Die hatten
wir ja schon mal, die Wanten. Bin langsam mit den Nerven
am Ende. Der Kampf ums Boot tobt, und ich werde hinterher
niemals sagen, das sei nichts gewesen als eine überflutete
Wiese.

2

ES IST SAMSTAGMITTAG, Ende August dieses sonnigen
Sommers, als wir tatsächlich nach Nordfünen fahren. Vom
Kapitän kommt eine SMS: *1000 Pötte Glück!* Mir wird ganz
anders.

Weil wir zu früh dran sind, bleibt uns Zeit, Bogense anzuschauen, nur ein paar tausend Einwohner, aber eine jahrhun-
dertealte Geschichte – einer dieser Orte, die vom Meer und
fürs Meer leben, ein Fischerort und ein Seglerort, der Wind
weht hier durch die langen Gassen, und alle führen sie zur See.
Es gibt zwei Häfen, den riesigen Sportboothafen, an dessen
Rücken sie einen Sandstrand aufgeschüttet haben, und den
alten, schmalen Fischerhafen. Zwischen beiden, mitten auf
dem Kai, liegt eine Fischräucherei mit Restaurant. Dort verkriechen wir uns in einem Gartenzelt, bestellen Lachs und
Weißwein, als sich ein Wolkenbruch entleert. Mampfend
schauen wir aus den trüben Fenstern, unser Sohn nuckelt an
seinem Fläschchen, Tropfen malen dünne Striche über die
Plastikscheiben, und zu unseren Füßen bilden sich Pfützen,
sodass Pumba Probleme hat, ein trockenes Plätzchen zu finden.
Sie ist zwar ein Wasserhund, aber Regen mag sie gar nicht.
Auch darin ist sie sehr seglerisch veranlagt. Endlich reißt der
Himmel auf, rosige Wolken schießen heran wie die rettende
Kavallerie – und entladen sich.

Wie es so prasselt, komme ich ins Nachdenken. Ein seltsam
schales Gefühl, das Boot sehen zu werden, von dem ich die
ganzen letzten Tage sprach. Die plötzliche scheinbare Bana-
lität eines sich erfüllenden Wunsches. Dieses Gefühl steigt in
Wellen in mir hoch, noch als wir auf Danny warten, der zu
spät eintrifft. Da stehen wir in unseren tropfenden Klamotten,
nach dreistündiger Anreise, und die Heimmannschaft lässt
sich Zeit. Danny ist ein junger Kerl, höchstens Ende zwanzig,
mehr als einsneunzig groß, schlabbernde Jeans, aber nicht,
weil sie so ausgebeult wären. Ein dünner Mann. Scharf ge-
schnittenes Gesicht. Er habe gerade einen Tattoo-Shop in

seinem Heimatstädtchen eröffnet, erzählt er, habe keine Zeit mehr für das Boot, es gehe einfach nicht mehr. Auf seinem Ellbogen windet sich eine Schlange, die sich unterm T-Shirt fortsetzt.

Am dritten Steg liegt es. Das Boot. Unser Boot? Liv. Das steht etwas ungelenk auf dem Deck und hinten auf dem Deck, und so nennt sie auch Danny.

Liv und ich?

Sie sieht vergleichsweise klein aus unter all den dicken Dingern, aber auch störrisch und stark. Ihr Bug ist schmal, und ihr Hintern ist es auch, doch in der Mitte geht sie schwungvoll auseinander. Ganz der Stil der Siebzigerjahre, ein sogenannter IOR-Riss, gemäß den »International Offshore Rules« ein »Halbtonner«, für Regatten konzipiert, die Konstruktion aerodynamisch und strömungstechnisch sinnlos, wie ich gelesen habe, aber optisch reizend. Eine rassige, dennoch zuverlässig wirkende Erscheinung, viel schnittiger als die Bianca 27 aus gleichem Hause.

Danny steigt als Erster aufs Deck, ich reiche ihm unseren Sohn hinüber, und für einen Moment schwebt der Kleine über dem Wasser. Dann hat Danny den Maxicosi gepackt und trägt ihn nach hinten, ins Cockpit. Wir folgen langsam, der Belag ist nass vom Regen, wir kennen die Schritte nicht und nicht die Griffe, wo wir uns festhalten können. Fast neuneinhalb Meter misst das Boot. Das ist knapp länger als ein Volleyballfeld von der Grundlinie bis zum Netz. Glauben Sie mir: Das ist lang.

Leider nehme ich nichts wahr. Erkenne immerhin, dass die Sprayhood, diese feste Kapuze, die das Cockpit vor der Gischt schützt, mitgenommen aussieht. Versuche alles zu erfassen und erfasse doch in Wahrheit nichts. Vor dem nächsten Guss retten wir uns unter Deck. Es ist eng und zugleich großzügig. Ich kann fast stehen mit meinen eins siebenundachtzig.

Danny holt eine vergilbte Anleitung aus einer Ledermappe, die er sich unter den Arm geklemmt hat. »Die Heizung«, fängt er an.

» Welches Fabrikat?«, frage ich routiniert, aber etwas zu schnell.

Er zuckt mit den Schultern, fummelt in seinen Unterlagen. Es ist mir eigentlich egal. Ich will halt nur was fragen.

» *Ä-bärs-ba-cker*«, buchstabiert er langsam. Wir reden Englisch, versteht sich, und in Sachen Fachbegriffe schwimmt er so wie ich. Was bei ihm aber nur an der fremden Sprache liegt.

» Sehr gut.« Kennerisch ziehe ich die Brauen empor.

So steigen wir ein ins Eingemachte, und schon diese erste Frage treibt das Gespräch in eine indiskutable Richtung. Ich kann nur hoffen, wenigstens für exzentrisch gehalten zu werden. Danny erzählt etwas von Batteriespannungen, dem ich nicht folgen kann. Ich schaffe es einfach nicht. Unser Sohn liegt in seinem Körbchen auf der Koje, in diesem Moment fängt er vor Langeweile an zu krähen, was er sonst ganz selten tut. Anna beobachtet ihn so genau wie mich, in ihren Augen ist nackte Sorge zu lesen, dass ich durchdrehe.

Ich wäre tatsächlich am liebsten mal ganz allein auf dem Boot. Würde gern Witterung aufnehmen. Fühle mich zugequatscht, dabei ist Danny ein wortkarger, ernsthafter Däne. Liv aber, das ist gewiss, hat Ausstrahlung, eine gute Aura. Man fühlt sich sofort wohl, es ist frisch und hell. Danny zieht einen Stöpsel in der Wand, es fängt an zu dröhnen, und nach einiger Zeit strömt warme Luft durch einen Stutzen zu unseren Füßen. Eine original Eberspächer, da erwartet man nichts anderes. Danny zeigt die Maschine, den Anlasser, das Seewasserventil, erklärt mir alles, die Lautsprecher, als könnte ich mir auch nur irgendeine Sache merken, da oben, auf meiner Wolke sieben.

Wieder draußen. » Die Pinne ist mitten im Cockpit zu führen,« erläutert Danny, » es steuert sich bequem, von hier aus kannst du den Motor mit dem Fuß bedienen. Und wenn du die Pinne nach links packst und Vollgas gibst, dreht sie auf dem Teller.«

Ich bin beeindruckt. Ich bin sehr leicht beeindruckt auf Segelbooten, das ist vielleicht ein Problem.

Das Achterstag, das von der Mastspitze bis zum Heck gespannt ist, wedelt reichlich schlabberig herum. Es fehle eine Mutter. Was ist noch mal die Funktion dieses dicken Drahts? Ich weiß es nicht. Es gibt so vieles, das ich nicht weiß. Unbedingt solle ich darauf achten, habe ich gelesen, ob das Achterstag durch das Deck durchgesteckt sei und daher möglicherweise Undichtigkeiten in diesem Bereich aufträten. Jetzt seh die mal. Jetzt find die mal. Stattdessen fummele ich wichtigtuerisch herum, schaue hinauf zur Mastspitze, wo die Antenne schwebt wie ein Ufo, dass es mir schwindelt, so schnell ziehen die Wolken. Und ich beschließe: Zum Teufel mit dem Achterstag! Irgendwann kommt jeder vernünftige Mensch an den Punkt, an dem er kapituliert vor der Flut, und mein Punkt ist vom durchgesteckten Achterstag nicht weit entfernt.

»Du musst am Achterstag schon sehr ziehen, um den Mast ein paar Zentimeter zu beugen«, sagt Danny.

Wie das gehen solle?, frage ich. Und wozu das gut sein solle?

»Zum Trimmen«, antwortet er und schweigt.

Trimmen: Ich weiß schon, was das ist – die für die herrschenden Bedingungen ideale Segelstellung finden. Aber mir dröhnt der Kopf. Ich fühle mich wie ein Witz. Mit Begriffen umgehen kann ich zwar inzwischen, aber als Blender kommt man beim Segeln nicht weit. Am Ende blendet man nur sich selbst.

Oben, beim Baum des Großsegels. Ich zuppele am Tuch.

»Willst du das ganze Segel sehen?«, fragt Danny. »Soll ich es aufmachen?«

Ich fingere herum, nehme das Tuch, knautsche es zwischen den Fingern, tue, als würde ich irgendwas ertasten, erfühlen, erriechen. »*Well*«, ich grinse, »für mich fühlt es sich an, wie ein Segeltuch sich anfühlen muss. Kühl und fest. Aber ehrlicherweise habe ich nicht viel Ahnung.«

»Es ist okay«, versichert er. »Wenn du keine Regatten fahren willst, ist das noch vollkommen okay.«

»Will ich nicht.«

»Aber in ein paar Jahren sind sie fällig. Das ist der größte Schwachpunkt an meinem Boot. Deswegen habe ich bei Mast und Segel nur vier von fünf Punkten vergeben. Der Alumast ist ja so gut wie neu.«

»Oh, Alu, echt?«

Um der Wahrheit die Ehre zu geben: So richtig ins Plaudern kommen wir nicht. Ich tue mein Bestes, beiße mir aber immer wieder selbst auf die Zunge, wenn ich anfange zu schwatzen. Von Danny kommen nur präzise, knappe Sätze in seinem nordisch angehauchten Englisch. Einmal sucht er lange nach dem richtigen Wort, findet es nicht, schaut mich an, ich versuche ihm zu helfen, er sucht weiter, winkt ab, es ist ein kurzer peinlicher Moment. Wir gehen zurück ins Cockpit. Ich suche in dieser vertrackten Seemannssprache ja selbst oft nach den richtigen Worten. Manchmal wenigstens, tröstlich, ist das deutsche Wort dasselbe wie das dänische. Unter Deck höre ich unseren Sohn schreien, Anna beruhigend flüstern. Vorhin habe ich meinen Rucksack im Regen liegen lassen, er ist nun völlig durchweicht.

Ich deute auf das Relingsnetz. »Weißt du, das hat mir sofort gefallen. Wegen unserem kleinen Mann.« (Von unserem nicht ganz so kleinen Hund sage ich nichts, der für die Dauer der Besichtigung in seiner fahrenden Hütte geblieben ist, Tropfen an der Heckscheibe zählen. Gibt genug Hundehasser und zugleich genug Hundefreaks, die sagen, ein Hund darf nicht aufs Boot. Entscheiden aber wir.)

»Das Netz ist gut für Kinder.« Danny lacht, das erste Mal, auch bei ihm löst sich ein bisschen Anspannung. »Und für betrunkene Männer.«

Wir lachen gemeinsam. Es ist Zeit für den Abschied, Abstand nehmen, sacken lassen. »Hey Danny, was heißt Liv eigentlich?«, frage ich, seine Hand in meiner.

»Och, Liv bedeutet gar nichts. Das ist kein Name.«

»Doch«, widersprechen wir, »na klar, sogar ein schöner Name. Denk an Liv Tyler, Liv Ullmann.«

»Ach so. Liv heißt auf Deutsch ›Leben‹.«

»Leben«, sage ich.

»Das ist schön«, sagt Anna.

3

DIESEN ABEND NÄCHTIGEN WIR im »Dreshoper Hof«, mitten auf dem platten Land in Schleswig-Holstein, nicht weit weg von Husum. Wir essen gut, derweil unser Sohn neben unserem Tisch im Speisesaal schläft, im Dunst von Bratkartoffeln. Pumba macht sich unterm Tisch breit. Als wir uns verabschieden, lehnen drei Mann an der Bar, einer trinkt, einer flirtet mit der Kellnerin, einer hat ein Schifferklavier umgehängt, und gemeinsam singen sie »Wir lagen vor Madagaskar und hatten die Pest an Bord«. So ist das da. Man schläft gut im »Dreshoper Hof«, nach einem Aquavit, der die Bratkartoffeln hinfortspült wie die Brandung eine Sandburg.

Dark Sea ist Geschichte. Liv lebt.

Erst in den Tagen danach kann ich mich sortieren. Durchwandere das Boot im Geiste nochmals von vorne nach hinten, schaue überall hinein, bin allein mit ihm, nehme Witterung auf. Und durchstreife es wieder und wieder.

Man muss schon ein bisschen den Kopf einziehen, wenn man die Stufen hinuntersteigt, sonst haut man sich den Schädel an der Luke an. Drei Stufen hinab. Nicht sehr steil, die mittlere breit und tief, gut, um darauf zu sitzen. Zur Linken, zu drei Vierteln im Bootsleib versunken, eine Matratze, jene lange Koje, die sich Hundekoje nennt. Es ist eine Höhle, die mächtig Gemütlichkeit ausstrahlt. Bei Seegang kann man sich hineinlegen und kollert nicht groß rum. Es passen fünf Taschen hintereinander rein. Man kann sich verkehrt herum auf dem

Kopfteil niederlassen, sitzt dann am Navigationstisch und verströmt ganz viel Klasse. Es ist der Platz, von dem man den ganzen Salon im Blick hat, den Niedergang beobachten kann und zugleich nur einen halben Meter von der Küche entfernt ist, die auf der anderen Seite des Niedergangs liegt. Es ist ein natürlicher Platz für einen wachsamen Hund. Pumba wird mich küssen für diesen Platz. Eigentlich sitzt natürlich der Navigator dort, um zu navigieren, aber man muss auch gönnen können.

Die Küche ist so, wie eine Küche sein muss: keine Schnörkel, alles in Reichweite. In sehr enger Reichweite, um genau zu sein. Es ist mehr ein Küchchen, aber das macht nichts, der zweiflammige Gaskocher wird unseren Ansprüchen genügen. Das Kühlfach ist zwar nicht regulierbar, kühlt aber, wenn etwas Kaltes hineingerät. Angeblich.

Direkt daran – man muss sich nur umdrehen –, schließt sich der Lounge- und Lümmelbereich an. Zwei Sofas, die sich gegenüberliegen, das linke um die Ecke herumgezogen, sodass sich wirklich ein loungiger Eindruck ergibt, dabei gab es Lounges zu Zeiten des Baus höchstens in Flughäfen. Zwischen den Flanken ein klappbarer Tisch. Die Sofas sind natürlich keine Sofas, sondern ebenfalls Kojen, und im Handumdrehen verbreitert. Es liegt sich gut drauf, man passt in ganzer Länge hinein, vom Scheitel bis zu den Zehenspitzen, und von der linken hat man besten Blick auf den James-Bond-Bildschirm. Wenn man eingeweht ist, was es ja geben soll im Norden, dass man tagelang im Hafen festsitzt – für diese Fälle wird das DVD-Gerät akzeptabel sein. An der rechten Koje kann man eine Seitenplane anbringen, ein Leesegel, das verhindert, dass man bei Seegang aus dem Schlaf gerissen wird. Links vielleicht auch. Wir müssen das mal prüfen, es könnte ein perfekter Spielplatz für unseren Sohn sein.

Besonders schön sind ohne jeden Zweifel die Rattan-Applikationen über den Staufächern. Der Alte redet im Prinzip von nichts anderem, wenn er über die Baukunst der altvorderen Zimmermänner spricht, und sie sehen wirklich sehr schick aus, aber es sind eben nur Applikationen, deswegen weigere ich mich, sie als besonderes Kaufargument in Erwägung zu ziehen. Livs Holzboden ist leider mit schwarzer gummierter Folie beklebt, weil Dannys Racker so oft auf dem Holzboden ausrutschten, wie er erzählte.

Zum Schlafgemach und Sanitärtrakt geht es durch eine kleine Holztür, die man richtig auf- und zubollern kann. Links das Pumpklo, das derzeit durch einen Geruchsstutzen verplombt und versiegelt ist, rechts ein kleiner, ein sehr kleiner Kleiderschrank, in den man seine durchglühten Socken hineinstellen kann. Und geradeaus die ganze Zierde eines Bootes, die Eignerkabine, luxuriös geschnitten, das versteht sich, und gerade so, dass sich die Füße eines liebenden Paares im vordersten Vorderbereich liebevoll umschmeicheln können. Es wird aber noch besser, indem man nämlich über dem Kopf das Luk aufmacht und hinaufguckt in die Sterne. Dann möchte man als Eigner gar nicht wieder weg aus der Eignerkabine, mit der Eignerin im Arm und zwischendrin der Eignersohn und in den Ritzen ein, zwei Eignerträume.

Das Beste: Alle Boote riechen ja, und dieses riecht auch, aber es stinkt nicht nach Schimmel, Moder, Diesel, Schmodder oder nach was auch immer Boote stinken können.

Liv duftet nach Abenteuer.

4

DER HAUSBESUCH VOM DOC ereignet sich nur ein paar Tage später. Wenn man Segeln lernen will, ist es gut, jemanden von der *Yacht* zu kennen, wo kluge Leute arbeiten. Mein Bekannter Uwe hört sich mein Problem an, dass ich einen Segler und einen Schrauber brauche, meine Kumpel aber davon überzeugt sind, dass es so jemanden nicht gebe, und selbst wenn es ihn gebe, wie solle ich ihn bitten, mitzukommen nach Bogense? Ein ganzer Tag futsch!

»Ruf doch Mike an«, schlägt Uwe vor. »Er ist eine Art Gebrauchtbootpapst, und das meine ich so, wie ich's sage. Es gibt keinen Menschen auf dem ganzen Globus, der mehr verschiedene Schiffe selbst getestet hätte. Das ist Fakt. Die einen sagen, es sind tausend Boote, die anderen, er habe alle Boote geprüft, die in den letzten dreißig Jahren auf den Markt kamen. Auf jeden Fall genug. Wenn dir einer helfen kann, dann Mike.«

Ich bin nicht katholisch und werde es auch nicht mehr werden, aber das flößt mir Respekt ein: Gebrauchtbootpapst.

Michael Naujok, genannt Mike, ist seit ein paar Jahren im Ruhestand, er schreibt gerade an einem Buch, aber er hat Zeit, er hat Lust, und so sitzen wir beide bald im Auto nach Dänemark, drei Stunden Fahrt, viel zu wenig Zeit für ein ganzes Seglerleben. Ich begreife aber plötzlich sehr vieles. Mike hat die Gabe, Dinge, von denen ich geschworen hätte, ich werde sie niemals verstehen, so erklären zu können, dass ich sie verstehe. Dass der Wind das Boot schiebt, dachte ich zum Beispiel. In Wahrheit ist das Spiel der Kräfte viel komplizierter. Ich fasse in meinen eigenen Worten zusammen: Durch die Wölbung der Segel wird das Boot nach vorne gesaugt, es ist derselbe Effekt, der auch einen Flugzeugflügel nach oben zieht, und je nach Stellung und Straffheit der Segel – eben jene Kunst, die Trimmen genannt wird –, kann der Strom abreißen. Und Krängen gehört aus Prinzip zum Segeln: Der Wind drückt auf das Tuch, das Tuch zerrt am Boot, das Boot ächzt unter der Last, neigt sich zur Seite und weicht nach vorn aus. Aber mehr Krängung bedeutet mehr Widerstand, das bremst die Fahrt. Wie gesagt, kompliziert.

(An dieser Stelle sei eine Mail meines Bruders eingefügt, von dem später noch die Rede sein wird. Er ist wie ich kein Segler, hat aber, anders als ich, Ahnung von Technik. Er sandte die Mail frisch nach Lektüre eben dieser Passage:

Achtung Physik! Du sprichst den Bernoulli-Effekt an, den Unterdruck, der oberhalb der gewölbten

Tragflächen entsteht, da dort die Luft in der Strö-
mung einen längeren Weg einnimmt und dadurch be-
schleunigt wird. Man weiß aber heute, dass dieser
Effekt nur ca. zu 5% zum Auftrieb beiträgt und dass
der eigentliche Grund, warum ein Flugzeug fliegt,
viel simpler ist: Es ist die Steilheit der Tragfläche ge-
gen den Luftstrom. Außerdem hinkt Dein Vergleich:
Der Wind beim Segel kommt von hinten oder von der
Seite, im Vergleich zum Flugzeug müsste der Wind
von oben kommen, was er nicht tut. Aber ich gebe
Dir recht: Es ist viel komplizierter, als es aussieht.

Soweit mein Bruder. Vom unerschöpflichen Wissen solcher
Menschen bin ich umgeben, seitdem ich auf der Welt bin.)

Zurück zu Mike, mir und Danny, der uns ohne viel Auf-
hebens begrüßte. Nun sitzen wir zu dritt unter Deck, Regen
prasselt uns aufs Dach – dänische Sommer sind auch nicht immer wie in der Werbung –, und sprechen kein Wort. Nichts.

Mike beugt sich über den Motor. Danny versucht angestrengt zu sehen, was er da tut. Regen fällt in den Niedergang.
Ich hocke hinter meinem Experten und sehe nur seinen roten,
ölzeugverpackten Rücken. Ich tropfe schon wieder aus meinen
Joggingschuhen, aus der voluminösen, von meinem Vater
ausrangierten Regenjacke. Durch den Riss in der Jeans stiehlt
sich Wasser ins Innere. Ich komme mir lächerlich angezogen
vor. Man muss dazu sagen, ich stehe nicht auf Funktionsbe-
kleidung um der professionell wirkenden Ausstattung willen,
aber wenn die selbst zusammengestoppelte Kleidung so
schnell versagt, kommt man schon ins Nachdenken. Es ist wie
an den Nordpol zu gehen und die Handschuhe zu verweigern.
So lossegeln? Niemals. Ich werde investieren müssen.

Nach einigen Sekunden richtet sich Mike auf und dreht sich
halb in den Salon hinein. Zwischen dem Zeigefinger und dem
Daumen der rechten Hand kleben einige Tropfen Öl, die er zu
zerreiben beginnt und, die Hand ins Licht haltend, mit gerun-

zelten Brauen mustert. Im Salon herrscht eine unbeschreibliche Stille. Keiner von uns wagt zu atmen – oder zumindest ich nicht. Mike hat sicher nur einen Puls von 58. Ich höre nicht die Tropfen auf dem Dach, die Böen, die im Rigg klagen. Ich starre auf die Schlieren auf Mikes Finger und frage mich, welches Schicksal er aus den Mustern zu lesen vermag. Aus den Augenwinkeln spähe ich zu Danny, der schaut ... ja, wie? Dunkel, finde ich. Vielleicht ist er auch der Ansicht, dass die Deutschen übertreiben. Es vergeht eine Zeitspanne, deren Länge ich nicht einschätzen kann. Es können nicht mehr als dreißig Sekunden sein. Wir warten auf Mikes nächsten Satz wie auf ein Gottesurteil.

»Sieht gut aus.«

Über mein Gesicht huscht ein Lächeln, das ich schnell verberge, muss ja kühl sein, darf nicht gierig wirken, wegen des Verhandelns. Danny wirft mir einen nervösen Blick zu.

»Wenn es silbrig wäre« sagt Mike, »würde das auf metallische Spuren schließen lassen, auf Abrieb. Wenn es weiß wäre, auf Wasser im Öl. Aber das sieht einwandfrei aus.«

Wie ein Firefighter einem brennenden Ölfass hat sich Mike unserer Liv (so nenne ich sie schon manchmal heimlich) genähert. Zielstrebig, entschlossen, konzentriert. Seine Haut braun gebrannt, sein Schnurrbart weiß wie eine frische Wolke, eine Brille, auf der sich Tropfen fangen. Flache, lederne Bootsschuhe. Er setzte sich an Pumbas Navigationstisch, als sei der dafür geschreinert, und verströmte noch in derselben Sekunde die Autorität einer unfehlbaren Kapazität. Wegen solcher Effekte bewundern die Deutschen den TÜV und die ADAC-Engel, Günther Jauch und Professor Brinkmann. Vollkommene Kompetenz, die es nicht nötig hat, ein Wort der Eigenwerbung zu verlieren. Es hätte mich nicht gewundert, wenn Mike ein Stethoskop herausgeholt und es an den Motor gehalten hätte. Der Bootsflüsterer. Der Doktor der Segelkunde.

»Du bräuchtest einen Bootsexperten und einen Motorexperten«, hatte der Kapitän mir geraten.

»Einen Segler und einen Schrauber«, hatte der Alte behauptet. »Beides zusammen, das kann keiner.«

Doch da sitzt Mike. Er kann es. Mit einer Taschenlampe leuchtet er jetzt tief in den Motorraum hinein. Wieder sagt er kein Wort. Nach einer Weile beginnt sein Gesicht zu strahlen. »Einer hat die Achterstevenrohr-Dichtungsmuffe falsch herum eingebaut.«

Ich verstehe kein Wort. Aber »Achterstevenrohr-Dichtungsmuffe« ist große Poesie, finde ich. Ich versuche erneut wiederzugeben, was er meint, aber sicher bin ich mir nicht. »Die Richtung ist wichtig«, sagt Mike, »weil da Lippen drin sind, die das Rohr nach außen abdichten, von innen aber durchlässig sind. Da hat einer überhaupt keine Ahnung gehabt, was er tut. Könnte auch erklären, warum diese paar Tropfen Öl-Wasser-Gemisch in der Bilge stehen.«

Nun trampelt er auf dem Vordeck herum, bemängelt, dass es da und dort knirsche, aber das sei nicht weiter schlimm. Er zurrt die gewaltige Rollgenua hervor. »Hier die Risse am Rand kannst du bei einem Segelmacher verstärken lassen. Die spakigen Flecken kriegst du mit einem Antischimmelmittel weg, aber auch nur damit, glaub's mir, hab alles ausprobiert. Draufsprühen, zehn Minuten einwirken lassen, absprühen. Wirkt allerdings erst nach vierundzwanzig Stunden.« Ansonsten schaut er sich die Segel nicht sonderlich gründlich an. »Die kannst du austauschen, wenn sie fällig sind, aber sie gehören nicht zur Hardware.«

Und plötzlich bin ich allein auf dem Schiff, weil vorne die Tür zufällt. Endlich mal allein. Ich beginne mit Liv zu reden. Ich weiß nicht recht, ob sie antwortet. Aber meine Fragen kommen auch sehr rasch.

Die anderen sind in der Vorschiffskabine, Mike fummelt am WC herum. Ein heiseres *Fupp*-Geräusch, wohl die Pumpe. Ich starre die Tür an, den Fernseher, die messingbeschlagenen kleinen Lampen. Ich höre die Stimmen der beiden anderen, aber sie kommen wie vom Boot nebenan. Für einen Augenblick fühle ich mich heimisch, als gehörte ich hierher. Mehr will ich gar nicht.

Ein paar Minuten später werfen wir den Motor an – er spuckt sofort Feuer und Wasser – und lösen die Leinen. Mit verbissener Konzentration versuche ich nachzuvollziehen, was Danny da genau macht. Ich will einen einigermaßen kompetenten Eindruck hinterlassen, bin mir jedoch sicher, ich stelle mich jämmerlich an. Danny drückt mir einen Bootshaken in die Hand und ruft: »Pass auf das andere Boot auf!« Ich nehme an, dass ich schauen solle, uns abzuhalten, und drücke den anderen Rumpf mit aller Kraft von uns weg. »No, no«, brüllt Danny von hinten (Mike ist irgendwo am Bug zugange), »the other way!«

Upps. Der Wind bläst mir ja ins Gesicht! Und mein Job wäre es folglich, uns mit dem Haken am Wanten des anderen Schiffs festzuhalten, damit wir nicht auf das nächste knallen … Ich meistere die kitzlige Situation ohne größere Schäden, und bald tuckern wir hinüber zum Kran, wo das Boot aus dem Wasser gehievt wird, um das Unterwasserschiff zu untersuchen. Ein schmatzender Vorgang, der Liv würdelos in den Seilen baumeln lässt. Aber Mike ist zufrieden. »Hat ein Fachmann gemacht«, brummt er, als er über den Rumpf fährt, »absolut saubere Arbeit.«

Wie ich zuvor an Bord stand und wir zum Kran hinüberfuhren, brannte sich mir dieses alles zerlegende Gefühl ein: dass dieses Rad zu groß für mich sei. Dass ich etwas in Gang gesetzt habe, das ich nicht werde beherrschen können. Es ließ mich die Finger in den Taschen ballen und auf den Zehenspitzen wippen. Durch meinen Magen rumpelte ein Findling. Ich konnte Danny und Mike in diesem Moment nicht in die Augen sehen, meine Zweifel gehörten nur mir. Zugleich wusste ich, dass etwas passiert war; ein Tor war aufgestoßen in diese andere, neue Welt, und ich schwor mir, ich würde es nicht mehr zufallen lassen. Aus der Öffnung drangen ein grelles Licht und ein scharfer, pfeifender Wind, der mich fast umhaute, aber ich würde die Augen aufreißen und einfach ein paar Schritte nach vorne machen.

Zurück auf dem Steg nehme ich Mike zur Seite. »Und?«

Er lächelt. »Daraus kannst du mit ein bisschen Liebe ein Kleinod machen. Versuch ihn noch einen Tausender runterzuhandeln.«

»Das wird schwer. Er ist schon einen runtergegangen.«

»Probier's. Aber das ist ein hochwertiges Boot, allein das Alurigg würde neu zwölftausend Euro kosten, viele Argumente hast du nicht.«

»Das Rigg hatte der Voreigner offenbar noch so herumliegen. Er war Bootsbauer. Davor hatte angeblich nur ein anderer Besitzer Liv, in all den fünfunddreißig Jahren.«

»Sie ist gut gepflegt. Der Motor läuft einwandfrei. Das ist ein guter Deal.«

Schließlich landen wir im Seglerheim von Bogense. Ich krame den Milchkaffee heraus, den ich morgens gebrüht hatte, und Danny und ich fangen an zu verhandeln. Oder was man eben so verhandeln nennt. Es gelingt mir nicht, ihn noch weiter zu drücken, bei 150 000 Kronen ist Schluss, 19 000 Kronen ist er runtergegangen, jetzt sind wir bei umgerechnet 20 000 Euro. 'ne Menge Kohle. Mehr als mein Limit. Aber nur einen Tick mehr. Den Tick, wegen dem man so was niemals scheitern lassen würde.

Die Shipman ist spätestens jetzt erledigt. Man hatte sie mir zuvor schon madig gemacht, und plötzlich gelingt es mir selbst nicht mehr, sie zu mögen. Die Vorstellung, sich nicht langmachen zu können, wenn einem danach ist, sondern erst den Tisch absenken zu müssen. Das dunkle Holz. Der Dreck in den Schapps. (Wochen später werde ich wieder auf der Seite des Maklers vorbeischauen. Sie wird verschwunden sein. Wohin? Ja, wohin?)

Drei Mal sagt Danny, zur Not werde er Liv eben erst im Frühjahr verkaufen. Ich glaube ihm. Ich glaube ihm auch, dass die fünf Dänen noch immer interessiert seien, und in einer

Mischung aus Höflichkeit und Feigheit verzichte ich darauf, ihn zu fragen, ob diese Geschichte wirklich stimme. Wir gehen so auseinander, dass ich mich melden werde, sobald ich mit Anna gesprochen habe. Ich hege keine Zweifel, dass ich zuschlage, und er sicher auch nicht.

5

ZUR BEGRÜSSUNG GUCKT MICH Anna mit hochgezogenen Augenbrauen an. »Na?«

Ich grinse. »Ich hab noch nicht unterschrieben, aber Mike gibt seinen Segen.«

Kurze Stille. In die Stille hinein brüllt unser Sohn, er ist auf die Idee gekommen, Hunger zu haben.

»Okay«, sagt Anna. »Okay. Tu's.«

»Ja?«, frage ich leise.

»Könnte ich es verhindern?« Sie lächelt. »Tu's, bitte.«

Am Abend meldet sich der Alte auf Band. Irgendwie hat er spitzgekriegt, was läuft. Er kennt Mike seit langer Zeit, und er sagt: »Ruf mich an, erzähl mir alles, du warst mit Naujok unterwegs.« Wir sind an diesem Abend bei Freunden, ich schicke ihm eine SMS: *Ja, war mit dem unvergleichlichen Naujok dort, und weil der sehr angetan war, habe ich zugeschlagen. Was für ein Irrsinn. Morgen mehr.*

Nach einer Minute kommt die Antwort: *Mann o Mann.*

Und sssst, eine SMS vom Kapitän: *Meinen herzlichen Glückwunsch. Jetzt hast du natürlich aber einen Riesenklotz am Bein.*

Mir wird abwechselnd heiß und kalt. Ich sehe mir meinen Sohn an, der gewachsen ist wie noch was an diesem Tag meiner Abwesenheit, und frage mich, was ich ihm da antue. Dann sage ich mir, nichts, er wird immer eine schöne Zeit haben, wir passen auf ihn auf. Aber stets wird da die Sorge sein. Auf dem Meer sein heißt ertrinken können. Leben heißt sterben können. Wir werden ihm eine Rettungsweste kaufen, die er nur ausziehen darf, wenn er sich schlafen legt, und auch nur vielleicht. Gleich unter seinem ersten Weihnachtsbaum wird sie liegen.

An diesem Abend lese ich in »Wir Ertrunkenen«, Carsten Jensens Roman, der in Dänemark angesiedelt ist, im Inselmeer südlich von Fünen, auf der Insel Ærø, im Seefahrerort Marstal. Ein grandioser Generationenroman, ein Seemannsepos, eine Hymne ans Meer. Und da stoße ich, just heute, auf diese Stelle, die mir das Herz stocken lässt, ich lese sie zweimal und lege das Buch weg.

> *»Er konnte nur den Rücken seines Vaters sehen, und in diesem massigen, blau gekleideten Körperteil schien die ganze Welt sich zu vereinen und ihn abzuweisen.*
>
> *›Hilfe! Vater!‹*
>
> *Dann konnte er nicht mehr. Seine Finger verloren den Halt, und er verschwand im Wasser. Er strampelte, biss und schlug um sich, als würde er mit einem wilden Tier kämpfen, und doch war es nur das sanfte, weiche Wasser, das ihm seine Bettdecke über den Kopf zog, als wäre es nun an der Zeit einzuschlafen – das Wasser wünschte ihm eine gute Nacht.*
>
> *Und dann – dann war der große Arm des Vaters gekommen. Der Arm, dieser gewaltige Arm, der bis zum Meeresgrund reichte und, wenn es sein musste, bis hinunter in den Tod, hatte ihn wieder heraufgezogen.«*

6
NACH FÜNEN SCHREIBE ICH MUNTER:

Hey Danny, ich habe Euch telefonisch nicht erwischt.
Also, hier ist unsere Entscheidung: Wir nehmen das
Boot. Ja! (Großes Abenteuer ...)

Ich rufe noch mehrmals an, erwische Danny aber nicht. Kurze
Zeit später ruft er zurück. Er sei auf einer Tattoo Convention,
man hört im Hintergrund einen Riesenlärm. Nein, die Mail
habe er nicht gelesen, und jetzt sei es auch gerade schlecht ...

» Hey Danny!«, rufe ich, plötzlich in Sorge, die Glorreichen
Fünf kämen noch in letzter Sekunde mit einer höheren Offerte
herbeigeritten. » Hey Danny, ich meine es ernst. Wir nehmen
sie.«

» *Good!*«, schreit er in den Hörer, er scheint sich zu freuen,
ich bin mir aber nicht sicher. » Morgen nehme ich es vom
Markt«, ruft er. » Gleich morgen!«

Vielleicht kaufe ich Liv in letzter Konsequenz nur wegen
des James-Bond-Fernsehers oder, noch viel wahrscheinlicher,
wegen des Fotos von Dannys kleinen Söhnen, die unter der
Kuchenbude hervorgrinsen. Es ist immer schwer, hinterher zu
sagen, warum man eine Entscheidung getroffen hat. Manchmal sogar ein Mysterium, das Ergebnis eines unerklärlichen,
unaufhaltsamen Drängens.

Einerlei. Liv ist bald unser.

FÜNF

MAST AB

1

MORGENS UM 3.45 UHR klingelt der Wecker. Dies scheint mir ein wenig früh zu sein. Draußen ist es, obwohl Anfang September, dunkel wie im Winter. Meine Frau schläft, mein Sohn schläft, mein Hund schläft, und ich bin mir nicht ganz sicher, wer von den dreien am lautesten vor sich hin schnurchelt. Drunten in der Küche ist es noch dunkler, und es hilft nicht viel, dass ich Licht mache. Ich werfe den Wasserkocher an und schütte wieder einen Berg Nescafé in die Thermoskanne, gieße kochend heißes Wasser drauf und stelle einen Topf Milch auf den Herd. Es gelingt mir, daraus ein Getränk zu produzieren. Um 4.20 Uhr bin ich auf der Straße. Ich fahre nach Nordfünen, Dänemark, um mein künftiges Boot zu enthaupten. In mir ist gar kein Gefühl. Solche Vorgänge gehören dazu, wenn man Bootseigner ist, denke ich, ist sicher ein bisschen unvorteilhaft, gleich mit der härtesten Nuss zu beginnen, aber dann ist die geknackt.

Normalerweise sind zu jeder Tageszeit andere Menschen unterwegs, Bäcker auf dem Weg zur Arbeit, Barhocker auf dem Weg nach Hause. Nicht aber um 4.20 Uhr. Ich fliege durch Hamburgs Gassen, die zwischen den Laternen so dunkel sind wie unsere Küche nachts. Ich frage mich, ob Polizisten um diese Zeit blitzen, aber sage mir, dass es sich nicht lohne. Man könnte meinen, dass auch die Autobahn eine gähnende schwarze Ader in der Nacht ist, aber das stimmt nicht, sie ist der Ort, an dem die Laster leben. Sie überholen sich sehr genüsslich, wahrscheinlich holen sich die Fahrer am Steuer ihren Schlaf. In Deutschlands letzter Raststätte kaufe ich mir ein Croissant, das frischer aussieht als die Kassiererin. Sie bietet mir eine Tüte an, was sie nicht müsste.

»Beginnt Ihre Schicht gerade oder endet sie?«, frage ich leise. Über der Kasse hängt eine Uhr. Es ist 5.27 Uhr.

Die Frau hat dicke gelbe Haare und kleine Augen, über die sie sich nun fährt. »Bis sechs«, antwortet sie.

»Oh, dann genießen Sie Ihren Feierabend.«

Sie bringt es fertig zu lächeln, und ich springe die Stufen zum Auto hinunter, als ginge es um Hundertstel, so wohl ist es mir bekommen, einem Menschen eine kleine Freude gemacht zu haben, und wenn es nur war, dieser Frau die ersten netten Worte des Morgens zu sagen.

Ein grauer Himmel löst die Schwärze ab, ich bin in Dänemark. Kopenhagen ist auf keinem Schild angeschrieben. Das ist merkwürdig. Frag die Deutschen, was ihnen zu ihrem Nachbarn einfällt, und ihnen wird Kopenhagen einfallen, aber wenn sie keine Karte oder ein Navigationsgerät haben, so werden sie Kopenhagen nicht finden.

Ich fahre nach Kolding und weiter Richtung Odense, ich überquere die Brücke bei Middelfart und schaue hinunter aufs schieferfarbene Wasser der Meerenge, des Fjords. Da werden wir durch müssen, denke ich. Es ist kein Schiff auf dem Wasser zu sehen. Um 7.05 Uhr, an einer Ampel, wechsele ich die Schuhe, ich ziehe meine Joggingtreter aus und meine flachen Sneakers an, die auch keine Bootsschuhe sind, aber andeutungsweise so aussehen. Es sind dieselben Schuhe, die beim Törn mit dem Kapitän grausam versagt haben. Das glaubt einem ja kein Mensch, dass einer sich ein Boot kauft, aber keine Bootsschuhe hat. Die kommen auch unter den Weihnachtsbaum.

Danny wartet schon auf mich, drückt mir fest die Hand. Denkt wahrscheinlich längst, dass die Deutschen etwas verschroben sein mögen, aber wenigstens zuverlässig. Ein strammer Wind pfeift durch den Hafen von Bogense, aus dem Café »Marinetten« duftet es köstlich nach Kaffee, aber die Tür ist abgeschlossen.

Um zehn Uhr haben wir den Krantermin. Wofür brauchen wir drei Stunden bis zum Krantermin, ist das nicht übertrieben?, frage ich mich, doch kaum sind wir an Bord, ertönt das helle Hupen, und Danny hat die Maschine angeworfen. Diesmal habe ich mich vorbereitet. Ich weiß, woher der Wind weht, weiß, welche Leine er als Erstes loswerfen wird, weil auf ihr keine Last liegt. Ich halte das Boot vom Nachbarn ab, und langsam gleiten wir aus unserer Box.

Er lässt mich an die Pinne. Ich ermahne mich kurz: links drücken, rechts fahren. Das Gefühl, zu klein zu sein, ist diesmal nicht mehr so überwältigend. Aber es stellt sich wieder ein. Das Wasser im Hafenbecken schwappt unruhig, kein Mensch ist zu sehen, als wir, gebeutelt von der einen oder anderen Böe, zum Kran tickern. Unter »Kran« darf man sich jetzt nicht vorstellen, dass einen ein Monstrum an den Haken nimmt, man freundlich zur Seite tritt, einen heißen Punsch gereicht bekommt und hofft, es werde schon nichts schiefgehen. Vielmehr so: Da steht ein hoher Pfosten in der Gegend herum, mit einem schwenkbaren Arm dran, an dem ein Kabel herunterbaumelt. Das Ganze erinnert ein wenig an einen Galgen, nur dass an dem Kabel ein Haken hängt.

Wir pirschen uns an den Steg heran und machen erst mal fest. Es ist nun nicht so, dass Danny viel spricht. Er fingert hier herum und fingert dort herum, wuscht ins Cockpit, springt an Land, kommt mit Werkzeug zurück, springt wieder nach vorne, schraubt hier, löst und mufft dort. Ich stehe sehr interessiert dabei. Versuche mir alles zu merken und habe es in derselben Sekunde wieder vergessen. Dabei tue ich mein Bestes. Ich habe nicht mal meine voluminöse Jacke an, die mich als Amateur entlarven würde, sondern zwei Fleece über. Dennoch friere ich ein wenig im Wind; Windstärke sechs bis sieben bei 17 Grad ist kein Watteschlecken.

»Das Gute ist«, lässt sich Danny auf einmal vernehmen, »die Segel werden pro Jahr nur zweimal angefasst, am Anfang der Saison kommen sie drauf, am Ende wieder runter.«

»Hört sich gut an.«

»Als Erstes die Genua.« Er spurtet nach vorne.

Was in den nächsten Minuten passiert, daran erinnere ich mich später nur schemenhaft. Es ist zu viel für mein Hirn, das Betriebsanleitungen nicht liebt.

Die Genua rausfummeln und zu einem handlichen Paket falten. Nach der Genua das Groß runter. Der Baum ist fällig. Wir legen ihn unter Deck. Dann die Wanten. Das TV-Kabel. Oh Gott, das Kabel! Da muss man sich winden, in der Toilette um die Tür herum, aber im Winden bin ich schlecht. Danny ist ein Winder, gar keine Frage, einer wie mein Bruder, der auf Knien robbend über Kopf, mit der Schraube zwischen den Lippen, »La Cucaracha« pfeift.

So. Die Wanten sind gelöst, die den Mast halten, und mehr oder weniger, so habe ich es zumindest verstanden, steht der Mast jetzt frei. Er schwebt, wenn man so will. Elf Meter Alumast und schweben. Wer ihn hält? Ich weiß es nicht. Danny springt zur anderen Seite des Krans und befestigt eine Leine, sodass der Arm des Krans weiter herumschwingt. Wieder hechtet Danny an Land und bringt aus seinem Wagen einen dicken Draht mit, dessen Spitze er in die Höhe hält wie einen Kriegsspeer. »Unser Wunderding«, verkündet er, »die Länge stimmt haargenau.«

Er spannt diesen Draht in einen Haken am Mast, so habe ich es zumindest gesehen, und hängt das andere Ende in den Haken des Krans. Wirklich präzise vermag ich das nicht zu beschreiben, ich wünschte, es wäre anders. In jener Minute aber leuchtet mir all das vollkommen ein, es ist, als hätte ich die Gesetze der Mechanik begriffen, doch bald umhüllt mich wieder die Watte des Nichtverstehens. Jedenfalls sind wir plötzlich so weit. Der Haken hat den Mast am Haken.

»Pass auf, dass er nicht abhaut und über Deck rutscht«, ruft Danny.

Ich umfasse den Mast mit beiden Händen. Seine glatte Oberfläche fühlt sich kühl an. In der Ferne bauen sich riesige dunkle Wolken auf, die den ganzen Horizont ausfüllen. Mir scheint, als ziehe bald ein Gewitter auf. Ich bin mir nicht sicher, ob ich einem Gewitter mit einem Alumast vor der Brust entgegentreten sollte wie Don Quijote einer rasend gewordenen Windmühle.

»Da kriegen wir ganz schön eins übergebraten!«, rufe ich.

Danny nickt. »Viel Regen.«

Er lacht, lacht tatsächlich, und drückt mir das Kabel des Krans und das Profil des Vorsegels in die Hand. Ich presse beide Füße fest an Deck und versuche, eine Art Gleichgewicht zu finden. »Der Mast darf nicht abhauen«, hat Danny gesagt. Er ist verdammt schwer, dieser Mast, das spüre ich. Ich stehe da und rege mich nicht. In meinen Eingeweiden merke ich, wie sich der Mast ganz langsam bewegt. Er will wirklich abhauen. Für einen Augenblick denke ich, dass ich es bin, der ihn ganz allein halten muss, emporrecken in die Luft. Und was, wenn er zur Seite fiele, auf den hölzernen Steg oder, schlimmer noch, ins Wasser oder, noch viel schlimmer, aufs Boot? Zu fragen wage ich nicht (warum eigentlich nicht? Um mich nicht noch lächerlicher zu machen?), aber mit jeder Sekunde gewinne ich mehr den Eindruck, als würde ich ganz allein den ganzen verdammten Mast halten. Ich fange an, ihn auszubalancieren. Es ist sehr viel Mast für sehr wenig Mann. Ich spüre, ich werde das nicht schaffen. Kann doch nicht allein diesen magersüchtigen Turm halten, der wankt im Sturm, der weg will mit mir; ich spüre, wie er zieht.

»Es ist alles sehr einfach, wenn man sich auskennt«, hat Danny gesagt. Und nun stehe ich hier und halte den Pfeiler der Welt in den Händen.

Hinterher erst werde ich begreifen, dass ich nur auf den Mastfuß hätte aufpassen müssen, dass er nicht wandert, nicht wandern kann, hängt der Mast oben doch am Haken. Aber ich halte ihn fest, als wäre ich sein einziger Halt – der Mast des Mastes, das bin ich. Kann sich einer vorstellen, wie anstrengend das ist? Bei Windstärke sie-hie-ben! Ich schwitze unter meinen zwei Fleecepullis. Ich sehe das Boot zerschmettert. Ich sehe mich zerschmettert. Und mitten hinein in diese

Umarmung, ist mir mit einem Mal nicht mehr klar, ob nun ich den Mast halte, oder der Mast den Kran, oder mich der Haken. Alles ist verbunden, das ist unzweifelhaft so, aber ich könnte nicht sagen, wie. Für gewöhnlich bilde ich mir etwas darauf ein, einen kühlen Kopf bewahren zu können, wenn es eng wird, etwa, wenn sich beim Schreiben eine Deadline mit tödlicher Unerbittlichkeit nähert. Aber hier kann ich keinen klaren Gedanken fassen. Es wunderte mich nicht, wenn als Nächstes ich in den Himmel wanderte, hinaufgezogen vom Haken, und dort baumelte im Wind, aufgehängt an meinem eigenen Galgen.

Was Danny treibt, sehe ich nicht aus meiner Position – ich sehe vor allem Mast –, aber daran vorbeilugend bemerke ich, wie ein Auto vorfährt und ein grau melierter Mann aussteigt, der mich und Danny anschaut und uns schnell etwas auf Dänisch zuruft, das ich weder als Lob noch als Drohung zu deuten vermag. Mit den Augen bezieht er mich in das Gespräch mit ein, was ich als ungeheuer freundlich empfinde, ich würde ihm gern die Hand drücken und ihn fragen, was er bloß an einem Donnerstagmorgen um acht Uhr im Hafen mache, aber ich habe leider gerade keine Hand zur Hand. Der Mast scheint dem Manne höchste Sorgen zu bereiten, beziehungsweise die Technik, mit der ich ihn halte, jedenfalls deutet er auf mich und den Haken am Draht.

Danny sagt ein paar Sätze, dann wieder der Fremde, so wogt das hin und her, und bis zuletzt bezieht der andere mich ins Gespräch ein. Ich kann nicht mal mit den Schultern zucken. Das erledigt abschließend der Mann für mich, er wendet sich ab, setzt sich in seinen Volvo und biegt um das Klubhaus. Verschwunden.

»Was wollte er?«, frage ich, als Danny schweigend weiterschraubt.

»Er hatte Angst, dass der Mast umstürzt«, erklärt Danny, ohne aufzublicken.

»Ah ja.«

»Er hat unseren Wunderdraht nicht gesehen.«

Nochmals für ein paar Jahre: Mast sein.

»So, dann wollen wir mal.« Danny drückt mir das Vorsegelprofil und drei weitere Wanten in die Arme, dazu noch den Joystick, der den Kran steuert. Ich komme mir nun allmählich etwas überladen vor. Mir ist zudem rätselhaft, wie man den Arm des Kranes in Richtung Land bewegen kann mit nur zwei Seilen, die von links und rechts Zug entwickeln.

Endlich schnappt sich Danny den Joystick, mir wird ganz leicht, und der Mast schwebt in seiner ganzen Pracht am Haken. Plötzlich bin ich vergleichsweise überflüssig. Wo der Mast stand, ist nur ein schmaler, ein paar Zentimeter tiefer Spalt zu sehen, der sonst den Fuß des Mastes aufnimmt.

»Das ist die ganze Verankerung? Das bisschen soll den ganzen Druck aushalten?«

»Genügt.«

Liv sieht sehr nackt aus ohne das Rigg. Unsexy. Es gehört sich nicht, ihr das anzutun.

Wir hieven den Mast vorsichtig auf einen zweirädrigen Wagen und beginnen ihn die hundert Meter in Richtung der Holzhütten zu rollen. Ich bin der Vordermann, aber ich halte nicht lange durch. Weil hinten die Antenne ist, und die Antenne nicht den Asphalt berühren soll, muss ich vorne ganz tief gebückt gehen. Das Praktischste wäre der Entengang, aber halte den mal durch, mit einem halben Mast im Arm und dazu dem ganzen Kabel-Kladderadatsch! Nach zehn Schritten gebe ich auf. Meine Lendenwirbel stehen einen Mikromilimeter vor der Implosion.

»Sorry«, krächze ich, »ich habe zu lange zu viel Volleyball gespielt, mein Rücken ist im Eimer. Und den Mast vorhin empfand ich auch eher als Belastung.«

»Heh, kein Problem«, erwidert Danny tonlos, und von da an watschelt er vor mir den Weg entlang. Es ist mir sehr unangenehm, aber was soll man machen? Beim nächsten Mal, so nehme ich mir vor, werde ich einen Mastroller engagieren, irgendeinen klein gewachsenen Leistungsturner, der das Ding im Laufschritt in sein Winterlager befördert.

Schließlich ruht der Mast in seinem Gestell. Nun wartet der Tüddelkram. Es gehört zu den Dingen, die ich fürchte wie wenig anderes: Salinge raus, das sind die Seitenarme des Riggs. Kabel und Leinen zusammenlegen. Ich habe ein verborgenes Talent, das von wenigen Menschen geschätzt wird: Wenn ich eine Leine aufschieße, also zusammenrolle, bringe ich es binnen weniger Sekunden fertig, dass sie sich völlig verheddert hat. Eben noch nehme ich fröhlich pfeifend ihr Anfangsstück in die Hand, schaue wohlgelaunt in die Landschaft, freue mich, wie sicher ich Hand für Hand die Buchten folgen lasse, da schaue ich kurze Zeit später wieder hin und ahne schon, was mich beim Ausrollen erwarten wird. Zugleich ist mir aus mysteriösen Gründen nicht möglich, eine eben aufgeschossene Leine sogleich wieder zu entwirren. Als sei es eine Sache des Gefühls. Natürlich wirkt sich das auf einem Segelboot durchaus nachteilig aus, da es diesem ohnehin in der Natur liegt, Leinen zum Verheddern zu zwingen. Ich werde es also lernen müssen. Ich kann mir nicht vorstellen, dass ich es lernen werde, so wie man das Partizip im Französischen lernt – irgendwann kann man es eben –, sondern ich halte es für weitestgehend unmöglich. Ich kann einer Leine meinen Willen nicht aufdrücken, aber genau das werde ich bald tun müssen. Brutal.

Wenig später ist Liv aus dem Wasser gehievt und an Land gebracht, das Unterwasserschiff abgespritzt. Im Klubhaus unterzeichnen wir den Vertrag, den ich vorher auf Englisch aufgesetzt hatte. Formloses Ding. Wir drücken uns schweigend die Hand. Liv steht draußen auf ihrem Bock, auf dem Parkplatz des Yachthafens von Bogense, Fünen, ganz vorne rechts, und es fällt mir schwer, sie allein zurückzulassen. Ein langer, einsamer Winter erwartet sie, voller Schnee, Frost und Stürme. Steh es durch, Mädchen.

2

ICH BIN EIN KAPITÄN, als ich nach Hause komme. Ich halte Livs Pinne in der Hand, die uns den Weg weisen wird. Unsere Pinne.

Meine Frau schneidet im Garten Margeriten in der Abendsonne, sie sitzt auf der Treppe zu unserem Holzdeck, für das unser Kumpel drei Jahre brauchte, um es in die Landschaft zu rammen. Mein Sohn döst im Schatten des Lorbeerbaums, und mein Hund hopst vor Freude im Karree. Ich gebe zu, ich habe alle Hände voll. Und im Kofferraum wartet der Rest, noch mal elf Hände Arbeit.

»Was ist denn das hier?«, fragt Anna unheilvoll.

»Unsere Pinne. Das ist unsere Pinne.«

»Und das da?«

»Unsere Segel. Das sind unsere Segel.«

»Wo sollen die denn hin? Was sollen wir denn mit denen?«

»Reinigen und schön trocken lagern, am besten im Heizungskeller.«

Sie guckt skeptisch, und als sie wenig später den Heizungskeller inspiziert, höre ich ihren Schrei der Empörung von ganz weit weg. Der Heizungskeller war bereits zuvor einigermaßen vollgestellt, weil ich auch beim Wegwerfen meine Schwächen habe, doch auf Annas Frage, wo wir denn nun die Wäsche trocknen sollen, antworte ich listig: »Mit dem Trockner, den uns deine Eltern geschenkt haben, dafür brauchen wir doch nicht mehr den Heizungskeller.« Aber ich vermute, mit Logik kann ich hier nicht punkten. Es ist auch alles nicht so schlimm. Man kann sich schon noch bewegen im Heizungskeller, die Kunst ist nur, in den Raum hineinzukommen. Das Großsegel zerteilt ihn wie ein Eichenstamm.

3

EINE ECKE DES GENUA-SEGELS ist eingerissen, das Tape abgefallen, das diese Ecke improvisiert zusammengehalten hatte. Muss da nachtapen. Könnte ich selbst reparieren. Aber hält das? Vor allem, wenn es sein muss, bei auffrischendem Wind, wenig Zeit, wenig Nerven, vertüddelten Leinen? Ich nehme mir vor, es bei einem Segelmacher vorbeizubringen. Gleich nächste Woche. Aber ich vergesse es erst mal, denn unsere Freunde aus Tübingen kommen uns besuchen, Pit und Wencke, die mit dem G'schössle vom Bodensee. Bald eröffnet die »Hanseboot«, und wir können natürlich nicht dran denken, nicht hinzugehen. Mail-Geplänkel gen Süden:

> *Wir treffen uns mit einem minutiösen Schlachtplan, der ALLE Messehallen berücksichtigt, vor allem die Aussteller der Kardanwellenanlagen, die Hubschraub-Pinnenlager sowie die Wantrückschlagspüttings-Muffen. Hach, wir freuen uns!*

Der große Tag steigt Ende Oktober, es ist warm und regnerisch. Als Erstes Pflichtbesuch am Stand des Großserienfabrikanten Bavaria, so etwas wie der Volkswagen unter den Yachtbauern. Die Boote sausen zu Tausenden auf den Meeren herum, sie sind robust genug, sechs weiblose Wuppertaler zu verkraften, die sich mit ihren Kumpels aus Bremen harte Regatten liefern, bevor sie um halb drei den Anker ins Wasser schmeißen, um sich volllaufen zu lassen.

Wer Bavaria mag, sagt, die seien doch gar nicht so schlecht. Wer sie nicht mag, verspottet sie als Plastikeimer, aber so böse wollen wir nicht sein. Interessant zu sehen, wie viel mehr Platz die heutigen Designer aus derselben Länge herausfräsen, 31 Fuß. Der breite Hintern ermöglicht eine Achterkabine. Aber Liv würde ich dagegen nicht eintauschen wollen.

Es riecht, und das kommt mir komisch vor, ein wenig nach Urin auf diesen Messebooten. Dabei ist es ja so, dass man sich

Überzieher aus Plastik über die Schuhe streift und damit im Cockpit und im Salon herumschlurft. Meist steht man sich auf den Füßen herum. Man möchte sich nicht berühren, berührt sich aber. Vorne legt sich ein Schnauzbart auf die Doppelkoje, man späht ebenso hinein, und im Salon sitzt Jack Wolfskin, der mault: »Entscheidend ist immer die Fußfreiheit, damit man sich nicht ständig kabbelt. Die gibt es hier gar nicht mehr. War früher viel besser.« Auf Liv war der Typ nie zu Gast.

4

VON DANNY KEINEN MUCKS, und mit jedem Tag entfernt sich das Gefühl, dass es bald losgehe. Ich merke, wie ich es genieße. Kann mir keiner vorwerfen, ich nähme das alles zu leicht. Mit jedem kühlen Morgen spüre ich, wie die Last schwindet, diese niederdrückende Verantwortung eines verantwortungsbewussten Skippers.

Der letzte wärmere Tag des Jahres, Anfang November. Neustadt in Holstein, ein Fjordhafen wie in Schweden. Dass es so was so nah bei uns gibt! Ein Küstenwachenschiff dampft hinaus, präzise Linien ins Wasser malend. Ein paar Segel ziehen ihre Bahn. Die Stimmung im Hafen wie gemalt. Nichts war los eben am Strand zu Pelzerhaken, nur ein paar Kilometer weiter, Wildgänse im Wasser. Wir sitzen jetzt draußen im »Klüvers«, dem Brauereigasthaus mit dem bitteren Bier und dem klaren Blick, die Sonne über einer Wolkenbank, die Liegeplätze fast leer, doch vor uns eine Yacht, ihr Mast kratzt am All.

»So hoch ist unserer auch«, sage ich, »wow, was?«

»Wie hoch ist das?«, fragt Anna.

»Um die zehn Meter.«

»So hoch wie der Sprungturm von Steinbach. Doppelt so hoch wie der von Bühl.«

Da kommen wir her, aus Badens Mitte, wo die Sprungtürme der Freibäder den Ruf einer Stadt begründen.

»Kletter rauf und spring runter.«

Sie lacht. »Dafür ist er zu dünn.«

In dieser Sekunde trudelt eine SMS des Kapitäns ein, der gerade sein Boot von Dänemark nach Wedel überführt. Dort oben seien Hagel und Sturm, und:

Der verrückte Fotograf an meiner Seite segelt barhändig bei Schauerböen um die 8. Wolf Larsen dagegen ein Müslifresser. Stoßen gen Elbe durch. Schnapsvorräte dramatisch gesunken. Ende. U47.

Wolf Larsen ist Jack Londons »Seewolf«, und der verrückte Fotograf ein gemeinsamer guter Freund. Der segelt, wie er Auto fährt und Bäume fällt, immer volle Pulle.

Anna grinst, als sie das hört, krächzt: »Würg!« Tut, als wolle sie sich übergeben. »Mein Teufelsskipper«, flüstert sie liebevoll und fährt mir durchs Haar. »*The skipper from hell.* Aber weißt du was? Ich helfe dir.«

Und so steigt Anna endgültig ein, sie kann sowieso bessere Knoten. Der Schrecken in ihren Augen ist einer vorsichtigen Begeisterung gewichen. »Aber was werden wir mit Pumba machen?« Sie streichelt jetzt unseren Hund, der, wenn er sich der Länge nach ausgestreckt hat, vom Schnauzer bis zum Schwanz von Hamburg bis Bogense reicht.

»Sie kommt mit, wenn wir es gut genug können.«

»Und unser Sohn?«, wispert sie, als wir zu Hause sind. Sie zeigt auf den kleinen Mann, der schon ein halbes Jahr alt ist und schlummernd in der Ottomane im Wohnzimmer liegt wie in einem Himmelbett, die Augen vor den Händen. Man möchte ihn am liebsten packen und hoch in die Luft werfen vor Rührung, aber ich hätte Sorge, dass sie ihn da oben im Himmel einfach bei sich behielten.

»Und unser Sohn auch«, flüstere ich zurück.

Zwei, drei Wochen danach meldet sich Danny:

*Liv ist abgedeckt, aber bisher nur auf Deck, weil,
wenn es sehr windig wird, würde die Plane am
Rumpf scheuern, und das würde ein paar Kratzer
verursachen. Daher warte ich, bis es kälter geworden ist. Keine Sorge, wir kümmern uns gut um die
Lady.*

Seine Nachricht stimmt mich fröhlicher, denn es ist einer dieser
Tage, die einen zweifeln lassen, ob man nicht alles kurz und
klein schlagen sollte. Morgens hatte ich mich in der Redaktion gestritten, das alte Lied, Reibung erzeugt Funken, aber
der Hals wurde mir eng. Melville ließ seinen Ishmael in einer
derartigen Stimmung auf einem Walfänger anheuern, aber
solche Walfänger gibt es heute nicht mehr. Man muss sich also
etwas anderes suchen. Da ist ja aber Hamburg gut. Wenn
einem der Hals zu eng wird, muss man keinen Leuten den Hut
vom Kopf schlagen, man muss nur an die Elbe, die macht ihn
wieder weit, und wenn noch die Sonne scheint, eine klare
Herbstsonne, die blendet, aber nicht sticht, die wärmt, aber
nicht stört, dann reißt die Elbe einem den ganzen Kragen auf,
und die Luft fährt einem in die Glieder.

Vom Horizont, wo die Wellen hinter den Kränen ver-
schwinden, da kommt die Luft her, das Wasser glitzert, als
wäre es flüssiges Aluminium. Am kleinen Hafen neben dem
Feuerschiff schaukeln die Segelyachten, ich schaue sie mir von
oben an und denke, meins ist nicht kleiner. Meins könnte da
jetzt liegen. Reinspringen und die Segel setzen und hinaussegeln, weg. Ich könnte lossegeln und in Australien wieder an-
landen, im Sydney Harbour, und bald auf der Terrasse des
»Manly Wharf Hotels« sitzen und erst mal ein kühles Vic-
toria Bitter zischen. Das ist ein guter Gedanke. Schon fällt es
einem viel leichter, nach der Mittagspause wieder ins Büro zu
tappen und zu schwatzen, bis einem der Kamm schwillt.

Da draußen wartet ja der Wind.

SECHS

ÜBERWINTERN

1

DIE KÄLTE bricht über uns herein wie ein Haken ans Kinn. Es wird, das ahnen wir, ein Winter werden, wie er in unseren Breiten nicht mehr vorkommt, nicht, seitdem die Klimakatastrophe beschlossene Sache ist. So einen Winter gab's nicht mal, als ich klein war und ganze Winter damit verbrachte, meine Nase an die Fensterscheibe zu pressen und die Schwarzwaldhügel zu betrachten, wo sie ganz oben Schneisen in den Wald geschlagen hatten, für Skipisten. Die warteten auf den Schnee wie ich. Wenn ich nur fest genug nach oben schaute, dachte ich, würde ich die Flocken als Erster sehen, dunkel gegen den grauen Himmel, aber sie kamen selten, und wenn sie gekommen waren, machten sie sich schnell wieder aus dem Staub.

Mir braucht also keiner sagen, dieser Winter in Hamburg sei doch nur ein Winter. Es ist ein Winter wie aus den Büchern von Astrid Lindgren. Es schneit, und der Schnee bleibt liegen. Es schneit mehr. Es schneit noch mehr. Und noch ein bisschen drauf. Es friert in der Nacht, und es friert am Tag. Manchmal taut es ein wenig und zieht wieder an. Es taut kräftig, doch sofort erstarrt die Welt wieder im Frost. Bald hat sich ein Eispanzer übers Land gelegt, fünfzehn, zwanzig Zentimeter dick, der wochenlang jeden Fußmarsch zur Schlitterpartie macht. Hamburg kapituliert. Die Streufahrzeuge bocken, das Salz geht aus, die Alten trauen sich nicht mehr auf die Straße. Die Außenalster ist zum ersten Mal seit 13 Jahren wieder zugefroren, und dies nicht nur für ein paar Tage. Am Elbstrand schieben sich knirschend die Eisschollen ineinander. An den Landungsbrücken liegen die alten Pötte wie mit Zucker überzogen, kein Hauch regt sich, die Welt ist an manchen Morgen so trostlos, wie sie Cormac McCarthy in »Die Straße« beschreibt – nur ist seine Welt die eines atomaren Winters. Unsere Sonne ist verschwunden. Ich weiß nicht, wo sie hin ist.

Am Himmel hängt sie jedenfalls nicht mehr. Wir schlittern durch eine helle, erstickende Ursuppe. So geht der Januar ins Land, es schneit der Februar herein, und ein Film aus feiner Seife legt sich auf das Eis.

Eines Morgens, als ich mit Pumba durch den Wald kurve, der nicht weit von unserem Haus beginnt, begreife ich, was unseren Hund antreibt. Pumbas Gesetz: Halte die Nase nicht in die Luft, du verpasst das Beste. Schon lange hätte ich es studieren müssen, aber nicht immer ist man so wach, wie man sein sollte: Die Natur spricht mit uns, man muss nur ihre Zeichen lesen können. Pumba liebt es, die Schnauze in irgendwelche Schneelöcher oder Fußstapfen zu stecken und hineinzupusten, dass es stäubt. Ihre Tatzen sind von Schneekugeln umhüllt, ihr schwarzer Bart färbt sich weiß, sie sieht älter aus und männlicher. Sie tobt begeistert, seit sich ihr Revier so gewandelt hat, und an diesem Tag sehe ich mir die Spuren im Schnee genauer an, wie eine Eingebung, und erkenne die verschiedenen Sohlenprofile, Schrittlängen, Verwehungen. So sehen Hunde die Landschaft immer, oder vielmehr, so erschnuppern sie sich ihr Bild der Welt. Jedes Lebewesen zieht seine Bahn, und seine Furche ist noch lange in der Luft, zu riechen für den, der riechen kann. Und nun im Schnee sogar zu sehen für den, der sehen will. Wenn ich eine Stunde mit Pumba gehe, habe ich fünf bis sechs Kilometer in den Beinen. Sie läuft das Fünffache, schätze ich. So erschafft sie sich, weil sie fleißig und genau ist, eine laufend aktualisierte Karte ihrer Welt.

Ich nehme mir vor, beim Segeln genauso wach zu sein wie Pumba im Wald. Wacher als sonst im Leben.

2

ALLE ZWEI WOCHEN flattert die neue *Yacht* auf den Tisch und möbelt mich jedes Mal auf. Ich kaufe mir dazu *Segeln* und *Palstek*, die tun auch ihr Bestes. Vitaminstöße, die leider schnell aufgezehrt sind, spüre ich doch, wie mir das schwer erkämpfte Segelgefühl zwischen den Nervenenden zerrinnt. Die Verantwortung fürs Boot nochmals für ein paar Monate los zu sein ist gewiss kein Fehler. Aber die ganze innerliche Haltung, die tapfere Bereitschaft, zum Seemann zu reifen, kommt mir mit jedem Tag ein wenig aufgesetzter vor.

Wenn ich unseren Kinderwagen durch die Eisrillen zwinge, während unser Sohn darin im Gewühl der Decken und Mützen schläft und von beneidenswerten Dingen träumt, sehe ich nicht mehr hinauf auf der Suche nach Wolken, sondern nur mehr auf den Boden. Mühsam hatte ich mir selbst die Gewissheit aufgeschwatzt, dass ich das schon hinkriegen werde, das Bootshandling, die tausend Handgriffe, die wie von selbst kommen müssen.

Heute, an einem Tag im Februar, in einem ruhigen Café in Hamburgs Portugiesenviertel, einen *Galão* dampfend vor mir, komme ich mir vor wie ein Tölpel, ein Wahnsinniger. Ich zweifele nicht nur an mir und meinem Plan, ich habe das Urteil gesprochen. Es ist vernichtend. Am liebsten würde ich mich ohrfeigen, aber das änderte auch nichts. Es steht außer Frage: Ich bin in der Krise. In meiner ersten Segelkrise. Vielleicht ist es das Eis, das sich mir auf die Seele gelegt hat, vielleicht ist eingetreten, was ich gut kenne – man kann sich nach langen grauen Monaten nicht mal mehr *vorstellen*, dass jemals wieder die Sonne scheinen, schon gar nicht, dass sie uns jemals wieder wärmen wird. Aber es ist eben auch mehr. Ich bin nicht mehr in Segelform.

Unser Sohn beginnt zu rutschen, zu robben, zu krabbeln in diesem Winter. Vom Christkind hat er zu Weihnachten eine Schwimmweste geschenkt bekommen – und Pumba auch –, aber wir haben sie ihm noch nicht angezogen. Es erschiene uns unangemessen. Wir verkriechen uns abends zu Hause und zünden ein Feuer im Kaminofen an. Wir schauen »Lost«, fünf Staffeln, und als wir durch sind, ist der Winter immer noch da. Und der Sommer so weit wie ein Flug zum Mars.

Irgendwann mailt Danny, dass Liv gut verpackt sei und wir uns wirklich keine Sorgen zu machen bräuchten. *Danke*, schreibe ich zurück, etwas desinteressiert klingend, fürchte ich, *Ihr macht das schon*. Nur Pit verbreitet von Tübingen aus Optimismus: »Haltet schon mal den Tauchsieder in die Ostsee!« Einer muss ja dran glauben, dass es wirklich klappt. Anfang April soll es soweit sein, da segeln wir Liv von Bogense herunter, und in den ersten Märztagen schließe ich mit Pit eine Wette ab, dass wir Eisbären treffen. Einmal gehe ich in die Kantine mit Schwarz, der nur ein paar Meter Luftlinie entfernt von mir arbeitet, aber einen Stock über mir und in einer geringfügig weniger aufgeregten Umgebung. Mit einem wie Schwarz in Reichweite braucht einem nicht bange sein. Werden uns wahrscheinlich im Sommer häufiger sehen, denn er hat auch ein Boot in dem kleinen dänischen Hafen, ein Folkeboot. Spät hat er mit Segeln begonnen, aber als Windsurfer lernt man das rasch.

»Das geht schon«, sagt Schwarz gerne, das sagt er auch jetzt. Aber mit seiner leisen, tiefen Stimme und dem eindringlichen Blick aus grünen Augen erzählt er, dass er im Kleinen Belt zwischen Fünen und Jütlands Küste noch jedes Mal auf die Schnauze bekommen habe, dass da fast immer eine steile Welle drin stehe, dass man ein Schießgebiet umrunden müsse, und überhaupt, die ganze Strecke von Bogense in den Sund von Sønderborg sei nicht ohne.

»Na ja, was ist schon ohne in dieser Welt?«, erwidere ich. (Das schreibe ich jetzt wieder so hin. Das denke ich aber leider nicht. Ich denke viel eher: oha!)

»Einpicken und vorsichtig sein, so geht das schon«, fährt er fort. »Dann ist die Chance hoch, dass nix passiert.«

»Die Chance muss gleich null sein. Wir haben zwar unseren Kleinen nicht dabei, aber wenn es bläst und da eine Mörderwelle im Belt steht, werden wir's verschieben.«

»Würd ich dir auch raten. Schippert sonst schön ein bisschen da oben rum.«

» Vielleicht versuchen wir's ja auch. «

» Vielleicht habt ihr ja Glück. «

Wir mampfen weiter. Ich will so tun, als glaubte ich echt, dass es klappt. » Unser Hafen macht erst am 10. April auf, wir werden aber Tage vorher einlaufen, was heißt denn das? «

Gestern steckte nämlich ein Brief im Kasten, nein, kein Brief, mehr eine Rechnung dafür, dass wir im Hafen des Alten und des Kapitäns angenommen worden sind. Ein Festtag, denn es ist nicht leicht, da unterzukommen. Aber mit einem knorrigen dänischen Boot und Freunden wie den unseren schon.

Schwarz nickt und lächelt düster. Er muss gar nichts groß tun, um düster zu lächeln. Er hat ein Gesicht, das einem sofort Vertrauen einflößt, aber wenn er seine Brauen nur ein klitzekleines bisschen wölbt, macht ihm in Sachen Düsterkeit niemand was vor. » Das heißt «, sagt er, » dass die Möwenkacke so hoch auf den Stegen liegt wie das Eis jetzt bei uns auf den Gehsteigen. Die feiern im Winter und bis in den Frühling hinein, bevor unsereins kommt, eine ewig lange Möwensause. Das ist glitschig, das stinkt, da möchtet ihr nicht sein. Ihr werdet durchgefroren ankommen und wollt erst mal 'ne heiße Dusche. Macht lieber in Sønderborg fest, die haben schon offen. «

Wenn wir so weit kommen, denke ich beklommen.

» Wenn ihr so weit kommt «, sagt Schwarz fröhlich, aber gucken tut er anders.

3

DER SCHNEE BEGINNT am 1. März zu schmelzen, ein Vorgang, der sich sehr in die Länge zieht. Ich lese die letzten Seiten in einem Buch von Jonathan Raban, das mich durch den Winter getragen hat. Raban hatte sich in seiner elf Meter langen Ketsch die Westküste Kanadas hinaufgearbeitet, aber fragen Sie mich nicht, was eine Ketsch ist. Es ist auch deswegen ein tolles Buch, weil Raban erst als Erwachsener das Segeln gelernt hat. Man fühlt sich bei ihm nicht so demütig wie bei all den anderen, bei denen es schon auf dem Klappentext heißt, dass sie einen Kap-Hoorn-Daddy haben, mit drei ihr erstes Segelboot kauften, mit fünf den Ärmelkanal überquerten und seitdem auf der Suche nach neuen Herausforderungen sind. Ich lese von Gezeitenströmen mit sagenhaften 25 Knoten und wiege dabei meinen Sohn im Arm. Wir rauschen gemeinsam durch die Schluchten, unser Boot wird ganz schön hin und her geworfen, mit vielen Plumps und Platschs, aber er kräht nur vor Freude, als wäre es nix. In seiner Bordbibliothek – also in Rabans, nicht der meines Sohnes – hat er Berichte der frühen Entdecker gesammelt. Das ist auch was, notiere ich mir: Eine Bordbibliothek ist ganz wichtig. Vielleicht das wichtigste. Lauter gute Geister an Bord zu haben, vertreibt auf See die Einsamkeit.

Rabans Reisebericht ist ein Buch, aus dem man was lernt, zum Beispiel: Kapitän Vancouver, der englische Navy-Offizier, der vor mehr als 200 Jahren die Pazifikküste von Kalifornien bis hoch nach Alaska erkundete, war ein rechter Fiesling, grausam, kleinwüchsig, missgünstig. Die Indianer der Küste fühlten sich auf dem Wasser sicherer als an Land, aha. Noch heute kann man an den Stränden dort die Glasperlen finden, die Engländer und Spanier damals unter den Leuten verteilten, so viele, dass es eine echte Inflation gab, auch die Indianer hielten sie bald nur noch für Tand. Am Ende dieser Reise wird Raban seine Frau verlieren, die Mutter ihres gemeinsamen Kindes. Sie fliegt zu ihm hoch nach Juneau, Alaska – der Bursche hat es in seiner Ketsch bis nach Alaska geschafft! –, sie steckt sich eine Zigarette der Marke »True« an und eröffnet ihm, eine Trennung sei besser für sie beide. Dann geht sie und nimmt die Tochter mit. Zurück an Bord bleibt nur der halb volle Saftkarton mit dem geknickten Trinkhalm seiner Kleinen.

Es sei ein Problem mit den Frauen und den Booten, so heißt es, aber ich halte das für Quatsch.

Knietief durch angetauten Schnee stapfe ich der Erlösung entgegen, ohne es zu ahnen. Es ist schon lange kein Spaß mehr. Wir leben wie unter einer Eisglocke. Dieser Morgen beginnt ganz harmlos, dank eines jener Spaziergänge mit Pumba, die oft nervenzerfetzend sind oder mindestens ein großes Spektakel. Man weiß nie, ob sie andere Hunde in den Wald jagt, selbst in den Wald gejagt wird, nass geschwitzt im See endet (wenn der nicht gerade zugefroren ist) oder vor einem seltsam geformten Blatt, das der Wind über den Weg treibt, Reißaus nimmt. Ihre weisen, unergründlichen Augen verbergen sich hinter langen Schnauzerbrauen, aber an diesem Morgen ist etwas anders. Sie schaut mich auch anders an. Zuerst weiß ich nicht, was es bedeuten könnte. Pumba erscheint mir seltsam erregt, als stünde Großes bevor. Als wir ihre Lieblingswiese erreichen, deren schwere weiße Hülle von Hundepfoten zerrupft ist, schaue ich aus Versehen nach oben. Der Himmel ist unbekannt scharf. Und jene weiße Kante, die am Horizont hängt wie eine Gardinenstange! Was …? Etwas Grelles, Leuchtendes schiebt sich über diese Kante, und da erkenne ich sie wieder. Die Sonne.

Ich bleibe stehen, weil es so schön ist. Ich schließe die Augen und spüre, dass auch die Sonne keine Lust mehr auf den Winter hat. Aus dem Nirgendwo zwitschern Vögel, die vorher verstummt waren. Ich höre ein Hecheln, und als ich die Augen aufmache, sitzt Pumba neben mir, wie um es mir gleichzutun. Aber sie ist ein schwarzer Hund, schwarze Hunde mögen eigentlich keine Sonne, und zuerst denke ich, ihre Gier gilt nicht den Strahlen, sondern den Schmackos in meiner Jackentasche. Doch dann sehe ich sie blinzeln und begreife, es geht ihr wirklich wie mir. Eine kleine Art von Geburt.

»Genießt du das, meine Kleine?«, frage ich. Sie schüttelt sich, dass die Ohren schlackernd gegen den Schädel schlagen. Vielleicht ist das ein Ja. Pumba ist alles andere als klein, manche würden gar sagen, sie sei ein stattlicher Hund, aber wir nennen sie eben so, auch weil ihre Brüder viel größer sind.

Langsam setzt sich unser Zweierteam wieder in Marsch. Ein goldener Schleier liegt über den Bäumen, in deren eisüberzogenen Ästen sich das Licht tausendfach bricht. Es geht kein Wind, doch genau dies ist der Moment, von dem ich am Abend sagen werde, er sei es gewesen, in dem sich alles gewendet habe. Seitdem sind wir wieder zurück. Seitdem bin ich wieder segelfähig. Zu Hause nehme ich mir ein Buch zum Segeltrimm und kämpfe mich durch Auftriebskräfte und Widerstands-Theorien. Pure Physik. Purer Irrsinn. Trotzdem behalte ich ein bisschen was. Ich bin endlich wieder in Kampfeslaune, und in Kampfeslaune strebt man nicht unbedingt einen klaren, rauschenden Sieg an, es reicht ein knapper, zäh errungener. Das sind die schönsten.

4

LIV INS WASSER zu hieven: Dieser Tag rückt verdammt schnell näher. Mitte März sehe ich den letzten traurigen, schmutzigen Restberg Schnee. So schreibe ich:

> *Hej Danny, können wir den 6. April schon mal reservieren? Weil da sind unsere Freunde im Lande, und meine Schwiegerelten passen auf unseren Sohn auf, halb Süddeutschland kommt hoch in den Norden, das müsste bitte schön klappen.*

Der Hafenmeister könne noch nichts sagen, antwortet Danny, oder er wolle nichts sagen, man wisse das ja nie bei Hafenmeistern, jedenfalls sei das Hafenbecken noch so zugefroren, dass man Eishockey darauf spielen könne, *ruft Ende März wieder an, okay?*

Es wird ein Geduldsspiel werden, daran ist nichts mehr zu deuten. Zur Einstimmung lese ich den Bildband der Shackleton-Expedition, die Anfang 1915 in der Antarktis im Packeis strandete und von Pinguinfleisch und Robbensteaks lebte, ein Haufen harter Herren, die sich schließlich selbst retteten. Die Fotografien sind wie aus Silber gestochen, die Männer schauen dich an, als sähen sie in dein Innerstes. Es ist fast hundert Jahre her, und ich betrachte sie mir genauer. Welches Ölzeug denn das richtige sein könnte, treibt mich derzeit um, und diese Kerle hatten nichts als dicht gewebte Wolle, die sich vollsog und niemals mehr trocknete. Ihre Schlafsäcke waren immerfort nass. Aber sie hielten durch. Unvorstellbare zweieinhalb Jahre lang. Und ich überlege, ob wir die sechzig Seemeilen im April überstehen werden. Was sind wir für Weicheier! Aber ich kann nichts dafür. Man hat mich gewarnt.

Gerade erst hatte ich den Alten am Telefon, der lachte, als er hörte, wann wir fahren wollen, und nichts mehr sagte. Ich war mir nicht sicher, ob er aufgelegt hatte – dann endlich drang sein Organ durch den Hörer. »Das geht schon. Ihr müsst aber gutes Wetter haben. Wenn ihr Wind von Westen habt, wird das brutal. Das Wasser hat vielleicht drei, vier Grad, das wird 'ne eiskalte Veranstaltung.«

Und der Kapitän? Der rief nur: »Hohoho!« Im November hatte er seine Atina aus Dänemark an die Elbe gebracht, bei Windstärke sieben und Minusgraden, es war der Ritt seines Lebens, wie er sagte, aber hart an der Grenze. »Das ist kein Vergnügen«, warnte er mich, und wenn der Kapitän das sagt, ist das wirklich kein Vergnügen, denn er empfindet noch viel länger Vergnügen als meinereiner. Ich bin nicht so tolerant, was die Vergnügungsgrenze angeht.

Von einem Internetversand für Anglerbedarf hatte sich der Kapitän einen Überlebensanzug besorgt, einen dieser *floating suit*s, wie ihn auch Männer von Bohrinseln tragen. »Das Dinge ziehste an«, schwärmte er am Telefon, »und du steckst in einem Hochofen, furztrocken, selbst wenn du dich unter die Niagara-Fälle stellst. Aber wehe, es kommt die Sonne raus und wärmt ein bisschen. Dann darfst du nur noch ein T-Shirt drunter anhaben, sonst grillt dich das Ding bei lebendigem

Leib. Das Zeugs ist natürlich nicht atmungsaktiv, aber die atmungsaktiven Anzüge kannst du ja nicht bezahlen, die Hersteller scheinen zu meinen, dass Segler reich sind. Und die billigen Segelanzüge werden undicht; du sitzt im kalten Wasser und holst dir den Tod und verfluchst dich, dass du so viel Geld gespart hast.« So sprach der Kapitän.

Ein *floating suit* kommt uns jedoch nicht in die Tüte. Wir sind ja Sonnensegler, und hoffen zu müssen, dass die Sonne nicht rauskommt ... Nee.

Von allen Seiten Skepsis. Alle, die ich kenne, alle, die ich schätze, raten uns ab. Sie haben die Tour selbst mehrmals gemacht: herrliche Landschaft! Aber die Freundin des Tramps schaudert es schon in Gedanken, wenn sie an den gewundenen Flaschenhals von Middelfart denkt, »die Strömung, die Wellen!«, seufzt sie. Der Alte wiederum ist sogar mal an einem schönen Morgen von unserem Hafen bis ganz hinauf gesegelt, zwölf Stunden stramme Alleinfahrt. Aber das war im Sommer. Im April, da ist auf See noch Winter, das heißt eisbestäubte Gischt, das heißt klamme Finger, ein Atem, der klirrend wegspringt, das heißt frieren und fluchen und sich fragen, warum man diesen ganzen Scheiß verflixt noch mal macht.

»Dann musst du eine gute Antwort haben«, sagt der Tramp.

Ja, warum? Vielleicht habe ich diese Frage bisher vernachlässigt. Es ist auch ein wenig unangenehm, in sich selbst zu forschen, warum man macht, was man macht, warum man träumt, wovon man träumt. Die Antworten können unbequem sein oder, viel schlimmer, einfältig klingen. Vor wem fliehst du?, frage ich mich. Oder fliehst du gar nicht, sondern willst nur wohin? Aber wohin? Wem willst du was beweisen? Wer bist du, dass du deine Familie da hineinziehst? Es gibt Nächte, da wache ich auf von diesen Fragen. Sie quälen mich nicht gerade, aber seien wir ehrlich, manchmal schon.

Es gibt keine gute Antwort darauf. Ich will es einfach. Ich sehe mich mit fünfzig Jahren segelnd. Ich will das können. Ich will das Meer so gut verstehen lernen, wie man ein Meer verstehen kann. Vielleicht mich selbst ja auch. Ich bin zu gerne am Meer, um es nicht zu tun. Ich will Teil des Ganzen werden, nicht mehr nur Beobachter sein. Es geht darum, mehr mit mir selbst ins Reine zu kommen, und ein Segelboot erscheint mir als ein guter Platz dafür. Außerdem liebe ich Geschichten, die auf See spielen, und ich will selbst Geschichten erleben. Nur darum geht es im Leben, wie meine Mutter immer sagt: Erinnerungen zu schaffen. Also auch deswegen segele ich. Um mich später daran erinnern zu können. Ja, so könnte man das sagen. Es geht mir nicht darum, was auf meinem Grabstein steht, wenn es soweit ist. Ich sehe mich nur eines Tages in vielen Jahren in einem alten ledernen Sessel sitzen (so ein englischer Chesterfield-Sessel wäre schön), die Füße hoch, vom Kamin beglüht, in der Hand einen Drink. Ich schaue zum Fenster raus, denke an die Tage auf See und weiß, dass es gut ist.

Peter Fox hat aus meinem Traum ein Lied gemacht, es heißt »Das Haus am See«. Ich war froh, als ich es das erste Mal hörte. Es ist genau richtig.

»Ich bin lieber Asche als Staub«, hat Jack London geschrieben. Das ist nun ein wenig groß geraten, was mich betrifft. Aber klar ist, dass einem das Leben da draußen, die Kollegen, die Jobs, die Freunde, man sich selbst mit jedem Tag das Feuer mehr und mehr auszutreten versucht. Wo ein Funke, da ein Tritt, und du musst verdammt aufpassen, dass du nicht irgendwann an der kalten Glut sitzt, die mal dein Leben war, und zum Schluss, ohne dass du's merkst, zu Staub zerfällst. Ich bin nun auch kein Mann für eine Explosion, ich muss nicht meine Überbleibsel in den Himmel geschossen bekommen wie der Schriftsteller Hunter S. Thompson. Das ist eine Theatralik, die mir ins Leere zu zielen scheint, und ein früher Tod käme mir recht unbehaglich. Das hat seit Neuestem auch damit zu tun, dass unser Sohn auf der Welt ist. Kinder haben ein Recht auf Eltern, die sich nicht zu Asche machen. (Als Erstes werden wir daher die Gasanlage von Bord schmeißen, wenn die zicken sollte.)

5

EINE WOCHE SONNE reicht, und alles ist vergessen. Vielleicht ist es eine Frage des Alters, dass die Ideen wie wild sprießen, wenn einem die ersten warmen Strahlen auf die Rübe brutzeln. Pumba ist ganz aus dem Häuschen, sie rennt im Kreis herum, bis ihr die Zunge heraushängt. Nach was es da draußen alles riecht! Unser Sohn entschließt sich, die Welt von nun an auch aus der dritten Dimension zu betrachten, er zieht sich an allen Kanten und Ecken hoch und steht da wie der Koloss von Rhodos, bis er, weil er vergisst, sich festzuhalten, rumpelnd in sich zusammensackt wie ein Kartenhaus. Große Augen, weiter geht's.

Danny am Telefon. »Drei Boote stehen hinter uns«, berichtet er, »ich weiß nicht, ob wir den 6. April halten können. Der Hafenmeister sagte erst, es sei zu viel Eis da, und jetzt sagte er, es müssten erst die anderen Boote weg.«

»Und bis wann müssen die im Wasser sein?«, frage ich.

»Bis zum 15. April. Solange dürfen die machen, was sie wollen.«

Dreck. Kruzifix. Ich denke an meine Schwiegereltern, die nach Hamburg kommen werden, um auf unseren Sohn aufzupassen, an unsere Tübinger Freunde Wencke und Pit, den Skipper, die ihren Urlaub nicht verlegen können. Ich erkundige mich, ob dies womöglich, wenn man sich näher mit dem Hafenmeister befasste, eine Frage des Preises sei? Denn zur Hecke noch eins, ich liefe bei einem Sturm nicht aus, oder wenn ein Eisberg die Ausfahrt versperrte, würde ich sagen: einverstanden, überzeugt mich. Aber was mich als Grund des Scheiterns nicht überzeugt, sind drei im Weg stehende Boote, deren Eigner in der Nase bohren, während wir mit den Hufen scharren.

Anna ist entsetzt, wie leichtfertig ich bereit bin, dafür zu bezahlen, dass uns die Bahn freigeräumt wird, aber mir ist es egal. Wenn wir scheitern würden, dann an den Naturgewalten. An einer rot gefrorenen Nase, an Wellen, die uns Angst machen, an Fingern, die abfallen, am hohen Singen im Rigg, das zu einem Stöhnen wird, weil sich so Stürme anhören. Habe ich gelesen. Ich habe eh viel gelesen über Stürme. Vielleicht zu viel. Seit Sebastian Junger weiß ich, dass es, wenn dich eine Welle überrollt, kein Problem ist, wenn um dich das Wasser weiß ist, dass es aber sehr wohl ein Problem ist, wenn es grün ist. Und das bezog Junger auf ein Schwertfischer-Boot mit geschlossenen Aufbauten, nicht auf unsere Liv. Und hat man je von einem Shackleton gehört, der mit seinem Schiff im Stau stand?

Kurz vor unserer Abfahrt feiert die Freundin von Schwarz einen runden Geburtstag an den Landungsbrücken. Es ist eine Party mit Bier aus Flaschen, lauter Musik und vielen Menschen, die sich freuen, andere Menschen zu treffen. Vor den Fenstern fließt die Elbe vorbei, ihre Wellen zerren an den Lichtern des Hafens und tätscheln sie auch. Einmal, mein Gegenüber ist gerade an einem interessanten Punkt – er will systematisch ausführen, warum Schalke dieses Jahr ganz sicher Meister werde –, schiebt sich langsam ein Kreuzfahrtschiff vorüber, wie ein Hochhaus auf unsichtbaren Schienen, doch für einen Moment ist es mir, als wären wir es, die sich bewegten, als hätten wir abgelegt mit unseren Landungsbrücken und trieben hinaus in die mit Eisschollen übersäte Nordsee.

Aber nichts dergleichen. Schwarz hat ein seliges Lächeln im Gesicht, und wir schlagen uns im Vorbeigehen auf die Schulter, weil es mehr nicht zu sagen gibt. Der Tramp steht rauchend an der Wand und erläutert, wie er sein Boot demnächst sommerklar machen wird, drei Wochenenden in Folge ran. »Das Unterschiff, die Aufbauten, der Mast, Ende April bin ich soweit«, sagt er. »Die Frage ist nur, ob das klappt mit den Wochenenden. Egal, selbst Ende April ist es nach solchen Wintern immer noch so kalt wie im Arsch einer Frostbeule.«

Der Alte ist natürlich auch da. Ich habe keine Chance und will auch keine haben. Der Alte erspäht mich sofort im Gewühl und fragt als Erstes, wann es losgehe. Kaum habe ich etwas von »Mal schauen, Hafenmeister stellt sich quer« gemurmelt, da setzt er sich an eine Bierbank, organisiert von irgendwoher einen Stift und fängt an, etwas auf eine Serviette zu malen. Die Risszeichnung eines Bootes, oder besser: den Hintern seiner Commander, meiner Commander, und durch den Lärm und die Musik ahne ich, dass er mich vor dem seitlich dicken Bauch meines Schiffes warnt.

»Du hast einen schönen dunkelblauen Lack«, sagt er, »und an einem dunkelblauen Lack sehen weiße Kratzer besonders scheiße aus.«

Ich nicke. Als Bote Hiobs hat der Mann Begabung.

»Du brauchst zwei Langfender«, fährt er fort, »damit du nicht gegen die Pfähle schrammst. Ganz leicht zu bauen, kannst dir angucken auf meinem Boot. Holst dir so Heizungsummantelungen aus dem Baumarkt und Polypropylen-Leinen, nicht mehr als fünfzehn Millimeter. Und du brauchst 'ne Plastikscheibe und ziehst die Leine durch den Mantel und machst einen dicken Knoten, damit sie nicht durchrutschen kann, und schon hast du einen Puffer auf den Hüften sitzen.«

Sagen wir so: Das ist die Kurzversion. Wir sitzen da wohl eine halbe Stunde über die Serviette gebeugt, mein Ohr an seinem Mund, so lange, dass Anna mich suchen kommt. Als sie sieht, was wir machen, lacht sie, weil sie sich vorstellt, wie ich mir den meterlangen Fender mit eigenen Händen zusammenbasteln werde.

»Und bitte die Jungs von North Sails, ob sie dir nicht einen Überzug aus Segeltuch machen können, ein Kondom, sonst rubbelt das zu schnell ab, das Zeugs.«

»Frag ich«, sag ich. Keine Ahnung, ob Danny selbst sich so was gebastelt hat, kann mich nicht dran erinnern. Die Serviette stecke ich ein, als Erinnerungsstütze, als Dokument des fortgeschrittenen Stadiums. Wenn ich mir über Hüftfender Gedanken mache, bin ich kurz vor dem Ziel, oder etwa nicht?

An diesem Abend ist auch jemand da, den ich persönlich vorstellen sollte. Die Frau des Alten. Eine nicht sehr groß gewachsene, wortgewaltige Alpenländerin, womit sie aber nur höchst unzureichend beschrieben ist. Eine erstaunliche Journalistin obendrein, die die größten Preise unseres Landes gewonnen hat. Deutsch ist nicht ihre Muttersprache, aber sie kann Wörter, die kann keiner, den ich kenne. Wenn sie das Wort »Intensität« ausspricht, hängt es ganz kurz wie von selbst im Raum, freihändig, und leuchtet vor … Intensität. Das kann sie. Wörter sind ihr wichtig, und so entsetzt sie die Vorstellung, als die Rede darauf kommt, dass ihr Mann von manchen Menschen heimlich »der Alte« genannt wird.

Der Alte kommt dazu und lacht sein berüchtigtes Lachen.

Ich fange an, irgendwas zu stottern, vom einzig passenden Kosenamen und so.

»Aber ›der Alte‹ klingt so alt«, protestiert sie. »Nennt ihn doch ›den Kapitän‹. *Il Capitano*.«

»›Der Alte‹«, springt in dieser Sekunde rettend der Tramp herbei, »so wurde früher auf U-Booten auch der Kommandant genannt. Jürgen Prochnow in ›Das Boot‹, der Alte, dabei war der auch nicht alt.«

»Das ist ein Ehrentitel«, wirft Anna ein, die Gewitter schneller wittert als ich.

»Ein Ehrentitel«, wiederhole ich.

Ich spüre den Alten neben mir lachen. Ich spüre es nur, denn die Musik ist so laut.

»Und was glaubst du, wie nennen wir dich manchmal, heimlich?«, fragt der Tramp die Frau des Alten. Eben noch hat er mich gerettet, jetzt stößt er mir den Dolch in den Leib.

»Mich?«, fragt sie spitz zurück.

»Och«, sage ich zu niemandem bestimmten. »Nur manchmal, wenn uns danach ist.«

»Und wann ist euch danach?« Sie hat diesen Hang, schneller zu fragen, als man selbst denken kann. Ich fühle mich selten zu langsam für diese Welt, hin und wieder aber schon.

»*La Bella*«, deklamiert der Tramp großspurig, er hat den Dolch wieder herausgezogen, *grazie*.

»*La Bella*«, sage ich, »die den größten aller Sätze geschmiedet hat: Segeln ist Ballett mit dem Tod.«

»Das sagt wer noch mal?« Sie zieht die Augenbrauen hoch. *O sole mio*, sie kann sehr gut die Augenbrauen hochziehen. Drüber kommt nur noch der Nordpol.

»Die Alte des Alten?«, schlage ich vor.

Der Alte und der Tramp brüllen vor Lachen. Und sie lacht auch. Uff!

»Nennt ihn wenigstens ›de Ol‹«, sagt sie weich. »Wie auf Plattdeutsch. Guck ihn dir doch an, das passt doch wunderbar. De Ol. Das hat auch was Seemännisches.«

»De Ol. Das passt«, stimme ich zu. »Gute Idee. Und dich, dich nennen wir ...«

»Olla!«, schreit der Tramp begeistert.

Sie lacht. De Ol lacht auch, bestens.

»Ich hab's«, setze ich noch eins drauf. »La Bella Olla!« Es gibt ein lautes Hallo; einem Tontechniker haute es die Ohren raus, wenn er versuchte, ein solches Hallo aufzunehmen. Als wir gehen, drücken wir de Ol und seine Bella Olla, als hätten wir gemeinsam was erfunden.

6

MONTAGS FRÜH um zehn vor acht schlafe ich gewöhnlich nicht mehr, aber es ist dies auch nicht meine stärkste Zeit. Ich schlurfe ans Handy, das geklingelt hat. Danny, steht auf dem Display, und ich habe noch nicht mal einen Schluck Kaffee intus.

»Am Dienstag jener Woche wird es nichts«, teilt Danny mir mit, »und auch am Mittwoch nicht, erst am Donnerstag, halb drei, und wenn wir Pech haben, verzögert sich alles noch. Der Hafenmeister sagt, er könne nichts machen. Ich habe ihm eure Situation erzählt, aber er hat einfach nicht zugehört. Hat ihn gar nicht interessiert.«

»Aber hatte er nicht angeboten, dass er die anderen Boote aus dem Weg schafft, wenn wir das bezahlen?«

»Wollte er nichts mehr von wissen. Komischer Vogel, der Hafenmeister.«

»Nicht sehr hilfreich jedenfalls. Herrgott!« Ich überlege. »Okay, das heißt, wir müssen Donnerstagnachmittag alles fertig machen und hätten den Freitag und den halben Samstag. Unsere Freunde müssen am Montag wieder arbeiten, und von Dänemark hinunter nach Tübingen ist es eine ganz schöne Ecke.« Das wird nicht gehen, begreife ich. Shackleton scheitert am Hafenmeister. »Dann dürfte nichts schiefgehen. Nicht mal Pech mit dem Wetter dürften wir haben.«

»Eine Möglichkeit gibt es noch«, meint Danny. »Vielleicht...«

»Ja?«

»Ich frage meinen früheren Boss, was das kostet, wenn er mit seinem Kran angerückt kommt.«

»Hat der einen eigenen Kran am Hafen stehen?«

»Nee, der Kran ist auf dem Truck, und er fährt den Truck da ran und hievt das Boot über alle anderen hinaus.«

»Echt?«

»Soll ich ihn fragen, was es kostet? Mir hat er damals fünfzehnhundert Kronen berechnet, fast zweihundert Euro, für den Transport in die Halle. Vielleicht macht er es für dich günstiger. Muss ja nur raus und schwupps ins Wasser.«

»Und was, wenn er das Boot fallen lässt? Wenn Liv von oben auf drei andere Boote kracht, was dann?«

»Das passiert nicht.« Irgendwas scheint ihn an meiner Frage zu belustigen. »Niemals.«

Wir verbleiben, dass er mit seinem früheren Boss reden wolle – wobei der Boss und er im Unfrieden geschieden sind, weshalb ich nicht damit rechne, dass es klappen wird. Aber mir gefällt der Gedanke, dass da ein riesenhafter Kran angerauscht kommt und vor den Augen des Hafenmeisters anfängt, unser Boot aus dem Gewusel herauszuhieven. Nach allem, was ich über Hafenmeister erfahren habe, kann ich mir nicht vorstellen, dass es einem Hafenmeister gefallen würde, und dem Herren von Bogense erst recht nicht.

Zwei Tage später meldet sich Danny wieder, ich kann durchs Telefon sehen, wie er den Kopf schüttelt. »Ich hab die Sache mit dem Kran abgesagt«, erzählt er. »Er verlangte achtzehnhundert Kronen.«

»Mehr als zwohundertfünfzig Euro! Nee.«

»Pro Stunde. Und die Uhr tickt von der Sekunde an, wo er seine Fabrik verlässt, zwanzig Minuten vom Hafen weg.«

»Also Donnerstagnachmittag. Das wird verdammt eng«.

»*Yeah*. Aber wenn es dich beruhigt ...«

»Beruhige mich«, murmele ich. Am liebsten würde ich das Handy in die Elbe werfen. Die Sonne geht gerade golden über den Landungsbrücken unter, die Boote im City Sporthafen schaukeln in der Strömung, als lachten sie mich aus. Zuweilen liebe ich das Gefühl, wenn sich alle Dinge gegen mich verschworen zu haben scheinen, es hilft sehr, klar zu werden. In dieser Angelegenheit jedoch hätte ich gerne darauf verzichtet. Sie vermag einen eh schon von innen auszuhöhlen. Vor der bevorstehenden Fahrt habe ich einen höllischen Respekt; einer Weltverschwörung zu unseren Lasten, zu der ich außerdem allenfalls geringen Anlass sehe, würde ich mich nur widerwillig stellen.

»Wenn ihr mögt«, fährt Danny fort, »könnt ihr Liv bis Juni in Bogense lassen, der Platz ist solange bezahlt.«

»Das ...«, ich stutze kurz, »das ist eine gute Nachricht. Das ist vielleicht sogar die Lösung.«

»Falls es einfach nächste Woche nicht klappen sollte.«

»Ja, falls es ums Verrecken nicht klappen sollte.«

Als wir uns verabschieden, trete ich trotzdem gegen die orangefarbene Box, die auf dem Bahnsteig steht. Streugut. Ich habe genug von Streugut.

7

ANNA KOMMT EIN PAAR TAGE später mit unserem Sohn im Büro vorbei; allenthalben werden seine dicken Backen bewundert, und ich bin sehr stolz auf seine Backen, nenne sie Familienerbstück. Zu den langen Wimpern fällt mir aber nichts ein. Es ist der Tag der Tage, Besuch beim Ausstatter. Auf dem Weg zu A.W. Niemeyer schläft unser Sohn friedlich, und er schläft auch noch, als wir Ölzeug anprobieren. Früher ölten die Seeleute ihre Jacken, damit das Wasser abperlte. Das Zeug ist heutzutage, was man atmungsaktiv nennt, und man wird, wenn man sich darunter ordnungsgemäß im Zwiebelschalenprinzip angezogen hat, keineswegs mehr ölig. Natürlich gibt es ganz verschiedene Preisklassen. Es gibt Luxusölzeug, mit dem man durch den Atlantik schwimmen könnte, ohne im Schritt auch nur ein Dröppchen nass zu werden, und Turboölzeug, das doppelt so viel kostet. In dem käme man genauso trocken durch den Ozean, aber dabei besäße man noch den unschätzbaren Vorteil, dass ein stilisierter Puma am Revers heftete.

Mit solchen Preisklassen geben wir uns erst gar nicht ab. Es ist ohnehin kein Nachteil, den eigenen Erben in so einem Geschäft dabei zu haben. Man könnte Millionen anlegen in nützliche Dinge, in Schäkel und Glöckchen und Fähnchen.

In der Ölzeug-Frage finden wir kompetente Beratung in Form einer blonden Dame in den Vierzigern, die eine Art pflegt, die man sonst eher hinter Tresen matt beleuchteter Spelunken antrifft. Eine Seglerbraut. Sie duzt uns nach zwei Sekunden, nach einer Minute hat sie Anna einmal »Schätzchen« genannt und unseren Sohn »Wonneproppen«.

Mein ganzes mühsam angelesenes Wissen über Offshore-, Coastal- und Inshore-Klamotten, wie viel Wassersäule eine Jacke vertragen muss und wo man in freier Wildbahn Wassersäulen findet, stellt sich wie erwartet als völlig nutzlos heraus. Die Bardame fragt uns, wo wir segeln werden, ich antworte wahrheitsgemäß: »Dänische Südsee«, was Bardamen seit jeher mäßig beeindruckt, und kurze Zeit später stehe ich da in meinem runtergesetzten Ölzeug von Musto. Musto ist der Mercedes unter den Ölzeugs, ich nehme die A-Klasse. Das wäre geschafft. Ich habe schon keine Lust mehr. Und unser Sohn beginnt sich zu räkeln. Das ist die gefährlichste Phase – wenn er jetzt aufwacht, müssen wir uns beeilen.

Die Stiefel! Die fehlen ja noch. Das vermutlich größte Rätsel der seefahrenden Menschheit: Wie oft braucht man Segelstiefel? Wie schlimm wird es sein, vielleicht ein bisschen an den Zehen zu frieren? Oder, falls die Stiefel eher ein unbehagliches Binnenklima bevorzugen, im eigenen Saft zu waten? Was ist uns der eine Moment wert, der ja leider in diesem Moment die ganze Welt bedeuten könnte? Wird sich an den Stiefeln entscheiden, ob wir die Fahrt genießen oder verfluchen werden? Aber gute Stiefel kosten, meine Herrn! Mike hatte gesagt: »Nimm welche mit Leder, nur die taugen was«, aber die billigsten fangen bei hundert Euro an. Und die muss man zwei Nummern größer nehmen, weil sie so klein ausfallen. Und anschließend steht man drin wie in einem Wattebausch. Soll das so sein? Man weiß es nicht. Der weit billigere Thermo-Gummistiefel scheint nicht die bessere Wahl, das ist die Mutter aller Wattebäusche, und man kann sich problemlos vorstellen, was die Füße ausbrüten werden in so einem Stiefel. Und sie bleiben ja an Bord. Sind schon Geruchsmotoren erfunden?

Unser Sohn quäkt, er will raus, herumrobben in der Stiefel-Abteilung. Die teuren Schuhe probiere ich gar nicht erst an, sonst passiert, was immer passiert: Man verliebt sich in das, was unerschwinglich ist. Es ist zwar nur ein Stiefel, aber so ein Stiefel duftet ja nach viel mehr als nur nach Leder und Sohle – nach einem potenziellen anderen Leben als Mann. Anna schlägt die Hände überm Kopf zusammen, als ich ihr ausbreite, welche Gedanken mich plagen. »Jetzt nimm halt die.« Sie deutet auf die billigsten Ledertreter. »Genau mit denen wird das Ganze doch enden. Kürz die Sache ab.« Sie selbst habe entschieden, ihre Winterstiefel zu nehmen, die seien atmungsaktiv, formschön und wasserdicht.

» Und was ist mit der Sohle? «, werfe ich ein.

» Was soll mit der Sohle sein? «, fragt sie, aber an einer fachkundigen Antwort scheint sie mir nicht interessiert.

Es endet für mich, wie es immer endet – mit dem gemeinen Kompromiss, den Anna sofort vorgeschlagen hatte. Die blauen, nach Gummi riechenden Thermo-Öfen schiebe ich zur Seite, sodass unser Sohn ein bisschen an den Schäften herumkauen kann, und entscheide mich, bevor er sie durchgenagt hat, für, nun ja: die billigsten Ledertreter. Ausgezehrt und ausgebrannt führt mich meine Familie zur Kasse. Dort ziehe ich mir aus Protest ein Eis. Mein Sohn schaut uns an, als hätte er auch gern eins, aber mit eins gibt's noch keins. Anna schlotzt bei mir mit, ich klemme das Ölzeug und die Stiefel untern einen Arm und Sohnemann untern anderen. Einkaufen gehen ist schlimmer als seekrank sein.

Die beiden liefern mich an der U-Bahn ab und fahren samt duftender Stiefel nach Hause. Auf dem Bahnsteig Baumwall erreicht mich eine SMS. Ich sollte da ein Büro einrichten. Guter Blick. Nah am Wasser. Vielleicht etwas zugig. Lange Nachricht unserer Freunde Pit und Wencke, dass sie nächste Woche nun doch nicht kommen. Würde alles zu eng, Donnerstagmittag los, da dürfte nichts schiefgehen, und dafür 1600 Kilometer fahren? Ich kann sie voll und ganz verstehen, bin aber auch enttäuscht. Unsere perfekt geplante Woche macht sich wie von selbst vom Acker. Ich ermahne mich: So ist Segeln. Man kann nichts planen. Man muss demütig werden. Demütig bleiben. Und gelassen. Immer einen Alternativplan haben, immer mitdenken, was wäre, wenn? Das ist eine gute Schule, die wir da besuchen, schon vor dem ersten Törn.

SIEBEN

MAST HOCH

1

UNSER SOHN ERKLIMMT seinen Großvater, Pumba jagt schon seit gestern mit ihrem heimatlichen Rudel in der Heide herum – wir können los. Vollgepackt bis unters Dach ist unser Passat; das Großsegel durchschneidet den Karren der ganzen Länge nach, dazu Schlafsäcke und Wanten, Vorsegel und Farbeimer, die Pinne, nicht zu vergessen die Pinne! Hätte sie am Morgen aber fast vergessen, sie stand in einer Kellerecke herum, als würde sie gar nicht mitwollen.

Zwölf Grad in Hamburg, neun Grad in Bogense, ein milder Tag, noch nicht ganz Frühling, aber schon weit weg vom Winter. Drei Stunden leise Fahrt. Die Marina in Bogense streckt sich und räkelt sich. Ein paar Dänen, immer sind es Männer, fast alle mit grauem Haar, werkeln an ihren Masten. Erst wenige Boote im Wasser. Eine leichte Brise weht. Liv steht am Parkplatz, ganz vorne rechts, trutzig und tapfer, wie wir sie vor fast einem halben Jahr zurückgelassen haben. Danny hat die Plane bereits entfernt, das Unterwasserschiff gestrichen. Sie sieht gut aus, nur ganz hinten, am herausstehenden Heck, dem Spiegel, kleben weiße Farbspäne, vermutlich vom Nachbarn in einer wilden Aktion herübergepustet. Wir warten. Anna betrachtet mich eingehend.

»Du siehst in deiner knallroten Jacke aus …«, fängt sie an.

»Wie denn?«, will ich wissen.

»Sie sieht halt sehr neu aus. Als hättest du sie gerade erst gekauft.«

»Hab ich ja auch.«

»Und da steht so groß Musto hintendrauf, da sieht aus, als hättest du's nötig, so 'ne Marke herzuzeigen.«

»Hm«, mache ich beleidigt. Die Jacke saß sofort wie angegossen und war kaum teurer als die Eigenmarke von Niemeyer, die bei unseren Freunden so schnell leck geworden war.

»Du siehst aus wie einer dieser Radfahrer, die sich immer im Telekom-Trikot auf ihr Rad setzen«, fährt Anna fort. »Die, bei denen das Trikot an den Hüften spannt, sodass man denkt, da trainiert Jan Ullrich aufs Comeback.«

Ich schweige. Der Klettverschluss knirscht und ziept unter meinen unbehaglichen Bewegungen. Anna hat eine Northface-Jacke an, die ihr vor Jahren auch nicht nachgeschmissen wurde, aber sie hat Fortune – weil die Jacke nicht mehr neu aussieht, kommt sie wie eine Frau daher, die nicht erst seit heute Boote auf einem Parkplatz anglotzt. Und die einzige Frau weit und breit ist sie darüber hinaus. Ich schaue auf meine flachen Lederschuhe, Sonderangebot, Timberland, sehr bequem, aber sie glänzen, als kämen sie direkt aus der Produktionshalle.

»Meine Schuhe reißen den Auftritt auch nicht grade raus«, brummele ich.

Anna hat Sneaker an, die genau in diesem phantastischen Alter sind, in dem Schuhe voll eingetreten, aber nicht abgelatscht aussehen. Und eine bootstaugliche Sohle haben sie obendrein. Als Anna meine Timberlands beäugt, treibt ein Schmunzeln über ihr Gesicht. Sie schüttelt den Kopf. »Ein Desaster.«

»Falsch. Endlich fühle ich mich angezogen, als könnte es wirklich losgehen. Im Sommer hättest du mich sehen sollen, das war wirklich ein Desaster.«

Sie schüttelt nochmals den Kopf. »Einfach nur peinlich.«

Wir sind mit so viel zeitlichem Puffer gekommen, dass wir hinüber in die Stadt schlendern. Bogense schläft zur Mittagszeit, die Geschäfte sind geöffnet, aber kaum Menschen auf der Straße. In »Erik Menveds Kro«, Bogenses ältestem Gasthaus, reichen sie die Hamburger in Sondergröße, aber richtig Appetit habe ich nicht. Da ist wieder dieses Gefühl im Magen, ein Expeditionsgefühl, ein Auf-dünnem-Eis-Gefühl, ein Mondfahrtsgefühl, dass es gleich losgeht, dass dies nicht unsere, nicht meine Welt ist, dass wir die Regeln nicht beherrschen, dass wir Lernende sind und möglichst rasch lernen sollten, um das alles hinzukriegen. Denn Segeln verzeiht nicht viele Fehler oder zumindest keine groben. Dabei lernt man durch Fehler am schnellsten.

An diesem Nachmittag werde ich den ersten Anleger meines Lebens versemmeln und fast ein anderes Boot versenken. Ich werde stundenlang im kalten Wind stehen und einem schweigsamen Mann zusehen, wie er Wanten spannt und Leinen prüft. Anna wird sich ins Auto verziehen, weil die Sonne noch nicht so wärmt. Und am Ende des Tages werden wir wieder bei Erik Menved landen und ein Club Sandwich futtern und erschlagen sein.

Nein, nicht am Ende des Tages. Am Ende sitzen wir in Livs Bauch und schlürfen griechischen Rotwein und lauschen dem Rauschen der Eberspächer Dieselheizung, während draußen eine kalte, sternenklare Nacht aufzieht, und wir werden uns in der Koje vorne verkriechen und uns die Köpfe anhauen und die Schultern rammen und glücklich sein unterm Knirschen der Leinen.

Aber bis zum Glück ist es noch ein ganzes Weilchen.

Von den Blödmänner-Booten, die unsere Ausfahrt blockierten, ist weit und breit nichts mehr zu sehen, dieses Problem hat sich in Luft aufgelöst. Unser Krantermin ist auf halb drei gebucht, wir haben uns mit Danny auf zwei verabredet. Wer um zwei um die Ecke biegt, ist der Kran mit seinen beiden Kranführern, die sich sofort an Liv heranmachen wollen, aber ich fahre energisch dazwischen.

»Danny fehlt«, teile ich ihnen auf Englisch mit, »*the former owner.*«

»*The former owner?*«, wiederholt der freundliche der beiden Kranführer; der andere guckt auf seinen Schalthebel oder Gashebel oder was immer das ist. »Was meinen Sie damit?«

»Der Mann, von dem ich die Yacht gekauft habe.«

»Oh«, erwidert der nette Kranführer, »ich verstehe. Der Mann, der weiß, was zu tun ist.«

Verlegen stimme ich in sein Lachen ein, wahrscheinlich hat er keine Ahnung, wie recht er hat. Die beiden ziehen ab und schnappen sich den Nachbarn.

Als sie abgedampft sind, kramen Anna und ich eine kurze Leine hervor. Schnell noch mal die Knoten. Ohne Knoten geht ja nichts, am Knoten erkennst du den Laien, wenigstens an den Knoten darf es nicht scheitern. Hätte man allerdings auch zu Hause üben können, im Winter, sagen wir, falls es draußen mal Eis gehabt hätte.

»Wie geht noch mal der Palstek?«, fragt Anna. Murmelnd fummelt sie sich was zurecht. »Das Krokodil springt durch den Teich um die Palme und wieder zurück, war doch so?«

Ich nicke.

»Aber was war noch mal der Teich und was das Krokodil?«

Ich deute auf die Schlinge und das Ende der Leine.

»Und woran ziehe ich, wenn das Krokodil wieder im Teich ist?«

Ratlos schauen wir uns an. Versuchen und probieren, aber entweder fällt das Krokodil aus dem Teich, oder der Baum geht auf Wanderschaft, oder es bildet sich wie von selbst ein kunstvoll verschlungener Knoten, der sich beim geringsten Zug unerklärlich rasch vaporisiert – das Gegenteil eines guten Knotens.

Ich packe das spröde Lehrbuch »Sportbootführerschein See« aus, das mir im vorigen Juni an der dänischen Nordseeküste die Nachtstunden vergoldet hatte. Knotenkunde. Zur Knotenkunde gehören Zeichnungen, die man als Individuum erst versteht, wenn man zu zweit die Skizze kopfüber und kopfunter gehalten, seinen Hals um neunzig Grad gebogen, sich dabei halb ausgerenkt, in der Gegenbewegung den Kopf an den des anderen gebumst, das Lehrbuch aufgeschlagen auf das Dach des Passat geknallt und endlich selbst die Leine erobert hat. Nach fünf Versuchen steht der Palstek. Er ist gar nicht schwer. Man muss nur wissen, an welchem

Ende das Boot liegt und wo es festgemacht wird. Doch das empfiehlt sich ja ohnehin in der Praxis – zu wissen, wo das Boot liegt.

»Ich hatte eigentlich auf dich gebaut, was die Knoten angeht«, halte ich Anna triumphierend vor.

»Ich auch«, sagt sie, »alles andere wäre lebensmüde.«

Da biegt Danny um die Ecke, so lang und dünn wie einst im Herbst. Ein kurzes Hallo, da kommen auch schon die beiden Kranreiter wieder angeflitzt, und sofort wird es hektisch.

»Willst du das da behalten?« Danny deutet auf das Eisengestell unterm Kiel.

Ich schaue ihn verständnislos an. Wenn man es auseinandermontierte – und was ein Alptraum, so ein Gestell auseinanderzumontieren! –, wöge es immer noch mindestens 500 Kilo. Eine halbe Tonne, die unsere Gurke nach Hause schleppen müsste. Und dort müsste die größere Gurke, also ich, sie in den Keller schleppen, wo sie vor sich hin ächzen würde, die ganze halbe Tonne.

Ich verneine. »Gehört dir das denn? Ich dachte, das ist ausgeliehen vom Hafen.«

»Das wäre teuer«, entgegnet Danny. »Hatte ich mal gebastelt. Also, willst du es? Sonst sagen wir denen Bescheid, dass sie es dabehalten.«

»Nein. *Nej. Njet.* Um Gottes Willen!«

Sie werfen sich schnell ein paar Brocken Dänisch zu. Der Kran rollt näher heran, seine hohen Stelzenräder nehmen Liv in die Mangel, zwei breite, tropfende Gurte werden unter ihren Bauch geschnallt, schon springt Danny herbei, in der einen Hand einen angebrochenen Eimer Unterwasserfarbe, in der anderen einen breiten Pinsel. Dort, wo die weich gepufferten Stützen des Gerüsts Liv gebettet hatten, war Danny beim Streichen nicht rangekommen. Die beiden Kranführer bedeuten uns, dass wir herantreten können; Liv ruckt ein wenig und baumelt bald in der Luft, gehalten nur von den Gurten. Mit schnellem Strich trägt Danny die Farbe auf, sie ist dunkel und spritzt ordentlich. Es ist das Blau eines sehr tiefen Ozeans, total tiefblau, mit einem Schuss bedrohlichem Schwarz des Marianengrabens. Es ist ihre Farbe, Livs Farbe.

So ein Unterwasseranstrich ist unerhört wichtig, er schützt den sogenannten Gelcoat des Rumpfes. Man muss sich ja vorstellen, dass die Bootsrümpfe mitsamt Kiel in einem fort unter Wasser sind, wo es dümpelig ist und seltsame Pflanzen wachsen, wo Muscheln siedeln, die du nicht beim Namen kennst, und grünes Glibberzeug, das du niemals beim Namen kennenlernen willst. Wenn man den Bewuchs durch gründliches Abspritzen und Abschrubben im Herbst und einen feinen neuen Unterwasseranstrich nicht verhindert, kann es passieren, dass er eines Tages das ganze Boot verschlingt. Doch, so schlimm soll das sein.

Nun ist die Ostsee kein Tropentümpel, aber man glaubt gar nicht, wie schnell so ein Schiff befallen ist. Eigentlich müsste man jeden Tag nach dem Rechten sehen, mit Schnorchel, Meißel und Schwamm. Und das Mindeste ist, die Abdrücke nachzustreichen, die die Eisenwangen hinterlassen haben. Sonst ist das eine Einladung an alle Algen Ostjütlands, bitte schön heimisch zu werden.

Nach dem neuen Anstrich sieht Liv famos aus. Glatt genug, um jede Regatta zu gewinnen, wenn man denn Regatten gewinnen möchte. Denn es ist ja so, dass solch ein Bewuchs zunächst gar kein großes Problem darstellt, außer dass er bremst wie Sau. Wie wenn man ein Bataillon Wischmopps untendran bindet und hinter sich herzieht. Auch die Schraube übrigens ist arg gefährdet. Wir sprühen sie mit Schraubenspray ein, sonst fressen die Muscheln die ganze Schraube weg, einfach so. Ich bin mir nicht sicher, ob das stimmt, aber ich reime es mir zusammen. Danny erklärt nicht so viel. Zum Beispiel hängen da unten an der Schraube auch Zinkanoden, Zinkmäuse genannt, vielleicht fünf Zentimeter lang, die die Spannungsunterschiede aufnehmen sollen. Keine Ahnung, um was es da geht. Aber ganz wichtig, sonst setzt Oxydation ein, und dann Aloha und Feierabend und neue Schraube fällig. Oder noch schlimmer, der ganze Eisenkiel fällt dir unterm Hintern weg. Das alles verhindert die Zinkmaus. Ich nehme mir vor, das mal zu recherchieren. Frage mich schließlich, ob ich das wirklich so genau wissen will. Hauptsache, die Zinkmaus weiß, was sie tut.

Danny tippt auf ihr herum. »Die ist noch gut, aber nächstes Jahr musst du sie auswechseln. Ist nicht teuer.«

Das wäre das erste Teil an einem Boot, das nicht teuer ist, denke ich.

Ein Brummen und Dröhnen, bald rollt der Kran mit seiner fetten Beute davon. Den Fahrer und seinen Kumpan sieht man nicht. Von hinten schaut das Ganze aus wie ein unheimliches dreibeiniges Maschinenmonster aus einem Science-Fiction-Film: eines dieser unbesiegbaren Wesen, die am Ende natürlich doch besiegt werden.

Anna folgt dem Kran mit dem Fotoapparat, nicht, weil es ein so starkes Motiv wäre, mehr aus Dokumentationszwecken, wie sie sagt. Ich springe in unseren Wagen, der ja noch immer randvoll beladen ist, und heize einmal ums Karree. Als ich mit, wie ich mir einbilde, quietschenden Reifen an der Pier halte, deuten zwei Männer auf mein Dach.

»Hast vergessen, dein Hafenhandbuch einzupacken!«, ruft einer auf Deutsch.

Oben auf dem Dach liegt noch immer das Segellehrbuch, aufgeschlagen an der Stelle, wo die einfachsten Knoten erklärt werden.

»Danke«, antworte ich, »so ein Hafenhandbuch macht ja, was es will.«

In diesem Augenblick biegt der Kran samt Liv um die Ecke. Danny steht auf einmal auch wieder da. Er scheint mir ein ganz klein wenig versonnen auf sein Boot zu schauen, das er da ein letztes Mal ins Wasser bringt. Das letzte Geleit gewissermaßen.

»Und, melancholisch?«, frage ich.

»Nö. Ich will das jetzt alles gut hinter mich bringen.«

»Aber ihr habt viel erlebt auf Liv. Das lässt du nun alles zurück.«

Er schaut mich an, als spräche ich eine Sprache, die er nicht versteht.

Ich meine, es gibt ja solche und solche Temperamente, und Danny gehört wohl zu denen, die einer Sache keine großen Gefühle anvertrauen.

»Einmal nur«, sagt er schließlich, »habe ich im Winter gedacht, was tust du hier eigentlich? Malst das Unterwasserschiff an und wirst sie nicht mal mehr segeln.«

»Komisch, was?«

»Aber sonst: zu viel zu tun im Tattoo Shop.«

Breitbeinig schiebt sich der Kran über das schmale Becken, in dem die Boote gewassert werden. Ein großer Schritt, und wir sind an Bord, während Liv noch immer an den Gurten hängt. Langsam sinken wir hinab, es ist ein Moment, in dem man vor Beschäftigtsein nicht mehr viel denkt. Ich drücke Liv hier weg von der Spundwand und da weg, dann sind wir im Wasser und schwimmen. Danny wirft den Motor an, schon gleiten wir zurück, hinaus in den Hafen. Anna steht an Land und winkt uns zu. Die Holzstege sind mit anderen Booten besetzt, dort stehen die Lastkräne, und nur mit einem Lastkran kriegen wir unseren Monstermast aufgestellt. Also erst mal hinüber an den Liegeplatz, warten.

»Willst du den Anleger fahren?«, fragt Danny.

»Nee«, wehre ich ab, »lieber nicht.«

»Aber irgendwann ist es das erste Mal. Irgendwann musst du.«

»Ich weiß. Aber man muss das Irgendwann ja nicht herbeizwingen.« Ich verstumme kurz. »Mein Bruder würde längst mit Vollgas durch den Hafen düsen, und wenn's schiefgeht, geht's halt schief.«

Danny schweigt.

»Ich bin kein Freund von Risiko. Erst mal Dinge können, dann machen.«

Danny schweigt.

»Ich weiß, ich weiß. Um sie zu lernen, um sie zu können, muss ich sie machen.«

Danny schweigt.

»Aber man muss auch bereit dazu sein. Und jetzt bin ich's noch nicht. Nachher vielleicht schon. Nachher ganz bestimmt.«

Danny lächelt, aber ich bin mir nicht sicher, ob er das Selbstgespräch des komischen Deutschen bis zum Ende mitangehört hat.

2

IM MASTENLAGER RUHT unser Mast, wie wir ihn vor Monaten abgelegt haben. Das Mastenlager ist ein kurioser Ort. Ein potemkinsches Dorf, mit einer Fassade im Stil nordischer Häuschen, dahinter parallel aneinandergereihte, überdachte Gestelle, über den Gängen winkt der Himmel, und unter den Schuhen knirscht feuchter Kies. Die Masten liegen da wie schmale, lange Sarkophage in einer Gruft. Unwillkürlich sprechen wir ein wenig leiser, als wir durch diese Welt schreiten, so groß ist unser Respekt. Manche, die aus altem, unlackiertem Holz sind, wirken rott, als könne sie ein Windhauch knicken, auch wenn keine Segel daran befestigt sind. Andere glänzen matt und kraftvoll. Wir laden unsere Stange auf einen Wagen, der genau durch die Tür passt, und rollen ihn hinaus ins Freie.

Was jetzt kommt, habe ich ja im Herbst bereits durchgemacht, nur eben andersherum. Die Wanten sind einzuhängen, die Salinge festzuschrauben, die Leinen sauber zu führen. Dumpf erinnere ich mich an manche Handgriffe, verstehe manches, fühle mich etwas weniger doof als damals, aber immer noch doof genug. Wenigstens haben wir Glück, es regnet kaum. Anna steht frierend dabei und sieht mir zu, wie ich Danny zusehe, der nicht zum Lehrer geboren ist. Ein Lehrer muss schon auch mal sagen, was er tut. Andererseits bin ich Danny unendlich dankbar; andere hätten mir ihr Boot verkauft und wären stiften gegangen, nicht er. Nein, auf Danny lasse ich nichts kommen. Aber als Intensivkurs taugt auch diese Einheit auf der Mastenwiese der Marina Bogense wenig.

Der Lastenkran ist frei. Es ist soweit. Mein erster Anleger mit der noch mastenlosen Liv. Premiere. Uiuiuiuiuiui!

Rückwärts aus der Box zu fahren ist hier nicht das Problem, wir schweben sachte heraus, ich drücke die Pinne rechtzeitig in die Ecke, aus der das Heck wegwandern soll, und schalte in den Vorwärtsgang. Ein präzises Manöverchen, das mir für ein, zwei Atemzüge das Gefühl gibt, nach dem ich so lange vergeblich gefahndet habe: Ich kann das. Es ist nicht lächerlich. Ich weiß, was ich tue. Das Gefühl verflüchtigt sich sehr schnell, ich weiß jedoch, es war da.

Etwas stört mich trotzdem. Der Gashebel sitzt sehr weit unten, und wenn man mehr Gas geben möchte oder weniger oder den Rückwärtsgang reinhauen, muss man sich bücken, und dann sieht man nichts mehr und hört auch nicht mehr, was der Mann am Bug ruft, denn die Sprayhood, diese höhlenartige Windschutzscheibe, schluckt den Schall. Schöne Falle.

»Du musst das mit dem Fuß machen«, rät Danny, der sich das Ganze entspannt anguckt.

Anna steht neben mir und starrt hinaus in den Hafen.

»So.« Mit der Fußspitze steuert Danny den Motor. Marschfahrt. Halbes Gas. Viertel Gas. Schleichfahrt. Leerlauf. Rückwärtsgang. Volle Pulle rückwärts. Okay, das ist leicht nachzuahmen. Und vermag man den Hebel so mit dem Spann bedienen, kann man natürlich die Ruhe selbst sein. Dastehen und gucken, mit links die Pinne halten und mit dem Fuß das Boot gewissermaßen in die Lücke hineindribbeln. Ballgefühl aber hilft nichts. Fingerspitzengefühl hilft nichts. Es bedeutet

Runden im Hafenbecken, begutachtet von allerlei Bootsmenschen. Es bedeutet Disziplin und Arbeit. Doch der Lohn wird sein, Liv kennenzulernen, zu wissen, wie viel Sporen es braucht, bis die Lady gehorcht.

Beschienen von einer klaren Sonne, umfächelt von einem milden Wind, steuere ich unser Schiff an den Stegen vorbei. Pinne nach links, der Bug schwenkt nach rechts. Gut. Vor uns der Lastenkran, der an einem hölzernen Steg wartet. Die Hafenmauern bilden hier ein Rechteck, dessen linke Seite von einer dieser 100 000-Euro-Yachten belegt ist. An der Längsseite soll ich anlegen, der Länge nach, versteht sich. Nichts leichter als das, was, Freunde? Mit der Jolle habe ich das Manöver Dutzende Male gemacht, *unter Segeln* – im letzten Moment die Pinne herumgerissen und das Bötchen an den Steg gehaucht. Aber das hier ist anders. Liv steuert sich auch anders als das Motorboot, auf dem wir unseren Führerschein gemacht haben, ich ja sogar zweimal, Binnen und See. Zweimal löhnen, zweimal üben, zweimal bestehen. (Schikane, aber nichts zu machen.)

Auf dem Kahn war's ganz einfach, ein kleines Steuerrad und direkt daneben der Schalthebel. Wer nicht völlig bescheuert ist oder vor Nervosität Himmel und Wasser verwechselt oder vor lauter Adrenalin die Mann-über-Bord-Boje zu Spänen verarbeitet, der kann gar nicht durchfallen.

Mit Liv ginge das schon.

Ihr Motor dröhnt laut. *Tak-Tak-Tak.* Da ist viel mehr Kraft im Spiel als auf der Jolle und viel weniger als auf dem Kahn. Neun Pferdestärken. Liv wiegt dreieinhalb Tonnen, das entspricht dem Gewicht von vier, fünf ausgewachsenen Pferden. Sie ist, wie man unter Seglern sagt, gerade mal so nicht untermotorisiert, aber vor allem nicht übermotorisiert. Bei Sturm gegen die Wellen anzukommen wird gehen, aber es geht nicht schnell. Es ist eine Qual, um genau zu sein. Aber ich werde bei Sturm nicht gegen die Wellen ankommen wollen, zumindest jetzt erst mal nicht. Jetzt will ich anlegen.

Mir kommt in den Sinn, dass es die Trägheit der Masse gibt und dass alles, was schwer ist, langsam beschleunigt. Doch wenn es mal beschleunigt hat, bitte schön Geduld, bis es wieder eingefangen ist. Liv ist kein großes Schiff, Gott bewahre, sie ist vergleichsweise winzig. Aber nicht für mich. Sie ist eine Rakete von neun Metern und ein paar Zerquetschten Länge. Der Bugkorb wie eine Kimm, die durch die Luft wandert.

Wir nähern uns dem Steg. Links die Yacht. Vor mir der Steg. Links die Yacht. Vor mir der Steg. Denk an den Fuß, ermahne ich mich, mach das mit dem Fuß, aber pass auf, dass das Heck nicht herumschwenkt und die Yacht trifft. Fahr nicht zu nah an die Mauer, sonst ist es zu spät. Wende nicht zu früh, sonst kommst du nicht ran. Pass rechts auf, dass du nicht mit viel Wumms gegen die rechte Wand donnerst, pass auf, pass auf, pass auf.

Danny ist vorne und wirft die Fender über die Reling, sodass sie uns abpuffern. Anna ist neben mir, aber ich weiß nicht, was sie macht. Ich höre niemanden, ich sehe sie nicht, weil ich nach vorne spähe und mich weit nach unten beuge, um Fahrt rauszunehmen. Nach oben schnelle, um zu sehen, wie weit es noch ist. Nach links gucke, wo die Yacht ist. Nach hinten, wo mein Heck ist. Nach vorne, wo die Wand kommt. Ich reiße die Pinne herum, haue den Rückwärtsgang rein, verdammt, geht das schwer! Der Motor röhrt, das Boot ruckt, es tut sich was – aber was? Ich sehe die große, ruhige Hand von Danny, sehe ihn an Land springen, den Festmacher in der Hand. Ich bücke mich wieder, Leerlauf. Danny hebt den Daumen. Anna klopft mir auf die Schulter. Ich meine einen Seufzer zu hören, kann ihn aber nicht lokalisieren. Könnte sich meinem Ölzeug entrungen haben.

Angelegt. Wir liegen am Steg. Ohne Kratzer. Wow. So einfach ist das.

»Gut gemacht.« Anna hat die Arme verschränkt, den Fuß auf die Bank gesetzt. Knufft mich in die Seite. Liebevoller Blick, auch ein bisschen Skepsis. »Aber das war mehr zyprio-

tischer Ausdruckstanz als ein ruhiges und souveränes Anlegemanöver. «

»Ich muss noch dran arbeiten«, gebe ich zu. »Man wird
verdammt nervös, wenn man nichts sieht, und wenn man
dann was sieht, geht die Nervosität nicht weg. «

»Du musst den Fuß nehmen«, erinnert mich Danny, »denk
an den Fuß. «

»Hatte ich vergessen. «

»Wirst du noch lernen. « Schon ist er oben bei der Seilwinde
und kramt an irgendwas herum. Im geheimnisvollen Herumkramen ist er unerreicht. Es gibt Leute, die strahlen, wenn sie
herumkramen, ständig aus, dass sie gerade etwas unerhört
Wichtiges machen. Sie fordern schon mit der Haltung ihrer
Schultern heraus, dass man sich neben sie kniet, sie fragt, was
sie da machen, ihnen zuschaut, sie bewundert. Nicht Danny.
Er kramt nur herum, und er würde auch herumkramen, wenn
kein anderer zuschaute.

Schließlich wuchten wir zu dritt den Mast herbei, der,
einigermaßen friedlich aussehend, leider falsch herum auf den
Gabelwagen gepackt ist. Der Haken, an dem der Mast aufgehängt wird, um ihn durch die Luft zu führen, liegt unten.
Man müsste den Mast jetzt also umdrehen. Anna und Danny
heben hinten an, schauen mich an. Ich schaue zurück.

»Dreh ihn um«, sagt Danny.

»Dreh ihn um«, sagt Anna.

Ich packe den Mast, das Genua-Profil, die Fallen und was
sonst noch da dranbaumelt und hebe ihn ho … ho … hoch.
Platt liegt er auf meinen Unterarmen. Leider ist der Mast nicht
rund, sonst würde ich etwas in die Knie gehen und die Arme
anwinkeln, er rollte dann von alleine, bis der Haken oben
läge. Er rollt aber nicht von alleine. Die Seiten sind abgeflacht,
zugleich ist der Durchmesser des Mastes so groß, dass ich ihn
nicht mit den Händen umfassen kann, um ihn aus dem Hand-
gelenk heraus zu zwingen. Zwingen lässt sich da gar nichts.
Meine Arme fallen gleich ab. Ich könnte wetten, der wiegt

eine Tonne. Außerdem bräuchte ich einen dritten Arm, um ihn rumzudrehen.

Anna schaut mich an. Danny schaut mich an.

»Du musst ihn hochheben und drehen«, sagt Danny.

»Sehr witzig.«

»Aus den Armen hoch und drehen.«

Ich nehme alle Kraft zusammen, fluche auf den, der vorhin nicht dran gedacht hatte, den Mast richtig hinzulegen – also auf Danny, der mir jetzt spöttisch zuschaut –, wuchte den Mast hoch wie der Gewichtheber Matthias Steiner seine Vierteltonne in Peking, einfach, weil es sein muss! Und – hepp! Aber der Mast rührt sich nicht. Rührt sich einfach nicht. Meine Arme spucken Feuer. Als Nächstes werden sie abfallen. Ich lasse den Mast zurück in die Gabel sinken.

Und da tritt Pelle auf den Plan. Pelle trägt einen Overall, der wahrscheinlich einmal blau war, auf dem Rücken steht in großen Buchstaben ODENSE LINDØ. Pelle hat uns die ganze Zeit aus dem Cockpit des 100 000-Euro-Dampfers beobachtet, er riecht nach Bier oder verdünntem Schnaps. Seine Haut ist so ledrig, wie seine Finger hart sind. Seine Augen sind ganz hellblau, mit etwas Wasser darin. Die Nase scheint von einem Schraubstock zurechtgeknetet. Ich schätze ihn auf 65, aber wahrscheinlich ist er zehn Jahre jünger. Er sagt irgendwas auf Dänisch, und Danny gibt ihm widerstandslos den Schalter für den Lastkran. Summend holt Pelle den Kranhaken aus dem Himmel, nimmt sich eine Leine, die er von irgendwo besorgt hat, bindet die Leine um den Mast, knüpft einen Knoten und hängt den Knoten in einen Haken des Krans. Summend fährt der Haken nach oben, und der Mast hebt sich sachte um einen halben Meter aus der Gabel. Nun wenden wir den Mast mit der Innenseite der kleinen Finger.

Tage später werde ich auf einen Impuls hin nachschauen, was »Odense Lindø« bedeutet. Die »Odense Staalskibsværft« steckt dahinter, auch »Lindøværft« genannt, eine traditionsreiche Werft, 1918 gegründet. Bald wird das letzte Schiff vom

Stapel rollen – die Werft wird abgewickelt. Vor Kurzem wurden, wie ich lese, von 2500 Mitarbeitern 175 gefeuert. Ich weiß nicht, ob Pelle dabei war. Es ist auch einerlei. In den Tagen, da wir uns Liv das erste Mal anschauten, haben Männer wie Pelle ihre Arbeit verloren. Männer, die wissen, was sie tun. Gib ihnen ein Werkzeug, und sie reparieren dir dein Leben, wenn es reparabel ist.

Mit leiser Stimme und auf Deutsch gibt Pelle uns ein paar Befehle, wo wir stehen, wie wir ziehen müssen. Er weicht uns fortan nicht von der Seite. Alle Handgriffe, die nun folgen, müsste ich eigentlich beherrschen oder doch wenigstens schildern können, um sie im kommenden Herbst nachvollziehen, selbst anwenden zu können. Ich kann es nicht. Ich kapituliere. Es ist eine Wissenschaft, in meinen Augen.

So richtig komme ich erst wieder zu mir, als ich, an Bord stehend, den Mast in den Händen halte. Da bin ich wieder, denke ich. Armer Tor.

»Pass auf, dass er nicht abhaut!«, ruft Danny. Ich habe ihm nichts von meinem Muskelkater beim letzten Mal erzählt, als ich alleine den Mast halten musste. Diesmal sichere ich ihn ganz souverän. Ich weiß, er will gar nicht umkippen, der Mast ist mein Freund. Beinahe lehne ich mich gegen ihn, um ein Nickerchen zu halten, so sehr langweilt mich meine Aufgabe.

Plötzlich aber – die ersten Wanten sind bereits wieder verankert, der Mast ist gesichert – hat sich unser Masthaken in sechs, sieben Meter Höhe in der Schiene des Mastes verkeilt. Der Haken müsste wieder runter, aber er weigert sich. Er hat sich gewissermaßen verhakt. Wir alle stehen um den Mast herum und schauen da rauf. Mein erster Impuls ist, wie immer in solchen Fällen, wenn irgendwas kaputtgeht: Das geht auch so. Das ist doch nicht schlimm. Bis es mir dämmert, dass wir beispielsweise niemals das Großsegel setzen könnten, dass dies eine kleine Katastrophe wäre, wenn man jetzt, was ja vorstellbar ist, keine Ahnung hätte. Auch Danny kratzt sich am Kopf.

COMMANDER 31

Half Ton Class

Commander 31 the family racing yacht with luxury comfort is not just her outward appearance that is attractive, the interior of the new COMMANDER 31 is equally beautiful and pleasing. Naval architect Jan Kjærulf, designer of the half-ton winner in Marstrand 1972 with Poul Elvstrøm, is responsible for her fine lines and great seaworthiness, which has been successfully proven on the international racing circuit. Minimum rudder effort is required to keep the COMMANDER 31 on course.
But that is not all. – Look inside the COMMANDER 31 and you will be pleasantly surprised. We are not just providing an interior designed for efficient racing, the lay-out is also perfectly well suited for comfortable cruising with the whole family. The cabin is extremely spacious with full headroom and comfortable bunk-space for six persons. Double bunks in the forward cabin, one double and two single in the main cabin. Her interior is richly appointed in matt polished mahogany.

Designer Jan Kjærulff

Bis 1976 baute die Bianca-Werft in Rudkøbing auf Langeland ganze 150 Exemplare der Commander 31, die Jan Kjærulff im Mondlandungsjahr 1969 entworfen hatte. 1972 belegte der Däne mit seiner Crew bei den Olympischen Spielen in der Soling-Klasse den 13. Platz. Er starb 2006 mit 62 Jahren.

Das Unterwasserschiff dürfte inzwischen vollkommen umwuchert sein und vielleicht dermaßen von Muscheln besiedelt, dass es der Motor nicht mehr schafft, uns zu befreien. Da müsste ich mit einer Axt ins Wasser springen, aber jetzt klopp mal unter Wasser Muscheln von einem empfindlichen Rumpf. Man könnte natürlich auch mit einer Flex ran. Da bräuchte man eine Unterwasser-Flex.

Livs Haifischleib auf dem Weg ins Winterlager

Liv im Heimathafen. Anna, Pumba, Sohnemann und der Jung-Skipper machen sich mit dem schaukelnden Gefährt vertraut.

Abendstimmung in Søby auf Ærø

Dank Pit (rechts oben mit blauer
Mütze, dahinter lesend Wencke) übersteht
Liv auch die schwarze Wolke wacker. Nach dem
Sturm strahlt die Crew in Sønderborg wie von innen heraus.

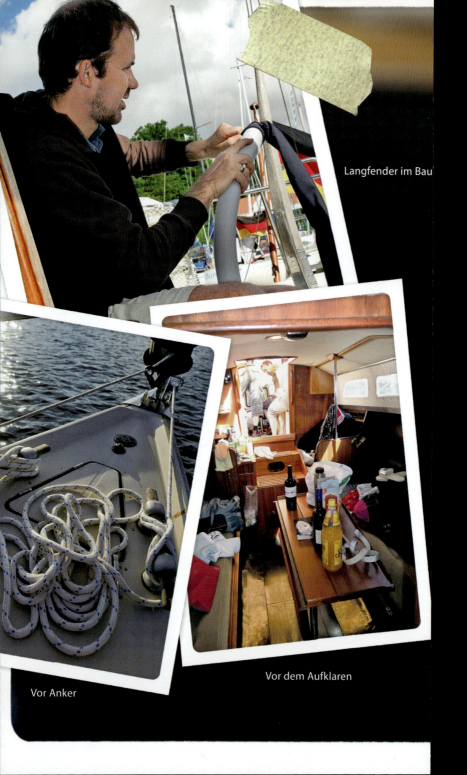

Langfender im Bau

Vor dem Aufklaren

Vor Anker

Schwarz

Tramp

Der Kapitän und unser Sohn

De Ol

Unser Mastenwald, schlafend

Das Revier

Salon am Abend

Pumba, badend

Dreiundvierzig Seemeilen steckst du nicht so einfach weg. Das ist wie zehn Stunden Buckelpiste fahren. Meine Ohren sausen und brennen, meine Augen suchen den Verklicker, meine Hand sucht die Pinne, meine Beine suchen Halt, meine Gedanken suchen Ruhe.

Atina unter Vollzeug

Leinenarbeit

Livs Lied hört sich in jedem Hafen ein wenig anders an. Als wolle sie sich anpassen an diesen neuen Ort, der anders riecht, wo die Menschen anders lachen. Häfen sind was Feines. Häfen sind ein Mysterium. Sie machen dich klein. Sie machen dich groß. Sie zerren dich auseinander. Sie setzen dich neu zusammen.

Wir aber haben Pelle. Wortlos geht er ins Büro des Hafenmeisters und kommt schließlich mit einem Plastiksack zurück. Der Plastiksack entpuppt sich als Sitz, als »Bootsmannsstuhl«, wie Pelle ihn nennt. Er legt ihn erst in den Haken des Krans ein, dann krabbelt er hinein und sichert sich. Er reicht Danny den Schalter, greift sich einen schweren Schraubenschlüssel und sagt so was wie: »*Up*.« Langsam surrend gleitet Pelle in die Höhe. Als sei dies, was man halt in diesen Breiten in so einem Fall macht. Da oben hängt Pelle nun und hämmert mit seinem Schraubenschlüssel auf dem verhakten Haken herum. Er riecht, als sei er rechtschaffen betrunken, aber da oben im Himmel sind seine Bewegungen sicher und flüssig, jeder Schlag sitzt. Nach und nach treibt er den Haken tiefer die Mastschiene hinab, lässt sich nach einem halben Meter tiefer sacken, kommt uns langsam entgegen.

Das Prinzip Pelle. Während der Mann im Overall dort oben arbeitet, unverdrossen, kundig, habe ich genug Zeit, über meine Verblüffung nachzudenken. Er beschämt uns. Er ist der Mann der Tat, der Mann der Hand, der Mann, der als Erster von den Bäumen kletterte, um aufrecht zu gehen. Er ist der Mann, der zurechtkommt. Der weniger verdient als die Simpel, die seinen Lohnzettel kontrollieren, weniger als Hornochsen wie ich, die nichts können als lautlos mit den Fingerspitzen eine Tastatur hoch- und runterzuwandern. Ich bewundere ihn grenzenlos. Ich frage mich, ob ich ihn sonst je gesehen, ob ich bemerkt hätte, welchen Schatz er in sich trägt. Nein, lautet die Antwort. Wir sehen sie nicht, diese Männer.

Wie sich Pelle wieder aus dem Sitz herausschält, lächelt er nur, als wir uns bedanken. Er bringt den Sitz zurück, ODENSE LINDØ lese ich noch einmal, ein kleiner Mann, schwere Schritte. Ich sehe noch seine breiten Schultern über dem Schriftzug. Zwei Sekunden später ist er um die Ecke gebogen. Verschwunden.

»Kennst du ihn?«, frage ich Danny.

»Er liegt mit seinem Boot an meinem Steg. Aber kennen?«

»Er kam einfach so vorbei.«

»Es kommt immer einer vorbei. Manchmal nervt das. Manchmal hilft es. Es gibt eine einfache Regel.« Danny schaut mich fröhlich an, als gelinge ihm gleich ein guter Witz.

»Ja?«

»Mach, was die Alten sagen. Es hat keinen Zweck. Sie machen es eh auf ihre Weise.«

Was ist das für eine Welt, die solche Männer nicht mehr beschäftigen mag?

3

ES DÄMMERT SCHON, halb neun, als wir endlich fertig sind. Anna hat sich zwischendurch ins Auto verzogen und Zeitung gelesen, gewärmt von der tief stehenden Sonne, geschützt vorm kühler werdenden Wind. Ein einziges Mal lande ich einen Treffer. Aber ich verzichte darauf, ihn zu zelebrieren. Es geht um das Vorsegel, das an einer Stelle geflickt wurde. Danny schaut zunächst, wie der Rand einer Ecke neu zusammengenäht ist, und murmelt ein »Hoffentlich passt das auch rein in die Nut«. Und er presst und schiebt, aber die Kante des Vorsegels will sich nicht ins Profil pressen lassen. Endlich drückt er mir die Genua in die Hand – »mach du mal« –, und erst im Nachhinein denke ich, dass es vielleicht ein Test gewesen sein mag. Aber das kann nicht sein. Nach sechs Stunden ist Danny so erschöpft wie ich, wir wollen fertig werden. Und dennoch bin ich fröhlich erstaunt, als ich das Vorsegel umdrehe und die andere Kante probiere, wie exakt und fluffig sie in die Nut rutscht.

»Hey, passt doch.« Ich ernte ein zustimmendes Brummen. Das ist mein Lohn, und ich werde satt davon.

Der Wind hat aufgefrischt, aber es gelingt uns auf Anhieb, die Genua ganz hochzuziehen und einzurollen, obwohl sie bocken und sich unerlaubt bauschen will. So eine Rollgenua ist aus Segler-Sicht eine feine Sache. Man kann stufenlos die Segelfläche verkleinern, wenn der Wind zunimmt. Aber das Profil des Segels ändert sich mit dem Reffen, und die durchs Aufrollen entstehende Wurst aus Tuch verändert die Anströmung, das Verhalten des Bootes wird beeinflusst auf eine schwer zu durchschauende Weise, für die man in Physik stark sein sollte. In Physik verstand ich immer nur Spanisch, und im Falle des zu reffenden Vorsegels habe ich mir nur Mikes Worte gemerkt, dass ich die »Holepunkte« verändern müsse. Das sind die Umlenkrollen, durch die die Leinen geführt werden. Mike hat es mir genau erklärt. Ich war maximal konzentriert damals.

Auf dem Wasser schwimmt eine feine Nebelschicht, und die letzten Möwen ziehen sich zurück, als wir nach Hause tuckern, zu unserem Liegeplatz. Ich bin an der Pinne. Ich wollte an die Pinne. Ich bin bereit für die Pinne. Ich habe Schiss, das sei offen gesagt, die Pfähle stehen eng beieinander, aber es sind ja bislang kaum andere Boote im Hafen. Wenn ich das Manöver also verpfusche, wird mein Pfusch kein Gelächter, keinen spöttischen Applaus provozieren, und die Gefahr, dass ich eine dieser klinischreinen weißen Yachten ramme, erscheint mir verschwindend gering.

Wir nehmen unsere bewährten Positionen ein, Anna deutet auf meinen Fuß, und ich nicke ihr zu. Langsame Anfahrt. Plötzlich wird alles auf einmal geschehen müssen. So stelle ich mir Skispringen vor. Man rattert die Spur hinunter und ist ganz und gar gespannte Ruhe, ein Körper vor der Tat, fokussiert auf den Moment des Absprungs, in dem Kraft und Balance sofort vereint sein müssen. Barth in der Spur. Zieh!

Langsam schieben wir uns in unsere Stegreihe. Ich bemerke die Kräuselung auf dem Wasser, Druck auf dem Boot, von links kommend, von Westen. Keine Boote in der Richtung, um die Brise zu schlucken. Muss ich eben noch präziser arbeiten. Noch fünf Liegeplätze, noch vier, hier ein Boot, noch zwei, noch einer – und Pinne rumreißen! Anna hat die eine

Leine in der Hand, ich die andere, um uns an den Pfählen fest-
zumachen. Ich habe das Gefühl, wir sind zu schnell, ducke
mich blitzartig, um Gas wegzunehmen, schaue hoch, sehe
nichts, springe auf, wunderbar, wir treffen die Lücke exakt,
rechts und links des Bootes sind zwanzig, dreißig Zentimeter
Platz, steuern auf den Steg zu. Hepp! Links und rechts die
Leinen über, straff ziehen. Jetzt kann nichts mehr passieren.
Eigentlich. Ich bücke mich flugs, will den Rückwärtsgang
reinhauen, um aufzustoppen, da höre ich einen Brüller von
vorne. Ich schnelle hoch, Danny rudert mit den Armen.

»Einen zu weit«, ruft er, »wir müssen den daneben nehmen!«

Ich wünschte hinterher, eine Kamera hätte das Folgende
festgehalten. Es ist ein Wunder, was alles schiefgehen kann,
obwohl man es gut meint, und dass es schiefer geht, je besser
man es meint. Alles geschieht gleichzeitig, das Falsche im falschen Moment. Wahrscheinlich vergesse ich den Rückwärtsgang rauszunehmen oder ziehe idiotisch am Festmacher, der
Wind brist auf, ich kann mich hinterher nicht erinnern,
etwas gesehen, gehört, getan zu haben. Jedenfalls treibt der
Bug ab, nach Steuerbord, wird wie von einer unerbittlichen,
riesigen Hand langsam herumgeschoben, und wir schweben
auf die andere Yacht zu. Wieder eines dieser 100 000-Euro-
Dinger, nur durch ein paar Fender gesichert, verwundbar und
rein, und unser Bug zielt auf ihre Mitte, wie ein Pfeil auf ein
Herz.

Das wenigstens ist ein Vorteil der Commander: Sie ist nicht
so schwer, dass sie dir nur eine Kusshand zuwirft und weiter-
macht, wenn du versuchst, sie mit Einsatz all deiner Muskeln
abzuhalten. Danny schafft es irgendwie. Ich sehe sein langes
Bein an der Scheuerleiste des anderen Bootes, seine Hand an
den Wanten. Wir schwenken weiter herum, siebzig Grad, wir
sind vorbei am Nachbarn, liegen parallel zu den Pfählen.
Schweigen an Bord.

»Oh Mann!«, seufze ich. »Und jetzt?«

Danny kommt nach hinten. »Das war eigentlich ein perfekter Anleger.« Er lacht. »Ganz große Klasse, viel Gefühl.«

»Nur leider am falschen Platz.«

»Nur leider am falschen Platz.«

Und jetzt? Danny geht wieder nach vorne, Anna löst ihren Festmacher vom linken Pfahl, und ich nehme die Leine an meinem Pfahl in die Hand, bugsiere das Heck zu diesem Pfahl aus schwarzem Plastik. Ich drücke an dem Pfahl hierhin und dorthin, allein, es gelingt mir nicht, von hier aus das Heck weiter nach hinten zu drücken … Logisch: Danny hält uns vorne an einem Pfahl fest.

»Heh«, rufe ich, »loslassen!«

»Was machst du da eigentlich?«, fragt Anna.

»Na, wir wollen doch zum nächsten Platz. Wir müssen doch …«

»Nicht nach hinten. Nach vorne. Du bist nicht eins zu früh, du bist eins zu spät eingebogen.«

Ich verzichte auf eine schnippische Antwort. Ich verzichte überhaupt auf eine Antwort. Es ist ein nebulöses Mittelstadium des Manövers, und ich stehe neben mir, wo auch immer das ist. Vielleicht sitze ich ja in der richtigen Welt auf diesem Pfahl und schaue meinem Treiben zu. Die Wahrheit ist aber wohl leider viel eher so: Ich weiß sogar ganz genau, dass wir eins nach vorne wollen, aber mein Verstand hat den Händen den Befehl gegeben, das Boot eins nach hinten zu befördern. Das verstehe, wer will. Wie kann man denn so doof sein? Peinlich berührt drücke ich uns zum nächsten, drei, vier Meter entfernten Pfahl. Ich schiebe es auf Nervosität. Aber dieses Gefühl ist ein niederschmetterndes, das ich so nicht kenne: überfordert zu sein. Hier bin ich es definitiv. Wer überfordert ist, zieht aus richtig beobachteten Informationen die falschen Schlüsse.

Behutsam verlegen wir Liv an den richtigen Platz, zuppeln und ziehen, belegen die Klampen. Und liegen fest. Geschafft. Es ist fast dunkel, kurz vor neun, und der Typ im »Marinetten« hatte gesagt, die Küche sei bis neun Uhr offen. Unter

Deck letzte Tipps von Danny, dann brechen wir auf. Anna knurrt der Magen so laut, dass man es noch in Odense hören kann, und ich habe ebenfalls einen gesegneten Appetit.

»Auch hungrig, oder musst du nach Hause?«, frage ich Danny.

Er schaut an sich runter, zeigt auf die Flecken auf der Hose, seine ölverschmierten Hände. »Wenn wir hier noch was kriegen. Aber in Dänemark geht kein Mensch in Handwerkerklamotten ins Restaurant. Das gehört sich nicht.«

Ich zucke mit den Achseln. Während er sich die Hände wäscht, schauen Anna und ich oben im »Marinetten« rein. Das Licht ist bereits gedimmt. Die Küche zu.

Wir treten wieder ins Freie, ausgehungert, in ernster Sorge. Anna kann ungemütlich werden, wenn sie nichts zwischen die Kiemen bekommt, und ich sehe ihrem Blick an, dass sie schnellstmöglich einen Happen braucht und ein Bier, sonst wird unsere erste Nacht an Bord von Liv überschattet sein vom Bärenknurren.

Auch im Alten Hafen nebenan sind die Lichter der Restaurants verlöscht. »Wir gehen in ›Erik Menveds Kro‹«, sage ich zu Danny, »fährst du uns hinterher?«

Er schüttelt den Kopf und zeigt auf seinen Overall.

»Okay.« Ich verstehe seine Sturheit nicht. »Schade.«

»Okay«, sagt Danny.

Wir geben uns nicht die Hand. Er hat die Haut nicht sauber bekommen, schwarze Schlieren, zu Hause muss er mit schärferen Mitteln ran. Wir nicken uns nur zu, und ich meine, eine schwer erklärbare Enttäuschung in seinem Blick zu spüren, aber wahrscheinlich lese ich das nur hinein. Wir haben nun ein paar ganze Tage miteinander verbracht, und er hat mir in diesen Tagen nicht eine einzige Frage gestellt, die nach meinem Leben zielte. Vielleicht ist das Höflichkeit. Vielleicht aber auch das kaum verhüllte Desinteresse eines Mannes, der vollkommen zurecht einfach um sein eigenes Dasein kreist. Mit langen Schritten geht er davon und wird verschluckt von der windigen, sternenklaren Bogenser Nacht, durch die ab und zu eine arktische Böe streicht, wie auf der Suche nach Halt.

Im »Kro« schließt die Küche gerade, aber wir kriegen ein Club Sandwich und dazu frisches Tuborg vom Faß. Annas Gesicht glüht vom Tage.

»Das wäre geschafft«, sagt sie, kauend, lächelnd. »Hätte zwischendurch nicht mehr gedacht, dass wir's vor der Dunkelheit packen.«

Mit vollem Magen beteuere ich, dass ich im Herbst Fachleute ranlassen werde, um den Mast wieder zu legen. »Das ist ja niemandem zumutbar. Das ist was für Freaks. Bin ich ein Freak? Nein.«

»Zu Hause fährst du auch in die Werkstatt, um die Reifen wechseln zu lassen.«

»Ja, aber ich könnte sie wechseln. Das ist ein Unterschied. Ob man zu faul ist oder zu blöd.«

»Blöd?«

»Unerfahren. Ungelenk. Ungeschickt. Unangemessen unkundig.«

»Schon verstanden.«

Als wir aus der verräucherten Stube ins Freie treten, bemerken wir erst, wie warm es drinnen im »Kro« war. Die Straßen Bogenses liegen verwaist da, unsere Schritte hallen vom Pflaster wider. Schwache Lampen erhellen den Hafen. Irgendwo Möwengeschrei. Das Wasser im Becken ist gekräuselt, das Licht der Sterne gebrochen. Liv liegt unberührt an ihrem Platz. Dunkel und geduckt, wie ein Katze vor dem Sprung.

Drinnen ziehen wir den Stöpsel der Heizung. Es dauert eine Weile, bis warme Luft aus den Stutzen strömt. Das leise Dröhnen, wie eine Grundierung des Abends. Unser Atem ist bald nicht mehr zu sehen. Johnny Cash in der Luft, »American Recordings«. Griechischer Wein aus Naoussa. Wir sitzen zurückgelehnt da und reden leise. Wie um das alles gar nicht zu stören. Bevor wir in die Koje kriechen, öffnen wir noch einmal den Niedergang. Hinaus an Land, Katzenwäsche. Wir staunen, wie kalt es ist. Ein Sternenmeer und unsere harten Schritte auf dem Steg. Nichts als unsere Schritte. So klar, diese Luft. So klar, dieser Himmel. Schnelle Schritte, die Fäuste in die Taschen gesteckt. Zurück an Bord, wie warm es da unten in unserer Höhle ist. Unsere Schlafsäcke sind im Fußbereich angewärmt, auch da ist ein Stutzen. Wir kriechen hinein, ich stoße mir den Kopf, die Schulter, wir liegen. Eng, aber wir liegen. Es reicht gerade so. Man wird sich dran gewöhnen. Die Heizung habe ich runtergestellt, aber sie läuft leise summend weiter, eine Melodie, die uns durch die Nacht tragen wird. Sie wiegt uns wie das Boot, das ein wenig schaukelt, wie der Gesang des Windes, das leise Schlagen der Wanten.

Dies ist die Stimme unseres Bootes. Livs Lied, wir hören es zum ersten Mal in dieser Nacht. Es ist ein gutes Lied.

4

KEINE KLAMMEN SOCKEN am Morgen. Trockene, gute Luft im Boot. Ich strecke mich. Anna summt. Durch die abgedunkelten Fenster dringt ein weiches, schwimmendes Licht herein. Beim Gang in die Stadt reiben wir uns den Sand aus den Augen. Im Hafen waren wir die Einzigen, die auf Kaffee und ein Croissant hofften. Nun wandern wir durch die Gassen. Bogense schläft, Bogense schläft immer. Offen hat nur der Bäcker. Wir mampfen süße *Snekken* und schlürfen dünnen, heißen Kaffee, sitzen am Fenster zur Hauptstraße. Ein Gefühl wie früher, wie nach der ersten Nacht im Zelt. Übernächtigt, gerädert, im Blut tausend Schuss Sauerstoff.

Zwei Stunden lang schrubben wir Liv, räumen aus, werfen weg. Aufklaren, so sagt man doch. Der eine oder andere Fleck dürfte aus dem letzten Jahrtausend stammen. Aber viele sind es nicht. Jeder Handgriff ist noch neu, jede Bewegung die erste. Anna macht klaglos die Küche, ich schnappe mir den Schlauch auf dem Steg und spritze an Deck Livs Plastikhaut ab. Johnny Cash singt » The Streets of Loredo «, ich beuge mich mit dem Schwamm über das Heck und versuche kopfüber, die weißen Spritzer wegzuschwemmen. Bei » We'll meet again « packen wir zusammen. Das Steckschott in die Tür. Taschen, Tüten, Abfall. Zwei letzte Blicke.

» Im Mai geht's los. « Anna tätschelt Liv die Flanke. » Mach dich auf was gefasst. So was hast du vermutlich noch nicht so oft erlebt. «

Ich vermute, sie sagt es zum Boot, zu niemandem sonst im Speziellen, und ich ziehe vor, nichts darauf zu erwidern.

Aus der Ferne sieht sie tapfer aus, unsere einsame Lady.

ACHT

DURCHSTOSS

1

DER WIND WIRD UNS HOLD SEIN, so sagt man unter uns Wetterfröschen. *Windfinder.com* meldet: Er wird bei der Überführung aus der richtigen Richtung wehen. Das ist das Wichtigste, der Wind und seine Herkunft, wie die Tiefs sich bewegen. Da verblasst selbst die Bläue des Himmels oder wie die Rapsfelder leuchten in der Maisonne, sodass man den Anblick einatmen möchte. Wen juckt da, ob wir ins Wasser springen werden vor Übermut, weil es so durchsichtig ist und hellgrün schimmert, wie es vielleicht noch ein paar Wochen schimmert, bevor die Algen kommen, das Badeöl, das Motoröl, die Quallen und das Drücken des Sommers?

Sechs Wochen später, Mai.

Überfahrtwetter. Es bläst aus Nordwest, Tendenz Nordnordwest, Stärke drei bis vier. Wer eine Karte lesen kann, der weiß: Es ist unser Wind. Er weht uns nach Hause. Sobald wir Middelfart passiert haben, rauschen wir die Küste Jütlands entlang und drunten ab in den Alsensund, wo wir geschützt sein werden. *Windfinder.com* ist eine feine Sache, sehr präzise, so scheint es wenigstens. Nur ändern sich die präzisen Angaben regelmäßig, was natürlich einerseits Verwirrung hervorruft, andererseits Luft für Hoffnung lässt – oder Düsterkeit. Die Chance ist groß, dass das am Montag prognostizierte Sonnenloch, das von Donnerstag bis Samstag reichen soll, schon tags darauf zusammengeschrumpft sein wird auf ein Löchlein von fünf Stunden am Freitagnachmittag und dass es am folgenden Morgen gar nicht mehr aufzufinden ist. Stattdessen schieben sich von Tag zu Tag mehr dieser blauen Tropfen ins Bild, gepaart mit hohen, schlanken Balken, die den Wind anzeigen, je höher, desto stärker.

Umgekehrt kann es passieren, wenn man an Bord sitzt und mit der Sonne abgeschlossen hat für die nächsten 72 Stunden, dass sich da doch ein Strahl Bahn bricht durch die Wolken und einen Ausschnitt der Wunderwelt wie ein Scheinwerfer erhellt. Als habe der Wettergott, den es ja so sicher gibt wie den Fußballgott, den Kampf gewagt gegen *Windfinder.com* und all die anderen Technokraten. Zwar kann er diesen Kampf nicht mehr gewinnen, nicht in unseren Zeiten, aber ab und zu reicht es noch für eine kleine Demonstration der Macht. Mit unserem Sonnenstrahl jedenfalls werden wir mächtig zufrieden sein, angesichts dieser Vorhersage.

Von Bogense hinunter nach Sønderborg und weiter in unseren kleinen Heimathafen bin ich seit vergangenen Herbst in Gedanken wohl hundert Mal gereist. Ich starrte auf die Karte und suchte Häfen, die sich zum Übernachten eignen würden, ich studierte die Tiefenangaben, wo wir aufpassen müssen, ich lehnte mich zurück und schloss die Augen, wenn draußen ein Sturm heulte. Es gab eine Phase, da wusste ich aus der Tiefe meines Herzens, dass wir niemals ankommen würden. Genauso aber gab es eine Zeit, da verlachte ich innerlich die vielleicht 65 Seemeilen, die wir vor uns haben. Der Grund ist mir jetzt nicht mehr klar. Ich wollte, er fiele mir ein. Tut er aber nicht. Selbstbewusstsein ist ja nichts, das mehr wird, je mehr man drüber nachdenkt.

Pumba schaut mich an, als würde sie gerne mitkommen. Ich verstehe sie. Trotzdem ist sie beim Segeln zunächst mal nur Ballast. Sie würde nur ihre größte Tugend ausspielen: im Weg herumzustehen, oder noch viel lieber herumzuliegen, dabei an Leinen zu kauen, die wir aber in der nächsten Millisekunde für die Wende benötigen.

»Nee, Pumba«, flüstere ich, »noch brauchen wir keinen Seehund.«

Sie schaut mich vorwurfsvoll an. Wedelt sehr kultiviert mit dem Schwanz und legt ein Ohr an, das andere kippt nach vorne.

Aber ich werde nicht schwach. Keine Chance. Nicht mal unser Sohn darf mit, Opatage, Omatage. Wir werden zu viert an Bord sein, Pit, Wencke, Anna und ich. Außerdem haben wir bis heute noch nicht mal das größte aller Probleme gelöst: Wie kriegen wir das Viech an Bord? Liv ist vorne sehr schmal. Und der Bugkorb und die Reling verhindern einen eleganten Durchgang, auch wenn Pumba sich so wahnsinnig dünne machte wie bei uns an den Lichtungen des Gartenzauns. Wird sie drüberspringen können? Werde ich sie drüberhieven müssen? Achtundzwanzig Kilo, die sich wehren, die sich winden, die das nicht mögen, die denken, das sei eins dieser komischen Spiele, bei denen der Boss den Kampf probt, einfach so drüberwuchten? Oder werden wir ein Brett anfertigen lassen müssen, eine in der Mitte aufgebockte Gangway, auf der Pumba entlangpromenieren wird, bis sie butterweich ihre Pfoten an Deck setzen kann?

Ratlos schaut sie mich an. Sie weiß nicht, welche Gedanken ich mir mache. Einmal spielte ich sogar mit der Idee, eine Katze anzuschaffen, eine Bordkatze. Eine Lockkatze. Mit deren Hilfe kommt Pumba bei uns zu Hause hin, wo immer sie möchte. Zuletzt demonstrierte sie dies in olympischer Manier mit einem Oxer-Sprung von zwei Meter Länge und einer lichten Höhe von siebzig Zentimetern, über Sträucher und Zaun hinweg, um es den Nachbarsmuschis gründlich zu geben.

Aber jetzt erst mal wieder ab zu ihrem Rudel, in die Lüneburger Heide, wo ihre Eltern, Brüder und Kumpel wohnen. Als sie in den Kofferraum unserer Freundin Uta springt, die Chefin des Rudels, hat Pumba den Schwanz eingezogen. Das Letzte, was ich von ihr vernehme, ist ein lautloses, dennoch nicht zu überhörendes, indigniertes, gleichwohl energisches »Hmpflpfmpf«.

2

SO VIEL WIDERSTAND leistet unser Sohn nicht, im Gegenteil. Er scheint begeistert von der Aussicht, nun die anderen Großeltern bespaßen zu können. Der Flieger unserer Freunde hat natürlich Verspätung, Wencke und Pit landen nicht um halb acht, sondern um halb zehn Uhr abends. Wir machen sie mit meinen Eltern bekannt, wir kippen noch ein paar Gläschen Wein zusammen, und mein Vater vollbringt es, auf die Segelgeschichte des toten Anwalts vom Starnberger See so gut wie zu verzichten. Stattdessen diskutieren wir fachmännisch, wann die Menschheit das Kreuzen gelernt hat und ob dafür die Erfindung des längs angebrachten Baums (Pits Favorit) verantwortlich zeichnet oder nicht viel eher (wozu stark mein Vater tendiert) die Verwendung eines Kielschwerts. Von wegen Gegendruck.

Pit argumentiert, das reduziere nur die Abdrift, sei aber nicht entscheidend dafür, wie hoch man am Wind laufen könne, und nach ein paar Schlucken hin und her klinken sich die Mädels aus diesem interessanten Thema aus, ohne nennenswert etwas gelernt zu haben, wie Anna behauptet.

(Eine spätere Internetrecherche bestätigt Pit – die Erfindung des dreieckigen Schratsegels, bei dem das Vorliek am Mast befestigt ist, ermöglichte offenbar erst das Segeln hart am Wind. Laut Wikipedia gibt es eine Darstellung aus dem dritten Jahrhundert nach Christus, die beweist, dass Pfiffikusse schon damals auf den Trichter gekommen waren.)

Eine kurze Nacht. Fast haben wir am Morgen den Verdacht, unser Sohn sei ganz froh, uns mal für eine Weile los zu sein – einfach mal den Rücken frei zu haben von der Last, permanent mindestens ein Elternteil beschäftigen zu müssen. Vielleicht schleichen wir uns auch nur etwas sehr früh aus dem Haus, fünf Uhr, da hat er natürlich keine Chance.

Aufbruch ins Abenteuer! Der Wagen ist randvoll, denn natürlich haben Anna und ich eingekauft, als zöge ein Rugby-Team in ein Trainingslager. Im Magen dieses Kribbeln, das immer kommt, wenn es ins Ungewisse geht. Ich würde gar nicht behaupten, dass ich dieses Gefühl mag. Ich mag es viel eher hinterher, wenn alles überstanden ist. Aber daran werde ich arbeiten. Es ist die Haltung eines Sesselpupsers.

»Ich liebe solche schwachsinnigen Aktionen«, sagt Pit, als wir aus der Einfahrt ticken. »Das sind hinterher immer die besten.«

»Wenn man sie überlebt.«

»Das ist allerdings erforderlich, stimmt.«

Von Danny keine Spur, als wir in Bogense ankommen. Von der Sonne auch nicht, aber mit der hatte ich nun wahrlich nicht gerechnet – das sonnenlose Bogense bleibt sich treu. Danny aber enttäuscht mich. Die beiden Kinder und seine Frau hätte ich gerne einmal kennengelernt. Tage später wird er mailen, er habe kommen wollen, es aber nicht geschafft, weil einer seiner Kunden partout an jenem Morgen ein Tattoo gestochen haben wollte. Das Geschäft geht vor, immerzu geht es vor. Recht so. Lasst die Welt gedeihen, macht Geschäfte!

Liv liegt da wie hinterlassen, nur das Deck hat Flecken, die aussehen, als habe sie einer draufgepinselt. Und drumherum sind alle Boxen belegt, die Saison brummt schon. Dennoch wieder kaum Leute zu sehen, ein Donnerstagmorgen, ein Feiertag Mitte Mai, nicht mehr als neun Grad.

Wencke und Anna räumen die Pantry voll und beginnen danach mit dem langwierigen Prozess, sich wettergerecht anzuziehen. Dazu gehört prinzipiell über die eigentliche Unterwäsche erst mal Ski-Unterwäsche, die laut Hersteller allein schon genügte, um eine sternenklare Nacht auf den Färöer-Inseln im November fast überleben zu können. Darüber ein T-Shirt, nichts Besonderes, eines dieser Leibchen, die zu Hause nur im Schrank rumfahren, weil sie irgendeinen bescheuerten Aufdruck tragen. Untenrum eine phantastische, im Schritt schrappende Segelhose mit aufgesetzten Knieschonern und Hosenträgern, die oberhalb des Schritts zwischen zwei Fleeceschichten gezogen wird. Dazu Schuhe nach Gusto. Leder gefällig? Untenrum ist schon mal Ruhe.

Obenrum noch lange nicht.

Über diese Basisausstattung, ganz wichtig, kommt eine dünne Lage Fleece – eine von diesen modernen superzarten Fleece-

jacken, die nichts wiegen, nicht zu pillen anfangen, wenn man
sie einmal in die Wäsche geworfen hat, die sich den Formen des
Körpers, auch des weiblichen, zweckdienlich anpassen, die sehr
schick designed sind, sodass man sich sogar einigermaßen angezogen fühlt, und die, jawoll, auch in der Lage sind, ein gewisses
Gefühl des Wärmens zu erzeugen, sofern es draußen nicht allzu
kalt ist. Darüber kommt eine weitere Lage dünnen Fleeces.
Darüber nochmals eine Lage dünnen Fleeces der noch neueren
Generation, die ein wenig weniger wiegt. Wie viel Lagen haben
wir jetzt? Sechs? Darüber eine Lage dünnen Fleeces herkömm-
licher Bauart, pillend. Darüber eine extradicke Fleecejacke eines
Fabrikats nordischen Namens, ein Produkt, das sich da auskennt, wo wir hinmüssen. Diese dicke Jacke muss unbedingt
aussehen, als genüge schon ihre Anwesenheit, um die Kälte in
einem Umkreis von zehn Metern zu bannen. Sie ist zudem winddicht. Das heißt, sie lässt überhaupt keinen Hauch von Wind
durch, und würdest du sie in einem Notfall an Mast und Baum
binden, weil das Großsegel in Fetzen hängt, würde sie eine pas-
sable Figur abgeben. Darüber die Offshore-Round-The-World-
Einhand-gegen-den-Wind-Öljacke. Die ist das Wichtigste. Natürlich ist sie etwas arg bauchig geschnitten, man muss über sie
fluchen können. Dafür ist sie wasserdicht, winddicht, mücken-
dicht, luftdicht.

Schon kann's losgehen.

Das ganze System wird in Ratgebern gewöhnlich nach der
Zwiebelschale benannt.

Man muss zugeben, dass Anna eindeutig den Kürzeren
zieht. Wencke gewinnt das Duell um zwei Lagen des dünnen
Fleeces, und jetzt schon wird klar, wer sich wirklich gewapp-
net hat für diese Tour. In meinen Lederstiefeln samt Skisocken
komme ich mir erneut untermotorisiert vor. Habe untenrum
keine weiteren Lagen an, die den Schweiß aufsaugen, weiter-
leiten, ausatmen könnten.

Pit schaut sich in dieser Zeit das Boot an. Manche Menschen loben oder danken aus Höflichkeit, andere Menschen

loben oder danken, weil sie es loswerden müssen, sonst platzten sie.

»Mann, da habt ihr alles richtig gemacht«, sagt Pit nach der ersten Schlossführung. »Klar hat es hier eine Macke und dort und da und hier …«

Ich runzele die Stirn.

» … aber das ist ja völlig wurscht, das Ding steht da wie 'ne Eins.«

»Allein diese Rattan-Applikationen«, fange ich an. »Es gibt ernst zu nehmende Leute, die sagen, sie würden sich dieses Boot nur wegen denen kaufen.«

Pit macht ein feierliches Gesicht. »Diese Leute scheinen mir ausgewiesene Experten zu sein. In der Tat ist es völlig unerheblich, ob ein Boot einen soliden Mast oder Segel hat, die ziehen, wenn es nur genügend Stauraum hat. Das ist altes Seemannswissen, und es ist eine Frage des Respekts, dies zu respektieren.« Das ist die kurze Zusammenfassung seiner Rede. Pit ist nicht nur Lehrer, er ist ein Lehrer der Lehrer. Wenn er will, kann er jeden in sachlichen Worten an die Wand schwatzen, aber fast immer ist er dazu zu höflich. Oder seine Frau, die auch Lehrerin ist, redet gerade. Außerdem sind beide hier im Urlaub oder, wie Pit es ausdrückt: »Weit weg von dem ganzen Scheiß zu Hause, von jenen hirnverbrannten Kanaillen, die keine Peilung haben von nichts.«

Und wir sind ja auch im Urlaub. Anna ähnelt einem Michelin-Weibchen, sie zeigt mir aber den hochgereckten Daumen. Die Kälte kann kommen. In den letzten Wochen hat eine fiese Erkältung sie im Würgegriff gehalten. Einmal sprach sie gar davon, dass sie womöglich nicht mitkommen könne auf die Überfahrt, aber ich meinte nur: »Das wird schon.« Nun ist sie dabei, vielleicht auch, weil die ganze Schonung nichts gebracht hat. Manche Krankheit darfst du nicht schonend behandeln, die musst du ausräuchern. Drei Tage auf einem zugigen Boot bei kaltem Wind, kalter Gischt, klammen Klamotten – das müsste als Ausräucherei genügen.

Zuerst tuckern wir rüber zum Tanken. Astreiner Anleger seitwärts, Pit schmatzt das Boot sachte an den Steg, ich halte mich zurück. Will nicht das große Ganze gefährden durch ein versautes Manöver, noch bevor wir losgedüst sind. Sicher ein Fehler, so zu denken. Bequem. Ich weiß, so verbessere ich mich nicht. Zwing dich zu deinem Glück, das war der Pakt, aber ich zwinge mich erst mal nicht.

Es gibt Segler, die halten das Segeln für eines der größten Geheimnisse der Menschheit, die Kenntnisse darüber zu erlangen nur durch Geburt, wie ein Adelstitel. Und es gibt Pit. Na, er ist nicht allein, sagen wir also besser: die Pits. Er hat gerade erst vor Elba seinen Sportküstenschifferschein bestanden, ist also voll im Saft.

»Die meisten kochen da auch nur mit Wasser«, erzählt er. »Einer war dabei, der hat Backbord und Steuerbord immer verwechselt, der konnte nicht mal geradeaus segeln.«

»Du übertreibst.«

»Sogar dem haben sie den Schein gegeben. Zur Sicherheit haben sie ihn bei der Prüfung im Hafen gar nicht erst anlegen lassen.« Pit lacht. »Mit solchen Vögeln musst du auf dem Meer eben auch rechnen.«

»Ich bin ja selbst so einer.«

»Aber du weißt, dass du noch viel lernen musst. Der wusste es nicht. Einige Leute glauben, sie sind reif für den America's Cup, dabei würden sie selbst zu Hause in der Badewanne keine Gummiente gewendet bekommen, ohne mit deren Nase wo gegenzurammen.«

Er hat eine Liste dabei, einlaminiert, ewigkeitstauglich, die es abzuarbeiten gilt. Ich mache mit, trotz meiner Phobie vor Checklisten. Motor prüfen, Ölstand, Keilriemen. Check. Sicherheitsausrüstung. Check. Zu segelnden Kurs bestimmen. Check. Mannschaft einweisen. Check. Gehört man als Eigner zur Mannschaft? Und was ist mit der Gattin des Eigners? Bliebe als Mannschaft nur Wencke. Und die kann sich vor Zwiebelschalen kaum bewegen.

Plötzlich ein durchdringender Laut, ein Warnheulen. Ein Nebelhorn? Es kommt von unserem Boot, aus unserem GPS-Gerät. Verzweifelt drücken wir alle Knöpfe, vor und zurück, lang und kurz, kurz, kurz, lang. Es ist ein nervenzersägender Ton, als steuerten wir auf unseren lange erwarteten Eisberg zu und hätten die Eisbergwarnung aktiviert. Ein Ton, wie man ihn von diesen Porsche Cayennes kennt, die vorm Café auf dem Behindertenparkplatz stehen, wenn jemand nur dran denkt, sie zu klauen. Es ist ein Ton, den man verbieten sollte, weil er einen so erschreckt, dass man denkt, es müsse etwas ganz arg im Argen sein. Aber womöglich ist das der Sinn eines Warnsignals.

»Tiefgangsalarm!«, schreit Pit mir ins Ohr.

»Aber wir bewegen uns doch gar nicht von der Stelle.«

»Vielleicht ist er auf eine kritische Grenze eingestellt, und die ist jetzt gerade erreicht.«

»Vielleicht spinnt der ja auch.«

»Vielleicht spinnt der, stimmt.« Wir blicken uns an.

Aus dem Niedergang schaut Anna hervor. »Gehen wir unter? Jetzt schon?«

»Moment!«, rufe ich und quetsche mich an ihr vorbei, beuge mich hinten links über die Couch, wo zwei rote Hebel in einer Schublade versenkt sind. Mit den Hebeln kann man die Batterien abkneifen. Ohne Strom kein Ton. Denkste. Das Ding heult weiter.

Ich krame in Dannys schwarzer Ledertasche, in der die Bauweise der Eberspächer Dieselheizung auf rund 1400 Seiten skizziert ist.

Das GPS kommt in der Ledertasche nicht vor. Irgendwo hatte ich ein Manual gesehen, aber jetzt komm mal drauf, wo, wenn alle Heulbojen dieser Welt sich verschworen haben und die Mutter aller Sirenen dir das Hirn verstopft.

Oben sehe ich Pit vor dem GPS knien.

Wencke kommt an Bord, sie hält sich die Ohren zu. »Brennt's oder was?«, brüllt sie.

Wir schütteln alle gleichzeitig den Kopf.

»Eisbergalarm!«, rufe ich.

»Tauchalarm!«, ruft Anna.

»Tiefgangsalarm!«, ruft Pit.

Da: Stille. Ohne Vorwarnung. Das ist nun auch brutal, ohne Druckkammer. Die Ohren sausen.

»Keine Ahnung, wie«, murmelt Pit. »Einfach noch mal lang und wild alles gedrückt.«

Wir schütteln uns wie junge Hunde. Die Betäubung muss man erst mal aus den Gliedern kriegen.

Aber es glückt uns doch rasch, hibbelig, wie wir sind. Pit birst wie ich vor Lust, Liv auf See kennenzulernen, die Segel rauszukramen, zu sehen, wie sie auf Wind reagiert, ob sie »schnell anspringt«, wie Segler sagen, also eine Böe rasch und spürbar in Vortrieb umsetzt, oder die Dynamik einer Bleiente versprüht.

In den Tank plätschern nur acht Liter Diesel. Das kann heißen, dass der Tank fast voll war, ein netter letzter Freundschaftsdienst von Danny, oder dass verdammt wenig Diesel in diesen Tank passt. Leider wusste Danny nicht zu sagen, wie viel, und es steht auch in keinem Dokument. Wir wissen auch nicht, wie viel Liter pro Stunde der Motor verbraucht, wie weit wir also kommen, gesetzt den Fall. (Viel später erst wird uns de Ol sagen, wir müssten mit einem Verbrauch von zwei Liter in der Stunde maximal rechnen; wenn wir also vierzig Liter im Tank haben, wären das zwanzig Betriebsstunden Reichweite.)

»Gesetzt den Fall was?«, fragt Anna.

»Einfach nur so«, antworte ich. »Gibt ja immer mal Situationen, wo man nur motoren kann.«

»Oder möchte«, fügt Pit hinzu, »weil es unter Segel zu gefährlich wäre.«

»Da sind wir aber nicht mehr unterwegs, wenn es gefährlich würde«, protestiert Anna.

»Natürlich nicht«, sage ich schnell.

»Aber schau hier!«, ruft Pit. Wir sind jetzt unter Deck, er deutet auf die Karte. »Die Enge von Middelfart windet und schlängelt sich. Es kann schon sein, dass wir die Lappen runterholen und die Möhre anwerfen, wenn der Wind ungünstig steht. Sonst kreuzst du dir ja einen Wolf.«

Damit gibt sich Anna vorerst zufrieden. Die Mädels nehmen ihre Position auf der hinteren Bank ein, ich schnappe mir die Pinne.

Bin nervös. Habe den Horror in mir, nach einer Seemeile dieses Schawappen im Magen zu spüren, dem ein Schawappen im Kopfe folgt. Und danach schawappte es überall. An der Pinne jedoch, wo man sich konzentrieren muss, da fühle ich mich ein wenig sicherer. Leine für Leine gehen wir durch. Die Leinen für das Vorsegel – die dicke weiße Schot, auf beiden Seiten des Cockpits je ein Ende, um die Genua, je nach Kurs, auf die eine oder andere Seite zu ziehen und so stramm zu setzen, dass der Wind es packen kann. Wichtigste Regel, so ruft Pit uns nochmals ins Gedächtnis, dabei bräuchte er das gar nicht: Segel dürfen nicht killen, also zu flattern beginnen. Die Strömung wäre abgerissen, das Material würde belastet.

Ganz links die rot-weiße dünne Leine, damit rollen wir das Vorsegel vorne um das Profil. Geniales Prinzip. Man muss es nicht, wie auf Jollen oder älteren Booten, nach jedem Segeltörn herunterholen und verstauen, es wickelt sich vorne um sich selbst. Und so kann man es ja auch reffen.

»Dass sich aber durch die veränderte Größe«, sagt Pit, »auch ein verändertes Profil der Genua ergibt und damit sich die Anströmungsverhältnisse ändern, etwas verstellt werden muss, was Segler die Holepunkte nennen, dass man zum Beispiel …«

»Das nehmen wir morgen dran!«, brüllt Anna von hinten.

»Das hatte ich schon«, verkünde ich.

»Lasst uns losfahren, ich schwitze brutal«, drängt Wencke.

Wir liegen ja noch immer am Steg, es ist mittlerweile ein Uhr mittags.

»Gute Idee.« Pit hat die wunderbare Eigenschaft, seiner Frau fast niemals gram zu sein. »Bitte ins Logbuch eintragen, dass meine bessere Hälfte im Hafen von Bogense schwitzt. Das kommt gleich unter die Windvorhersage.«

Von mehreren Törns im Mittelmeer auf gigantischen 50-Fuß-Yachten sind die beiden ein eingespieltes Team. Wencke ist stark in der Leinenarbeit am Bug, sie klettert wie ein Äffchen vorne herum, obwohl ich gewettet hätte, dass sie sich gar nicht mehr bewegen kann. Der Motor stimmt sein Heavy Metal an, erst mal fast kein Wind, wir surren weg vom Steg, in die Hafengassse, passieren Livs Liegeplatz, stoßen durch die Einfahrt, sind draußen, auf dem freien Meer. Frei.

Keine Sonne. Doch, da hinten! Ein einzelner Strahl hat sich durch die Wolken gekämpft, dort glitzert das Wasser wie ein Versprechen.

Keine Fanfare. Aber wer braucht schon eine Fanfare?

3

AUF DEM PLATTEN MEER. Über die Schulter sehe ich den Steinwall der Marina zusammenschrumpfen, der Mastenwald wird mit jedem Meter unschärfer. Kaum Wellen, kaum Farben. Die See wie eine gewellte Leinwand aus Schiefer. Als wir die Tonne umrundet haben, die das Fahrwasser anzeigt, schwenken wir auf einen Kurs nach Westen. Der Wind kommt nun schräg von vorne, gerade noch in einem Winkel, den wir nutzen können. Zuerst das Groß, als Zweites die Genua. Die Leinen laufen ruckelig und haken, als seien sie lange nicht mehr bedient worden, ein Geächze entweicht dem Tauwerk, dass man ein ganz schlechtes Gewissen bekommen könnte. Aber hilft ja nichts. Das Groß muss hoch, die Genua muss raus. Es ist ein kritischer Moment, wie auf jedem Segelboot, das die Segel setzt – wir drehen die Nase in den Wind. Sofort ein Schlagen und Tanzen, ein Getöse, als setze Liv gleich zur Tauchfahrt an.

Das Großfall über die Winsch gelegt – im Uhrzeigersinn! –
und ziehen und ziehen und mit der Kurbel nachgeholfen, bis
es nicht mehr geht. Die Großschot in die Hand und stramm
gezogen. Groß ist oben! Und noch mal strammer. Und noch
mal. Mit meinen sensationellen Segelhandschuhen schneidet
die Leine fast gar nicht in die Haut. Man hat durch die freien
Kuppen auch das Gefühl in den Fingern, beispielsweise eine
Mutter auf eine Schraube zu fieseln.

Wenn man natürlich da schon ohne Handschuhe Probleme
hat, und zu dieser Fraktion gehöre ich, hilft einem so ein
Handschuh auch nicht viel weiter. Verantwortlich mache ich
dafür ein Kräfteprinzip der Natur, das ich als » Tücke des Objekts« verehre. Diesem Gesetz beuge ich mich ständig und
immerfort und habe längst aufgegeben, mir einzubilden, es
womöglich eines Tages überlisten zu können, etwa durch besonders konzentrierte Konzentration. Die Tücke des Objekts
hat meine Pläne noch jedes Mal durchkreuzt. Ich würde gerne
wissen, ob man diese Kraft physikalisch messen kann, als eine
Art Widerstand geistiger Natur. Es müssten innere Wellen
sein, garstige Frequenzen, die zum einen die Willenskraft des
Ausführenden auf unmerkliche Art und Weise ablenken, zum
anderen die Beharrungskraft des tückischen Objekts verstärken, sich gewissermaßen wie Panzer um seine Gewinde setzen. Falls ein Wissenschaftler diese Zeilen liest, der so was
messen zu können behauptet – ich stelle mich als Proband zur
Verfügung. Für meinen Teil bilde ich mir sogar ein, dass jene
Lähmungskräfte nachzuweisen sein sollten, selbst wenn sich
gar kein Objekt in der Nähe befindet, das sich gegen mich
wehren möchte. Hier aber wehrt sich alles gegen mich.

Trotzdem schaffen wir's, die Segel zu setzen. Man muss nur
genug wollen.

Wir drehen, fallen ab, weg vom Wind. Ziehen das Segel noch
einmal stramm. Kurs 265 Grad. Sofort spüren wir die Hand
des Windes, die uns aufnimmt wie auf ein großes Tablett.

»Lass uns das Monster rausholen«, sagt Pit.

»Den Riesenömmel!«, rufe ich.

»Eben den!«

Anna steuert, ich nehme die Genuaschot in die Hand, weiß, dick, schwer, lege sie über die Winsch, ziehe. Die vordere Ecke des Vorsegels kommt uns einen Meter entgegen, dann ist Schluss. Ich zerre verzweifelt, nichts.

»Die hakt. Verdammt!«

»Habt ihr was beim Einrollen falsch gemacht?«, fragt Pit.

Es ist eine dieser Fragen, die ich vorziehe, nicht zu beantworten. In Wahrheit weiß ich es nicht. Möglich. Danny kennt sich aus. Zumindest war das mein Eindruck. Einen segelnden Blender würde ich aber nicht erkennen, noch viel weniger als einen blendenden Segler.

Pit springt nach vorne zum Bug, bückt sich, zuppelt am Profil, dreht die Trommel, um die die Genua gerollt ist. Flatternd kommt sie uns entgegen, ein voluminöses Ding, das bis weit hinter den Mast lappt.

»Das Monster ist da!«, brülle ich.

»Riesenömmel!«, ruft Pit. Er ist Pädagoge aus Überzeugung und zugleich ein großer Anhänger der Bewegung, die sich über Pädagogen lustig macht. Schwer daher, einzuschätzen, wann er mir was Gutes tun will, weil er ja meine Aufregung, meine Unsicherheit spürt, oder ob er es jetzt ganz und gar wirklich ernst meint.

Liv beugt sich in rauschender Fahrt ein wenig mehr zur Seite, bleibt da liegen. Ich schalte den Motor ab.

Die Stille. Liv segelt. Ihr Bug mit dem Korb aus glänzenden Rohren eine breite Nadel, die auf und ab tanzt wie um eine magnetische Mitte. Sie zischt dahin.

Anna drückt mir die Pinne wieder in die Hand. »Damit du nicht die Fische fütterst.«

Ich hauche ihr einen Schmatz zu. Annas Magen ist aus Eisen. Man könnte sie kopfüber unter Deck hängen, sie würde hinaufschreien, wo denn das Problem sei? Sie hält Seekranke tendenziell für Leute, die es sich etwas leicht machen.

»Liv liegt gut im Wasser.« Pit macht es sich neben mir bequem, das GPS und den Kompass im Blick. Er lobt das Boot in den nächsten Minuten in einem fort, bis ich mir sicher bin, dass er es nicht nur mir zuliebe tut.

»Na, untergehen werden wir wenigstens nicht!«, ruft Anna von hinten.

»Sie segelt echt gut«, sage ich, weil ich den Eindruck habe, dass ich wirklich keinen Quatsch erzähle.

»Fünf Komma vier Knoten gegen den kaum vorhandenen Wind«, liest Pit vom GPS ab. »Das ist doch schon mal nicht schlecht.«

»Fast zehn Sachen. Das grenzt an wahnsinnige Geschwindigkeit.«

»Da könnte jetzt keiner mehr nebenhergehen. Das glaubt man gar nicht, was?«

Nee. Man glaubt es nicht. Wie man auf dem Wasser vorankommt, gegen Strömung, Wind und Wellen, ist schwer einzuschätzen. Alles, was sich auf dem Wasser bewegt, bewegt sich mit uns oder gegen uns. Man muss schon in der Ferne das Land ausspähen, um zu erkennen, dass wir überhaupt vorankommen. Hinter unserem Heck ziehen wir zwar eine Schleppe aus Bläschen und Strudeln hinterher, aber sonderlich beeindruckend sieht das nicht aus. Viel eher, als treibe man selbst in einer Blase durch die Zeit. Irgendwann wird man ankommen, irgendwo, aber es verliert sich sehr schnell das Gefühl, dass es darauf ankommt.

Es ist kein lautloses Gleiten. Um uns gluckst und knirscht und schäumt es, alle Geräusche klingen wie gedämpft. Ein paar Meilen entfernt sehen wir die Schlote und Häuser Fredericias, linkerhand muss Middelfart liegen. Dazwischen der gewundene Durchlass, die Lindwurmschneise des Kleinen Belts, *Snævringen* genannt, durch den sich alle Frachter, alle Yachten, alle Lebewesen hindurchzwängen müssen. Wenn eine Böe von rechts naht, kräuselt sich das Wasser, als prasselten Regentropfen auf die Oberfläche. Mit etwas Übung sieht man sie wirklich von Weitem kommen. Ich erinnere mich an die Jollentorpedofahrt mit dem Kapitän auf der Alster. Langsam fügen sich mehr Steine der Pyramide zusammen.

Wencke verschwindet nach einiger Zeit unter Deck, »um sich aufzuwärmen«. Nach ein paar Minuten taucht sie wieder auf, reicht Krabbensalat auf Schwarzbrot und Käseschnitte. Wir hauen rein, als hätten wir seit Tagen nichts gegessen. Nur an den Krabbensalat traue ich mich lieber nicht. Das wäre Hybris. Noch merke ich kein Anzeichen einer aufkommenden Seekrankheit, noch habe ich nicht mal hektisch Ausschau gehalten, wo ich die Kaugummis verstaut habe. Aber provozieren muss man sich selbst ja nicht. Und Krabbensalat kommt im viel gerühmten, wenig bekannten Helgoländer Seegangskonvolut noch vor grünlicher dampfender Erbsensuppe.

Anna winkt mit dem »Törnführer Dänemark«. »Hier steht, dass in Middelfart früher Delfinjäger gelebt haben. Schweinebande.«

»Delfine«, staunt Wencke. »Wirklich?«

»Eher Schweinswale«, werfe ich ein.

»Wo ist denn der Unterschied?«

Ich zucke mit den Achseln, tue, als müsste ich mich auf die Pinne konzentrieren.

»Das sind Tümmler«, sagt Anna, »steht hier.«

»Bei uns in Sachsen heißen die Dümmler. Und wenn sie ein bisschen größer sind: jesusmäßige Dümmler.« Wencke ist Schwäbin mit starken sächsischen Wurzeln, auf die sie mörderstolz ist, und dazu staatsexaminierte Biologin, das erklärt ihre Kompetenz in solchen Fragen.

Von nun an halten unsere Mädels wie verrückt Ausschau nach Dümmlern aller Art. Ich liebäugele damit, mich über sie lustig machen, sehr seemänisch an der Pinne stehend, ab und zu mit zusammengekniffenen Augen nach oben schauend, um zu sehen, was der Verklicker macht – der Pfeil, der den scheinbaren Wind anzeigt. Ob sich da was tut, ist immer die Frage. Ob auf einen Dreher der Trimm der Segel verändert werden muss. Auch das, übrigens, eine Sache, die man erst mal verstanden haben muss: der scheinbare Wind.

Man könnte als Anfänger meinen, das ist ein Wind, der nur so tut, als ob, ein Illusionistenhauch. Nichts könnte falscher sein. Es ist der Wind, mit dem wir Segler arbeiten. Das Produkt, Summe, Wurzel (was weiß denn ich) aus wahrem Wind – also dem Wind, der uns gerade entgegenpfeift oder in den Nacken fährt – und Fahrtwind. Für die, die von Physik so viel verstehen wie ich, anders ausgedrückt: Wenn wir mit unserem Boot direkten Rückenwind haben von zehn Knoten und fünf Knoten schnell sind, bemerken wir an Bord nur einen scheinbaren Wind von fünf Knoten. Das heißt im Zweifel T-Shirt-Segeln, während die Crews, die uns entgegenkommen, in eine oder mehrere Fleeceschichten gehüllt sind, weil: Wahrer Wind und Fahrtwind addieren sich hier beinahe, der scheinbare Wind ist nun annähernd 15 Knoten. In der Segelschule kriegt man das so beigebracht, dass man Pfeile verschiedener Länge auf ein Blatt Papier zeichnet, einen für den wahren Wind, einen für den Fahrtwind. Und wenn man die Seiten des unvollständigen Quaders vervollständigt und die Diagonale des Quaders einzeichnet, erhält man, schwuppdich, den scheinbaren Wind.

Das ist genau der Wind, den oben der Verklicker am Mast anzeigt. Der Fahrtwind beeinflusst stets, wie der wahre Wind aufs Boot trifft – und daher produziert jeder gesteuerte Kurs seinen eigenen scheinbaren Wind.

Hat das jetzt irgendjemand verstanden? Ja? Im Prinzip ist es gar nicht so kompliziert, man muss sich nur drauf einlassen. Und immer heißt es: hochgucken, alle paar halbe Minuten. Das ist der uralte Blick der Kapitäne. Dieses prüfende Hochgucken. Die Sorgen in den Augen, drumrum die Falten. Der einsame Blick. Ein historischer Menschenblick. Einer an Bord muss entscheiden, wo es langgeht. Im Sturm funktioniert keine Demokratie. Und so sind viele Skipper gespaltene

Wesen – selbst Unterhaltungskünstler werden an der Pinne oder dem Steuerrad schmallippig.

Auf der Siska, jener Rennyacht vor den Whitsunday Islands, Australien, bei meinem Debüt als seekranker Mitsegler, war der Skipper eine coole Sau und erzählte Geschichte auf Geschichte. Zum Beispiel, dass beim America's Cup 1995 die neuseeländische Crew im entscheidenden Rennen an den Winschen so schuftete, dass fast alle Männer *ohnmächtig an Bord lagen*, als sie die Ziellinie überquerten. Amerika war das erste Mal in der Geschichte des Cups besiegt, die heroischen Seeleute wurden Volkshelden.

Sobald dieser redselige Skipper aber den Kopf in den Nacken hob und an die Mastspitze blickte, dass sich die Falten um seine Augen verhundertfachten, da verstummte er. Es ist das Prüfen, das Wiegen des Windes, das Wittern der Gefahr. So haben Seemänner schon immer geschaut, seit Jahrtausenden. Es ist kein Vorgang der Ironie. Wenn der Wind dreht, kann sich alles verändern, stets spielt die Sorge hinein, eine Wachsamkeit, die den unbedarften Mitsegler zunächst mal irritiert. Es geht nicht ohne. Die falsche Segelstellung und die Faust einer unerwarteten Böe können Segelboote schnell in Schwierigkeiten bringen. Allerdings ist Liv ein stabiles Schiff. Dreieinhalb Tonnen umzukippen, da müsste schon viel zusammenkommen. Aber jeder Mast kann brechen, jede Leine reißen, jedes Segel in Stücke gefetzt werden. Also Obacht.

Und Obacht geben wir, zumindest die eine Hälfte der Besatzung. Die andere späht nach Dümmlern.

Die Meerenge bei Middelfart ist ein wunderliches Stück Dänemark. Zu beiden Seiten wird sie von Kapitänshäusern und kleinen Villen gesäumt, manche davon mit eigenem Bootssteg. Kleine Sandstrände, Flaggenmasten, an denen das weiße Kreuz auf rotem Grund flattert. Sattes Grün vor der drohenden Kante der Steilküste, im Gegenlicht die Industrieanlagen Fredericias. Middelfart wendet dem Meer ein gläsernes Gesicht zu, die Promenade ist herausgeputzt. Zwei Brücken führen in Sichtweite über den Flaschenhals, eine achtzig Jahre alte Eisenbahnbrücke und eine neue, die aus der Ferne an die Golden Gate Bridge erinnert, so kühn schießt sie hinaus in die Luft und landet, getragen von mächtigen Pfeilern, weit drüben am anderen Ufer.

Unter Segeln fahren wir in den Schlund hinein. Oft, so lesen wir, rauscht hier eine mächtige Strömung hindurch, bis zu fünf Knoten stark, und wenn man das Pech hat, dass in den Tagen zuvor Südwind herrschte, sieht man sich mit einem Schwall wie in einer Gegenstromanlage konfrontiert. Dagegen anzukommen mit einem Boot unserer Größe, mit einem Motor unserer Stärke – so gut wie unmöglich. Allerdings gäbe es Tricks, schmale Konterströmungen, die seitlich an den Rändern entlanglaufen. Die muss man dann nur treffen.

Aber wir haben Glück. Der Wind weht aus Nordwest, und dies nur mäßig, wehte auch in der Woche zuvor stetig, eher schwach aus dieser Ecke. Kaum Strom also, und der läuft auch noch auf unserem Kurs. Dazu das Wasser kaum bewegt, unser Sohn macht in der Badewanne größere Wellen. Beste Stimmung an Bord, als sich die Kunde verbreitet: Die Götter sind auf unserer Seite. So muss man das ja sehen. Selbst Odysseus, der nicht aufkreuzen konnte, hätte seinen Weg durch die Enge gefunden. Wir also munter hinein, halber Wind, wenig andere Schiffe unterwegs, das eine oder andere Segel, das sich gegenan kämpft, schräg im Wasser liegend, die Mannschaft eingepackt wie an Silvester.

Es ist durchaus kalt. Aber ja. Da hilft alles nichts. Dabei haben wir den Wind im Rücken, Newton und Beaufort auf unserer Seite. Ich habe meine Sturmhaube aus Fleece übergestreift, das will ich nicht verschweigen. Es ist die Sorte Kälte, die sich auf ganz leisen Sohlen heranschleicht. Aber da ich ja Segelstiefel anhabe, hat sie null Chance. Ich stehe da, habe warme Füße und denke, wie die Kälte abprallt an …

»Da«, ruft Anna, »vielleicht zwanzig Meter entfernt!«

»Dümmler?«, fragt Wencke.

»Dümmler!«

Und nun sehe ich sie auch, zwei Schweinswale, vielleicht anderthalb Meter groß, die miteinander zu tanzen scheinen. Für kurze Augenblicke schieben sie ihre Rücken durch die Luft und tauchen wieder ins Wasser, Tropfen glänzen auf ihrer basaltfarbigen Haut. Wir stehen wie betäubt. Schauen ganz still, um das Schauspiel zu genießen. Sie kommen ein wenig näher, lassen sich in unser Kielwasser treiben. Wir bilden uns ein, sie meinten uns, aber natürlich sind sie versunken in ihr eigenes Spiel.

Man ist da stumm vor unerwartetem Glück.

Vermutlich klingt es töricht oder mindestens naiv, aber wenn man über die Oberfläche des Meeres pflügt und Segel, Leinen, Ruder, Wind, Wellen, Temperatur und Tiefe ins Kalkül zieht und versucht, aus alldem eine harmonische Bewegung zu machen, verdrängt man leicht, dass da noch etwas drunter ist. Dass das Meer unter uns lebt. Nicht nur Spielwiese und tödliche Gefahr, nicht nur Sportarena und Bühne uralter Menschenrituale, sondern vor allem Heimat anderer Wesen. Wesen aus den Bilderbüchern.

»Mein Gott«, sagt Wencke, »das glaubt einem kein Mensch.«

»Das glauben wir uns ja selbst nicht«, flüstert Anna.

Ich räuspere mich. »Das ist normal hier. Hat mir auch Schwarz erzählt. Hier wimmelt's einfach von Schweinswalen. Alles Getier muss durch diese Enge.«

»Daher die Jäger, früher«, bemerkt Pit.

»Schweine!«, ruft Anna und hebt drohend die Faust gen Middelfart. Wir lachen.

Nur einmal bergen wir die Segel, nach dem Rechtsknick des Sundes. Der Wind schläft erst ganz ein, weht endlich direkt von vorn. Odysseus hätte auch längst kapituliert. Es ist schon 16 Uhr – wo geht nur die Zeit hin beim Segeln? Man kommt langsam vorwärts, aber statt dass einen die Langeweile übermannt, zerrinnen die Minuten, ohne dass wir es merken.

»Kreuzen jetzt, das wäre Wahnsinn«, sagt Pit. »Da hätten wir morgen früh den Sund noch nicht hinter uns.«

»Also?«

»Also den Jockel an.«

»Ist das nicht gegen die Ehre?«

»Ich pfeif auf die Ehre. Ich steh auf Ankommen. Und guck dir mal unsere Mädels an. Außerdem will ich schnellstmöglich ein Bier und dazu einen Monsterburger.«

Ich schaue über die Schulter, auf ihre Bank. Sie kauern sich in ihre Jacken. Mieses Wintersegeln, wenn man nüchtern an die ganze Angelegenheit rangeht. Die Sonne, so es sie noch geben sollte, verbirgt sich hinter einem milchigen Vorhang. Es wäre ganz fair, wenn sie uns wenigstens mal zublinzeln könnte. So sind die Farben aus dem Land weggesaugt.

»Ich steh auch auf Ankommen, glaub ich.«

Schlüssel rumdrehen, es ertönt der Pfeifton, der einem das Mittelohr zerbröselt, und spuckend und röhrend macht sich der Diesel wieder breit. So ein Motorengeräusch beendet nicht nur jedes Gespräch, es beendet auch jeden Gedanken. Man beginnt innerlich im selben Rhythmus vor sich hin zu dröhnen. Schlimm. Gerade, weil es so schön ist, wenn der Motor aus ist, aber man weiß: Er wäre da. Anna verkriecht sich unter die Sprayhood, da ist es ein wenig geschützter, man sieht halt nur Richtung Kielwasser.

Hinter Middelfart teilt sich der Kleine Belt, und es öffnet sich eine Landschaft aus bewaldeten Inseln und dicht bewachsenen Küsten, ein skandinavisches Idyll, im Auto kaum zu entdecken. Für die letzte Stunde setzen wir wieder die Segel, sickern staunend ein in diese Natur. Aber Middelfart ist noch immer um die Ecke. Kurz vor der Einfahrt in den Sportboothafen, unser Ziel des Tages, ankert ein stabiler Zweimaster aus Holz, darauf ein Dutzend rauflustig aussehender junger Kerle, von denen einige schweigend angeln, andere uns zuprosten, wieder andere angeln und prosten zugleich. Es ist eine Gesellschaft von der Sorte, der man sich ungern anschließen möchte. Wir tippen uns kurz an die Mütze und lassen die Herren Sportfischer Steuerbord liegen.

Der Hafen ist nicht sehr voll, friedliche Atmosphäre. Kaum Wind, wenig Betrieb. So wenig Betrieb, dass wir beschließen, uns längsseits an einen Kopfsteg zu legen, eine bequeme Position, weil man das Schiff seitlich verlassen kann und nicht jedes Mal über den Bugkorb turnen muss. Ein schönes Plätzchen ist noch frei, vor einer Yacht namens Bianca, mehr als lang genug für uns. Also, wäre ich jetzt an der Pinne – was ich nicht bin – und hätte die Entscheidungsgewalt – die ich nicht habe, denn Pit ist als Skipper verantwortlich –, ich würde jetzt sofort rechts ran an den Steg, uns langsam heranwanzen und kurz vor der zugegeben recht mächtigen Yacht aufstoppen.

Aber Pit fährt an unserem Platz vorbei, wendet im Hafenbecken, tuckert wieder zurück, lässt unsere Liv an dem Boot vorbeitreiben, legt sie sanft an den Steg.

Wir springen an Land, schnell sind die Leinen belegt. Hinten liegen wir auf Tuchfühlung mit Biancas Schnauze, vorne schließt unser Bug gerade mit dem Stegende ab. Passen grade so rein in die Lücke. Hab mich locker um einen Meter verschätzt. Hätte brenzlig werden können, wenn ich das Sagen gehabt hätte.

Hinter uns kommt ein Einhandsegler in den Hafen geschippert, ein sandblonder Däne, ein Pelle in etwas jünger, Mitte vierzig vielleicht, gewandet in einen ölverschmierten Overall. Vermutlich ein Mechaniker, der einen Motor testet. Lässig wirft er die Pinne herum und steuert in eine Box, nur ein paar Meter von uns entfernt. Aber statt das Manöver langsam zu fahren und uns am Steg eine Leine zuzuwerfen, knallt er links gegen den Pfahl und rechts gegen den Pfahl und vorne auch noch gegen das Holz. Verzieht dabei keine Miene, schaut uns nicht mal an.

»So kann man das natürlich auch machen«, sage ich.

Pit schüttelt den Kopf. »Der hat auf See privat getankt. Soll nur keiner merken.«

Während der Fahrt haben die Mädels unter Deck tapfer in die Pütz gepinkelt, dann die Pütz über die Reling ins Wasser, einmal schöpfen, schwenken, gut ist. Wir Männer haben's da leichter. Die Mädels also gleich ab aufs Klo, nachdem wir den Anlegeschluck in der Kehle haben.

»Musst immer dran denken, was schiefgehen kann«, sagt Pit. »Wenn ich mich verschätze beim Aufstoppen oder uns aus dem Nichts irgendeine Böe erwischt, knallen wir voll auf die andere Yacht drauf. Also lasse ich mir Luft für die Richtung, in die ich Luft brauche.«

»Klar«, erwidere ich. »Ich wär da trotzdem sofort rechts ran. Ist ja kaum Wind. Und war ja massig Platz. Das heißt, ich dachte, da wär massig Platz.«

»War aber nicht.«

»Nee.«

»War eher sogar recht knapp.«

»Sehr knapp.«

»Daher immer Reserve lassen, um nicht irgendwo draufzurutschen.«

»Immer Reserve lassen, roger!«

Der zweite Anlegeschluck schmeckt noch besser. Ich schaue kurz im Büro des Hafenmeisters vorbei, aber der hat schon Feierabend. Im Restaurant sitzen gut gekleidete Dänen und schauen uns Frostnasen durchs Fenster an, als kämen wir gerade vom Mars.

Ein Fußmarsch schadet uns nicht, beschließen wir. Entschlossenen Schrittes queren wir die Halbinsel von Middelfart, und zwanzig Minuten später sitzen wir an der Uferpromenade im »Café Razz« hinter mächtigen gerundeten Glasscheiben, mit einem Panoramablick auf die Golden Gate und den Sund der Dümmler, den wir ein paar Stunden zuvor durchsegelt hatten.

Um genau zu sein: Wir finden leider keinen Platz am Fenster, sondern kriegen den letzten Tisch, direkt vorm Klo. Zu zweit würde man so was lassen und die nächstbeste Kneipe

aufsuchen, wo sie einen besser behandeln. Zu viert normalerweise auch. Aber wir sind dermaßen zerschlagen, in uns
wabert ein derart glückselig machendes Mattigkeitsgefühl,
dass es uns herzlich egal ist. Und im Vorbeilaufen haben wir
an den Tischen tatsächlich Burger gesehen, wundervoll über-
quellende Burger, da würde kein Mensch mehr diesen Laden
verlassen, selbst wenn man ihn direkt auf dem Klo platzierte.

Zu unserem Monsterburger serviert Wencke, die als Pro-
viantmeisterin den Draht zur Theke gesponnen hat, Monstertuborg. Das lässt sich schwer beschreiben. Die wohlige Müdig-
keit, gepaart mit dem Stolz, immerhin 23 Seemeilen abgerissen
zu haben, ohne dass Liv bockte, ohne dass es einem von uns
schlecht wurde, ohne einen Brückenpfeiler gerammt zu haben.
Aaaaaah. Und noch mal einen Schluck. Aaah. Wir mampfen
schweigend, keine Neigung mehr zu Fachsimpeleien, zum
Glück auch jetzt nicht zu thematischen Abschweifungen über
Kernfragen des täglichen Lebens wie die Finanzkrise, die
Krise der Integration oder Wikileaks, allesamt Themen, die
sich auf Liv wie von selbst verbieten, ohne dass man als Eigner ein Machtwort sprechen müsste, geschweige denn den
Skipper über Bord werfen.

Taghell ist es noch, als wir den Laden schwankend verlassen. Es liegt nicht so sehr am Monstertuborg – mehr als
diesen starken halben Liter hat keiner von uns geschafft –, es
ist ein Phänomen, das Segler gut kennen, nicht aber Nicht-
Segler. Wir sind ein bisschen landkrank. Wenn man sich
schnell aufrichtet oder bückt, beginnt irgendwas im Schädel
zu arbeiten, als müsste der ganze Körper neu kalibriert werden. So anpassungsfähig ist der Mensch, dass er nach einem
halben Tag auf See schon beginnt, seine Wahrnehmung an die
neue Umgebung anzupassen. Natürlich dauert dieser Prozess,
und wir befinden uns in jenem seltsamen Zwischenreich wieder, das nicht jeder als menschenwürdig empfindet: auf See
noch nicht ganz zu Hause, an Land nicht mehr ganz zu Hause.
Wir sind heimatlose Amphibienwesen. Dafür finden wir den

Heimweg aber erstaunlich gut. Liv liegt treu am Steg. Eine schwache, kalte Brise streicht durch den stillen Hafen. Wir werfen die Heizung an, die nach ein paar Minuten mitspielt. Im Bauch unseres Schiffchens liegen wir bald trocken und warm, und wer jetzt nicht schläft, wird niemals mehr schlafen.

4

GUT GEPENNT ist die halbe Miete. Wencke und Pit sprechen gar davon, »die beste Nacht ihres Lebens« hinter sich gebracht zu haben, auf ihrer eins zwanzig breiten Pritsche. Es gäbe noch die bequemste Koje an Bord, auf der anderen Seite des Salons, aber da weigert sich Pit strikt. Er ist einer dieser Menschen, die nachts im Schlaf ein bisschen Tuchfühlung brauchen, und seine Frau erträgt es mannhaft.

Frühstück mit Nescafé und Keksen. Kein Bäcker in diesem Hafen, wir würden seinen Laden leer kaufen, so einen Appetit haben wir, einen Segelhunger, der vom vielen Sauerstoff kommen muss. Bester Dinge beugen wir uns über die Karte. Der Wind hat über Nacht nicht gedreht, Stärke drei, was nicht viel ist, aber in Böen Stärke fünf, Bäume rauschen, Wellenkämme brechen – oder so ähnlich. Wir werden den Wind später von der Seite bis leicht von achtern haben, es wird ein wunderbarer Wind sein zum Dahinsurfen. Leider wieder ein Himmel wie aus Raufaser und höchstens neun Grad.

Wie sich unsere Mädels ankleiden, ist wieder ein Ereignis für sich. Das Prinzip der russischen Puppen, nur umgekehrt, immer noch eine Lage drauf. Man fragt sich, woher diese ganzen Fleecejacken kommen, und ob Fleece nicht ein einziger Beschiss ist, wo man doch denkt, dass Fleece einheizt.

Das Ablegen. Das ist ganz einfach. Der Wind weht zwar auflandig, Tendenz von achtern, er drückt uns also Richtung Steg, aber wir haben ja Platz nach vorne, wenn wir die nächste Boxengasse schneiden. Das einzige Problem, wenn man längsseits angelegt hat, ist, dass man mit einem Boot nicht einfach vorwärts Gas geben und davonrauschen kann – so drückte es das Heck gegen den Steg. Das hat was mit dem Drehpunkt zu tun und, wie ich mich zu erinnern meine, auch mit der Anordnung des Propellers. Einerlei. So ist es jedenfalls. Obacht also.

Pit weiß das natürlich, die Mädels wissen das, jedes Kind weiß das, also passiert uns das schon mal nicht. Den Motor in den Leerlauf gestellt, ziehen wir uns an den Leinen nach vorne, hinein in die Boxengasse, sodass die Spitze des Stegs auf Höhe unseres Mastes liegt, der Bug ist frei. Nun drückt uns Wencke weg vom Steg, springt an Bord. Pit ist am Ruder. Rückwärtsgang rein, Pinne nach links, damit das Heck nach rechts schwingt, und langsam Fahrt aufnehmen. Soweit klappt das auch ganz gut. Ich stehe neben Pit, um alles zu beobachten, Anna beobachtet uns beide, und Wencke sichert unsere Spitze. Vielleicht haben wir uns zu wenig Gedanken gemacht, vielleicht haben wir einfach nur Pech, vielleicht haben sich die Elemente gegen uns verschworen. Woran auch immer es liegt, bleibt zunächst verborgen; das Manöver misslingt jedenfalls.

Wie von einer riesigen Faust gepackt, schwenkt unser Bug plötzlich nach links, zugleich haben wir zu wenig Speed, um von der Bianca hinter uns bereits freigekommen zu sein. Liv reagiert nicht auf das Gegenruder, das Pit legt – Pinne nach rechts, damit das Heck nach links wandert und der Bug nach rechts. Beherzt greift Wencke zu. Mit beiden Händen puffernd, kann sie gerade so verhindern, dass unser Bugkorb in den viel größeren und sicher auch kostspieligeren Bugkorb der anderen Yacht knallt. Zum Glück ist dort niemand zu sehen. Langsam drehen wir weiter, sind endlich klar, fahren rückwärts weiter ins Hafenbecken und einen gemütlichen Halbkreis. Kaum sind wir an der Bianca vorbeigetuckert, tauchen Köpfe aus deren Luken auf, sie schauen mehr neugierig als besorgt. Wir winken ihnen fröhlich zu. Man muss Haltung bewahren, selbst wenn einem danach nicht ist.

»Was lief da schief?«, frage ich Pit leise im Winken. Ich bin wieder an der Pinne. Das kriege ich hin: Liv sicher aus dem Hafen hinauszubugsieren. Ist auch sonst niemand unterwegs. »Bin mir nicht sicher.« Er zuckt mit den Achseln. »Das Manöver hätte mit den Yachten geklappt, auf denen ich bisher gefahren bin. Die sind aber größer, anders geschnitten, haben einen anderen Kiel und so weiter.«

»Und nicht nur neun PS.«

»Das ist schon verdammt wenig, wenn man mal schnellen Schub braucht.«

»Aber trotzdem muss das doch besser zu machen sein. Ich hab mal gelesen, man kann in eine Leine eindampfen, die vom Heck nach vorne gespannt ist – eine Spring. Auf die Art und Weise drückt es den Arsch herum.«

Pit nickt. »Das hätten wir probieren können. Liv fährt allerdings nicht sauber rückwärts, sondern bricht aus, sobald sie die erstbeste Gelegenheit dazu sieht. Der Wind kommt noch hinzu, natürlich. Der Bug wird sehr schnell herumgedrückt. Da müssen wir uns rantasten. Ausprobieren, wie man rückwärts halbwegs stabil läuft.«

»Das muss doch irgendwie gehen.«

»Es soll Boote geben, die können das nicht. Langkieler vor allem. Die machen alles, aber bestimmt nicht das, was du vorhast. Und wenn du sie überlisten willst, durchschauen sie die List und machen wieder etwas anderes als das Falsche, das du erwartet hattest. Und zwar etwas ganz anderes, etwas, das du ihnen niemals zugetraut hättest.«

»Sie heben sich mit dem Heck aus dem Wasser.«

»So ähnlich. Nur eins passiert nie – das größte aller Wunder: dass sie einfach nur geradeaus nach hinten fahren.«

Der Schreck in den Knochen weicht mit jedem Meter, den wir zwischen uns und den Hafen legen. Flache Inseln, überwucherte Ufer, hier und dort ein Haus, davor ein kurz geschorener Rasen, ein Steg, ein Ruderboot. Ein saftiges Stück Dänemark. Den Horizont begrenzt der Schattenriss einer fremden Küste. Auf die Entfernung sehen alle diese Inseln gleich aus, die Buchten und Durchlässe zwischen ihnen verschwimmen, sodass sich ein gutes Fernglas anböte, um das richtige Landmal anzusteuern. Wir haben nur ein Werbegeschenk. Angeblich vierfache Vergrößerung. Als ich das erste Mal durchschaue, habe ich den Eindruck, es sei gar nicht so schlecht, vielleicht, weil ich ein friedfertiger Mensch bin. Aber als ich es danach Anna in die Hand gebe, fragt sie mich, ob das ein Witz sei und ob sie es womöglich andersherum halten müsse, wobei, das wäre ja nun auch egal, denn der Vergrößerungseffekt sei gleich null. Folglich wäre es nicht schlimm, hätte sie zur falschen Seite hineingeguckt.

»Das war ein Werbegeschenk«, erkläre ich matt. »Guck mal, steht Reebok drauf.«

»Macht Reebok Ferngläser?«

»Eben nicht. Dafür, dass die das nicht können, finde ich es gar nicht schlecht.«

»Du hättest es nicht mal schlecht gefunden, wenn schwarze Scheiben eingesetzt wären. War ja ein Geschenk.«

Zur Navigation sind wir also, schreckliches Los, auf die Geschicke unseres Navigators Pit angewiesen, der sich unter Deck mal wieder in die Hundekoje gepflanzt hat und mit Bleistift und Kursdreieck unseren Kurs einzeichnet.

»Wo sind wir?«, ruft er, nachdem er sich unten eingerichtet hat. Er zelebriert diesen Augenblick, das Hochamt eines Navigators, genießt es uns zu orten, alle Stunde einmal, wofür einer ans GPS spritzt und ihm die Koordinaten durchgibt.

Mehrere Kurse führen nach Süden, man kann die Inseln so runden oder so runden, es ist eine Frage des Temperaments, der Wind weht stetig. Weil es empfindlich kühl ist – erwähnte ich das schon mal? –, zielen wir auf den direkten Weg, die schmale Lücke zwischen Årø und Årøsund, ein Gebiet, das knifflige Untiefen bereithält. Zum Glück haben wir einen Tiefenmesser. Von nun an springt mein Blick vom Verklicker oben am Mast an die Wand vor mir zum Tiefenmesser, hinüber zum Kompass, vor zum Horizont, zu den Segeln und wieder hoch zum Verklicker. Als Anna heißen Milchkaffee (am Morgen auf Vorrat gekocht, clever) und Kekse bringt, greife ich beherzt zu. Vor lauter Gucken und Denken und das Boot auf Kurs Halten, 170 Grad, komme ich gar nicht mehr dazu, überhaupt noch in Erwägung zu ziehen, seekrank werden zu können. Dabei gab es vor der Abfahrt viele Momente, in denen ich mir nicht vorstellen konnte, *nicht* seekrank zu werden auf dieser Reise durch den Kleinen Belt, in dem so oft die berühmte, fiese Hacksee steht, diese kurzen steilen Wellen der Ostsee, die die Besatzung kleiner Boote zur Verzweiflung bringen können. Nicht, weil sie gefährlich wären, sondern weil sie dem Schiff einen bösartigen, kurzatmigen Rhythmus aufzwingen, weil der Bug von Wellental zu Wellenkamm stampft und die Schläge gegen die Bordwand sich anhören wie Trommeln im Busch. Aber unser Kleiner Belt: seidenhaft. Ein bisschen Geplätscher von der Seite, keine Hacksee, nicht mal eine Hubbelsee.

Die Tiefe sinkt von 13 Metern auf elf, auf neun, auf sieben – beängstigend schnell. Ein Blick auf die Seekarte, es ist keine Untiefe verzeichnet, keine Gefahrentonne weit und breit. Aber ich steuere auf Nummer sicher, falle ein wenig ab und finde die alten Tiefen. Es ist ein tückisches Revier, nördlich von Årø. Nicht mal hundert Meter entfernt sitzen Angler in ihren ankernden Booten, die Rute zwischen Ruderbank und Beinen festgeklemmt, in den Händen eine Zigarette, überm Kopf einen breitkrempigen Hut. Ein flimmerndes Licht breitet sich auf dem Wasser aus, wo die Sonne beinahe durch die Wolken dringt. Da und dort ein kleiner Strahl, der das Wasser an den flachen Stellen türkis aufleuchten lässt, wie ein Edelstein in einem dunkleren Saum.

Pit fahndet minutenlang durch das Reebokglas nach der grünen Tonne, die, kommt man von See, die Steuerbordseite eines Fahrwassers markiert. Er ist kein kräftiger Mann, eher sehnig. Gelassen steht er da, breitbeinig, um die Bewegungen des Bootes ein wenig auszugleichen und dem Reebokglas ein

Erfolgserlebnis zu bescheren. Es dauert ganz schön. Bald meine ich mit bloßem Auge einen tanzenden grünen Punkt auszumachen, Wencke und Anna deuten auch schon stumm darauf, da meldet sich Pit:

»Bin mir nicht ganz sicher, aber in diesem verdammten Glas könnte ich etwas ausgemacht haben, das mit etwas Wohlwollen so ähnlich aussieht wie ein kleiner grüner Fleck. Ob es eine Tonne ist, da möchte ich mich noch nicht festlegen.« Er setzt das Glas ab.

»Es ist eine«, bestätigt Anna.

»Es ist eine«, bestätigt Wencke.

»Es ist eine«, bestätige ich, wobei ich mir die Augen beschirme.

Pit nickt würdevoll. »Es ist eine.« Er wiegt das Fernglas in den Händen. »Hat jemand was dagegen, wenn ich den Rehbock in die ewigen Jagdgründe befördere?«

Wir schütteln alle den Kopf, aber er tut's nicht, das hätte die Ostsee nicht verdient. Und so bleibt das Glas an Bord. Da liegt es bis zum heutigen Tag, vom heiß verfluchten Meerstaub eingehüllt und langsam überwuchert. Aber was soll das: ein Vergrößerungsglas bauen, das nicht vergrößert? Und das auch noch verschenken? Warum tut man anderen solche Grausamkeit an?

Ein wenig passe ich den Kurs an, damit wir die Tonne runden können. Entspannt segelt sie, unsere Liv. Der Bug in der Spur. Es ist nicht so, dass man die Pinne loslassen könnte – dann würde sich Liv daran machen, in den Wind zu schießen. Mache ich mal, zum Spaß. Nicht lange, und Livs Bug wandert aus, zehn, zwanzig, dreißig Grad. Ich packe sie wieder, damit die Segel nicht zu bocken beginnen. Luvgierig nennt man das, so viel weiß ich mittlerweile. Schönes Wort: die Gier nach Luft. Ein konstruktiv erwünschter Effekt, denn ein Einhandsegler, der über Bord geht, kann darauf vertrauen, dass sein Boot nicht von alleine weitersegeln, sondern bald im Wind dümpeln wird, mit laut schlagenden Segeln. Der Unterschied zwischen sicherem Tod und schneller Rettung: die Luvgierigkeit. Allerdings muss man an der Pinne ordentlich arbeiten, dem Ruderdruck standhalten, die kleinen Kursänderungen ausgleichen, es ist ein ständiges Mitspielen erforderlich.

Wenn aber die Luvgierigkeit zu stark wird, wenn die Strömung abreißt, das Boot von selbst mit Macht in den Wind schießt, obwohl man das an der Pinne wie ein Verrückter zu verhindern trachtet – das nennen die Segler »Sonnenschuss«. Es soll mindestens beunruhigend sein, sogar gefährlich bei rauer See, weil Mast und Aufbauten gefoltert werden, und dennoch: was für ein feines Wort. Sonnenschuss. Ein Poet war es, der die Sprache der See erfunden hat.

So. Um die Tonne herum, wir sind im Fahrwasser, nun kann nicht mehr viel passieren. Was muss das früher, bei den Entdeckern, für ein Gefühl gewesen sein: ohne Tiefenmesser, beständig lotend, in unbekannten Gewässern, jeden Moment den Rumms erwartend, das schmirgelnde Geräusch fürchtend. Blindflug. Und so wäre es für uns nun, wenn das Echolot ausfiele. Und dazu die Karten in einer Böe über Bord flögen.

»Deswegen haben Karten in drei Deibels Namen an Deck nichts zu suchen«, doziert Pit, »eine der Goldenen Regeln. Nicht mal eben mit nach oben nehmen, um nur mal was zu gucken. Wenn die weg sind, tappen wir im Nebel.«

»Okay.« Ich wollte ihn gerade fragen, ob er die Karte nicht mal hochbringen könne, damit ich auch mal gucken kann, wo wir gerade sind.

»De Ol«, hebe ich stattdessen an, »vielleicht lernt ihr ihn noch mal kennen, hat mir eine Geschichte erzählt, wobei unklar ist, ob er die Geschichte erzählt hat, weil sie wahr ist oder weil sie gut ist. Das gehört ja nicht immer zusammen.«

Ich ernte geübte Lehrerblicke, die nicht so weit weg sind von Tadel.

»Jedenfalls ist de Ol viel in der Welt unterwegs gewesen, und er hat mehr gesehen, als ihr euch je vorstellen könntet. Oder vielmehr: will mehr gesehen haben.«

»Jetzt komm mal zum Punkt«, seufzt Anna. »Außerdem ist da vorne seitlich die nächste grüne Tonne. Ich könnte dir den Rehbock reichen, wenn du sie weiterhin ignorieren willst.«

Ich lasse mich grundsätzlich selten von den Einwürfen meiner Frau irritieren, es sei denn, sie nimmt mir eine Pointe weg, da werde ich zur Furie. Aber diese Pointe kennt sie noch nicht, ich kann es also auskosten.

»De Ol war als Reporter für eine Geschichte in Indonesien unterwegs, wochenlang trieb er sich herum unter den Fischern, die dort leben wie seit Jahrtausenden. Jedenfalls, so erzählt er es wenigstens …«

Ich höre Anna geräuschvoll einen Schluck Kaffee schlürfen.

» … war er eines Tages mit einem indonesischen Fischer unterwegs, in einer Gegend voller unterseeischer Klippen und Felsbrocken. Stellt euch ein unheimliches Meer vor, voller glitschiger Wesen, die ihr nicht mit Vornamen kennen wolltet – auch du nicht, Wencke! –, voller gezackter Felsgrate, die dir den Boden eines Schiffes schneller aufreißen, als du den Rehbock abgesetzt hast.«

Unwillkürlich schaue ich auf den Tiefenmesser. Neun Meter. Alles gut.

»›Wie macht ihr das, euch hier zurechtzufinden?‹, hat de Ol den Fischer gefragt. ›Es gibt keine genauen Karten, ihr habt kein Echolot, das ist doch unglaublich gefährlich.‹«

»Wie haben sie sich denn verständigt?«, fragt Wencke.

»Ich weiß es nicht«, antworte ich wahrheitsgemäß.

»Sprach der Fischer englisch? Oder de Ol indonesisch?«

»Ich weiß es nicht. Es tut auch nichts zur Sache. Nehmt bitte einfach so hin, dass sie sich verständigen konnten.«

»Das war jetzt aber noch nicht die Pointe«, bemerkt Anna.

»Der Fischer lächelt de Ol nur an und holt ein Paddel heraus.«

»Ein Paddel?«, fragt Anna misstrauisch.

»Jetzt kommt die Pointe«, wispere ich.

»Die Pointe!«, ruft Anna.

» Was machte er denn mit dem Paddel? «, will Wencke wissen.

» Fraglos ein Bruchtest «, wirft Pit ein.

» Und mit diesem Paddel «, fahre ich unbeirrt fort, » begann der Fischer auf die Wasseroberfläche einzuschlagen. Er sagte, er könne am Klang des Wassers erkennen, wie tief es sei. «

» Am Klang des Wassers «, wiederholt Wencke spöttisch. » Wie soll das denn gehen? «

» So erzählt es de Ol. Und de Ol hat mehr gesehen, als ihr euch vorstellen könnt. «

Glücklicherweise bleiben mir weitere Nachfragen erspart, denn nun kommt die Enge von Årø in Sicht, und die Mädels verlieben sich augenblicklich. Zur Linken ist ein kleiner Hafen zu sehen, ein weiß-rot beringter Leuchtturm, ein gebogener Strand, eine Muschelsucherin, Vater und Sohn, die einen Drachen steigen lassen. (Årø sollte man nicht verwechseln mit der größeren Insel ähnlichen Namens weiter im Süden, Ærø, Ziel unseres Sommertörns. Schon gar nicht als Navigator.) Zur Rechten das Städtchen Årøsund, in dem man sofort anlegen möchte, es duftet hier nach Pippi Langstrumpf und Bullerbü. Zwischendrin die schimmernden Flachs im Wasser, stehende Angler auf Ruderbooten, deren Farbe abblättert, ein Nicken hier, ein Gruß dort. Einer zieht einen platten Fisch aus dem Wasser, eine Flunder?

So haben wir den Norden noch nie erlebt. Wir sind nun selbst Teil dieser Landschaft, Bewohner des Meeres. Wir gehören dazu – ein Segel vor dem Leuchtturm, das vorüberzieht. Ein Boot, eine Crew aus vier Mann, Gelächter, das übers Wasser dringt und an den Strand und die Leine hoch zum Drachen, der eifrig auf der Jagd nach niemandem Bestimmten ist. Langsam und lautlos gleiten wir hindurch.

Hinter Årø öffnet sich der Kleine Belt zu einem weiten Kessel, den man, steuert man den Alsensund an, direkt durchqueren könnte, wäre da nicht in die Seekarte ein Rechteck eingezeichnet, dazu ein schlichtes, gleichwohl eindeutiges

Zeichen: Schießgebiet. Es sind noch andere Boote unterwegs, nicht viele, aber genug, und sie ignorieren die Warnung vollständig. Bald stecken auch wir mittendrin. Es handelt sich um einen offiziellen Marineübungskorridor der ehrwürdigen königlichen dänischen Flotte. Wir machen ordentliche Fahrt über Grund, knapp mehr als fünf Knoten, aber ein ausgewachsener Zerstörer würde uns nicht mal sehen, bevor er uns über den Haufen führe. Und noch viel beunruhigender ist die Vorstellung, dass unter uns plötzlich die Fluten zu kochen beginnen, wir zur Seite kippen, denn unser Kiel ist schmal und kippelig, und auf den Schultern eines U-Bootes in die Höhe gehoben werden. Ich schaue aufs dunkle, undurchdringliche Wasser. Da unter uns werden sie jetzt sein. Möglich, dass sie uns beobachten, uns als Übungsziel betrachten. Und sie werden bessere Instrumente haben als ein olles Rehbockglas. So muss es sich einst auf Waljagd angefühlt haben, wenn du wusstest, du bist in ihrem Revier, du hast einen erspäht, du hast ihn harpuniert, er ist abgetaucht, er ist schon sehr lange da unten, er wird bald auftauchen, er muss bald auftauchen, jetzt gleich wird er es tun, und wenn er sauer ist, ein Bruder von Moby Dick, wird er *unter* uns auftauchen. Oder uns mit dem Schwanz eins überbraten. Pardon: mit der Fluke.

Aber es taucht niemand auf. Nicht mal ein kleines Periskop, das uns aus den Wellen anstarrt als schwimmendes Auge. Kann natürlich aber sein, dass ich es einfach nur nicht sehe. Meine Crew ist in diesem Moment keine große Hilfe.

»Ich gehe mal eine Runde ratzen.« Wencke reibt sich so heftig die Hände, dass Hitzekringel aufsteigen. Unten ist es wärmer, die Kojen warten. »Ich bin halt eine Frostbeule.«

Nach einer Weile schauen wir gemeinsam runter in den Salon. Wencke hat sich in den Schlafsack gelegt und liest. Sie habe ganz kalte Hände, klagt sie. »Du, Pit, ich habe Angst, dass aus meinen kalten Händen das kalte Blut zum Herzen fließt, das heißt unweigerlich Herzstillstand.« Schon fies, wenn man Biologin ist und weiß, was alles passieren kann.

»Das wär jetzt kein passender Zeitpunkt«, erwidert ihr An-
getrauter.

»Meine Kerntemperatur ist völlig im Eimer.«

»Mach dir keine Sorgen. Die Seebestattung übernehmen
wir gleich an Ort und Stelle, das wird günstig.«

Aber jetzt verzieht sich auch Anna nach unten, der Seegang
ist nur mäßig und die Fahrt angenehm. Pit steckt unseren
Kurs ab, er ist zufrieden mit unserem Fortschritt, befiehlt mir
eine Peilung von 170 Grad. Fast Süd. Über die U-Boote macht
sich außer mir kein Mensch Sorgen. Oder haben die Dänen
gar keine?

Der Horizont da hinten ist flach und farblos, fast formlos.
Könnte auch eine Wolke sein. Nach ein, zwei Seemeilen jedoch
schälen sich Figuren heraus, und endlich erkenne ich eine
Landmarke, ein klares, wie aus einem Fels gehauenes Bau-
werk. Ein trutziger Bau, an der Seite ein mächtiger Turm, der
oben spitz zuläuft. Ich nenne es den »Dom«. Der Dom liegt
auf 171 Grad. Die nächsten drei Stunden ist der Dom mein
Ziel, auch wenn es ihn in Wahrheit gar nicht gibt. Das erkenne ich aber erst aus der Nähe. Es ist wie im Leben. Wenn
man nur nahe genug herankommt an ein Ziel, wird es unscharf. Zum Glück zerfasert aber nicht jeder Dom so wie
meiner – nach zehn, zwölf Seemeilen löst er sich auf in das
Dach eines Kornspeichers, die Krone mächtiger Bäume und
viel guten Willen. Da ist die Einfahrt in den Alsensund längst
auszumachen, und so hat der Dom seinen Zweck erfüllt: uns
über die unberechenbarste Passage zu lotsen, den Kessel des
Kleinen Belts, in dem oft eine harte See wartet, ein schneiden-
der Westwind. Schwarz hat uns gewarnt. De Ol hat uns gewarnt. Und auch der Kapitän.

Aber da passt der Kleine Belt einmal nicht auf, und wir
Glückskinder wuschen einfach hinein und wieder hinaus,
kein Alarm springt an, wir segeln da durch wie ungesehen.

5

DIE MÄDELS KOMMEN wieder zum Vorschein, als wir den Eingang zum Sund erreichen. Es ist Freitagnachmittag, der Tag hell geworden, ohne sonnig zu sein. Wochenendsegler aus allen Ecken halten auf die ruhigen Gewässer zu, der Wind treibt sie alle herbei. Aber es geht nicht zu wie auf der Alster. Wer je das Durcheinander dort überstanden hat, lächelt gönnerhaft in diesen Minuten. Ich lächele gönnerhaft, dabei weiß ich, solche Gefühle sollte gerade ich mir nicht gönnen. Nur wenige Schiffe kreuzen aus dem Sund heraus, in wilder Schräglage. Ich bin mir sicher, den Crews ist bitterkalt. Von wegen scheinbarer Wind. Bei neun Grad gegenan zu segeln, bei einer Wassertemperatur von vielleicht sieben Grad – das wäre Shackletons würdig.

Da wir den Kurs nach Backbord ändern, haben wir nunmehr eindeutig achterlichen Wind. Ein unangenehmer Wind, wenn es schaukelig wird, aber das Wasser ist ganz glatt, und es weht auch nicht mehr als eine schwache Brise, sobald wir geschützt sind von den Bäumen am Ufer. Hinter uns knistert etwas, es gibt einen Schlag, einen leise herüberdringenden Knall. Ein Spinnaker bläht sich, zweihundert Meter hinter uns. Geräusche werden wie im Flug über das Wasser getragen, man glaubt es nicht.

Pit grinst. »Immer vorsichtig sein, wenn man über ein anderes Boot lästert. Was für ein hässliches Wrack das da vor uns ist, zum Beispiel. Die anderen hören im Zweifel mit.«

Ein Spinnaker ist ein gewaltiges Ding, leichter Stoff, bauchig geschnitten, einzusetzen nur bei Wind von hinten. Noch viel riesiger als unser Riesenömmel von Genua. Der Verfolger schiebt sich unerbittlich heran, wie von einer gewaltigen Hand gezogen. Einen Spinnaker haben wir nicht, aber Schmetterling könnten wir probieren. Platt vor dem Wind ist die Gefahr einer Patenthalse zwar groß, aber … Eine Patenthalse? Das ist das, was ich bei der praktischen Prüfung auf der Alster hinlegte. Ein grandios scheiterndes Manöver. Wenn man den Wind von hinten hat und er die Richtung ein klein wenig ändert oder man selbst, womöglich sogar unbeabsichtigt, den Kurs, schlägt das Großsegel herum, der Baum saust einmal in einem Halbkreis übers Deck. Manch ein Skipper ist von so einem Schwinger über Bord gewischt oder ausgeknockt worden. Zum Glück ist unser Baum nicht so lang wie auf den meisten anderen Schiffen, die in der Lage sind, bei einer Patenthalse die komplette Crew abzuräumen, wenn diese die Köpfe nicht blitzschnell herunternimmt. Unser Baum endet über dem Niedergang. Wer Liv steuert, kann an der Pinne stehen und dem Baum lachend zusehen, wie er sein Henkerswerk verrichtet. Aber natürlich will man das um jeden Preis vermeiden, so unkontrolliert mit dem Arsch des Bootes durch den Wind zu gehen. Die Kräfte, die entstehen, sind enorm, das Rigg ächzt unter der Belastung.

Wir aber wagen den Schmetterling, weil der Wind »sagenhaft konstant« ist, wie Pit befindet. Also Großsegel auf die rechte Seite, Genua auf die linke Seite gezuppelt. Maximale Angriffsfläche. Wir werden von hinten geschoben, und tatsächlich schrauben wir unseren Speed von 3,8 auf 4,3 Knoten. Berühmt ist das nicht, aber immerhin. Der Spinnaker schiebt sich trotzdem, wie eine rollende Kulisse, an uns vorbei, da kann man nichts machen. Der Skipper grüßt schneidig, eine sparsame, gleichwohl zackige Bewegung. Deutscher Kapitänsadel wohl.

Herrliche Fahrt. Zur Linken paradieren die Boote in die enge Zufahrt einer Bucht, die laut Törnführer als die bestbesuchte Dänemarks gilt: Dyvig, hinter einem spektakulär schmalen Kanal gelegen. Die Lieblingsbucht des Showmasters Hans-Joachim Kulenkampff, der hier gerne auf seinem Zweimaster vor Anker ging. Ein Tipp ist Dyvig längst nicht mehr, sagt de Ol, aber unter der Woche immer noch schön und vor allem: geschützt.

Zur Rechten erreichen wir schließlich den kanalartigen Teil des Sunds, der uns nach Sønderborg führen wird. Der gnädige

Wind schiebt uns gemütlich durch ein Panorama, für das man auch Eintritt zahlen würde. Es ist gar nicht mehr so kalt. Zwei Haubentaucher platschen ins Wasser, gleich da drüben. Wo sie eintauchten, breiten sich winzig kleine Wellen aus. Segeln hat ein menschenwürdiges Tempo.

»Mir ist jesusmäßig kalt«, klagt Wencke. »Wann sind wir denn da?«

Pit hat sich unter Deck verzogen, Position ausrechnen. Der Mann brauchte keinen Snack, keinen Drink – aber nimm ihm Zirkel, Messdreieck, Bleistift und Seekarte weg, und er verginge vor Auszehrung.

»Saukalt.« Anna hat die Arme unter der Brust verschränkt. »Was ist der Plan hinter Sønderborg?«

Die Wahrheit ist: Wir haben keinen Plan. Wir wollten mal schauen. Also halten wir kurz Kriegsrat. Pit steckt den Kopf durch den Niedergang, und nach zwei, drei Sekunden ist klar: Bis zu unserem Heimathafen schaffen es die Damen nicht mehr. Also, sie schafften es schon noch, aber sie wollen nicht mehr. Und wir Herren wollen auch nicht mehr. Oh doch, auch wir schafften es schon noch. Aber in Sønderborg wartet ein kühles Bier und vielleicht sogar ein saftiges Stück Dänenfisch.

Ich will nicht verhehlen, selbst mir, dem Kerl an der Pinne, mannhaft steuernd seit fast zehn Stunden, stets konzentriert, nicht ein einziges Mal schwankend oder den sterbenden Schwan markierend, ist die Kälte ein klein wenig in die Glieder geschlichen. (Die drei anderen wollten den ganzen Tag gar nicht steuern. Sie sind offenkundig froh, dass ich durch die Passage ohne viel Gewese durchgekommen bin.) Es ist indes eine aushaltbare Klammheit, über die man sich totzulachen verstünde, gäbe es nicht auch die Möglichkeit, sich ihr hinzugeben. Natürlich trägt dazu nicht unwesentlich bei, dass die Brücke von Sønderborg geschlossen ist. Auf der Leuchttafel ist angeschrieben: »18.27«, und ein Blick auf die Uhr verheißt 18.03 Uhr. Wir fahren fast eine halbe Stunde lang in Schleichfahrt im Kreis, Warteschleifen vor dem versperrten Tor, mit uns bald ein halbes Dutzend anderer Boote, ein bizarrer Reigen.

Langsam kehren meine Gedanken zurück in die Realität. Sobald wir in unserem Heimathafen angelangt sind, muss ich mich ums Auto kümmern, das ja noch in Bogense steht. Meine erste Hoffnung ist Schwarz, ich habe seinen Ersatzschlüssel mitbekommen. Wenn er übers Wochenende zu seinem Boot fährt, wartete sein Wagen auf dem Parkplatz, könnten wir zu zweit hochdüsen, Passat holen, fertig. Also Handy raus. Vor allem tut es gut, seine Stimme zu hören. Er freut sich, als er erfährt, wie bravourös uns der Durchstoß gelungen ist.

»Alter, Mensch!«, ruft er. »Ihr habt's geschafft! Von jetzt an Heimwärtsgleiten. Genussfahrt! Ach, schön. Freut ihr euch?«

Ich hätte noch nicht drüber nachgedacht, antworte ich. So nervös, wie ich vorher war, so wenig ich mir vorstellen konnte, dass es wirklich gelingen würde, so selbstverständlich scheint es mir nun zu sein, Sønderborg erreicht zu haben. Undankbares Pack, wir Segler.

»Das ist die frische Luft, mein Bester. Wirkt immer. Und wo verbringt ihr die Nacht?«

Schwarz warnt uns vor dem Strom im Sund, dass das Anlegen in Sønderborgs Stadthafen tückisch sei und es immer eng zugehe. Der Sportboothafen aber, ja, der sei ganz schön. Und auch in Laufweite zur Altstadt.

»Schön«, entgegne ich. »Schönschönschön. Altstadt klingt gut.«

Wir ratschen noch ein wenig, dann erzählt er, dass er bei diesem Wetter nun doch nicht aus Hamburg angerauscht käme, »ist einfach sinnlos, wenn man weiß, man quält sich«. Diese Variante fällt also schon mal flach. »Aber der Tramp wollte hoch, gleich morgen früh, ruf doch den an.«

Bevor wir auflegen, beglückwünschen wir uns gegenseitig zu diesem phantastischen Hobby. Pünktlich auf die Minute schwenkt die Brücke in die Höhe, Anna steuert uns hinter einer breithintrigen Motoryacht durch die Gasse.

Mir fällt es schwer, dazusitzen und keine Empfehlungen loszulassen. Als Beifahrer im Auto schlafe ich auf der Autobahn immer ein, das verhindert Streitereien. Hier an Bord würde ich gerne was sagen, aber ich trau mich nicht recht. Außerdem ist Pit da. Ich sollte meine Schnauze halten. Ich halte sie nicht. »Vorsicht!« Das war bitter nötig, denn Anna mag, wie beim Autofahren, nicht unbedingt gleichzeitig einen Schluck Wasser trinken und geradeaus fahren. Eins von beiden geht schief. Im Zweifel leidet immer die Spurtreue.

Ich solle es nicht so eng sehen, gibt sie zurück.

Bald bedeutet mir Pit, es sei nun genug, und ich verhole mich auf die Bank, schaue mir Sønderborgs hölzern beschlagene Uferpromenade an, die gewaltigen Schiffe, die dort Seite an Seite festgemacht haben. Im Päckchen. Und die Crews, die außen liegen, tapern über die Decks der anderen Schiffe. Das muss man natürlich wollen.

Der Tramp geht wie immer erst ans Telefon, als ich schon fast die Hoffnung aufgegeben habe. Als wolle er einen für die gezeigte Hartnäckigkeit belohnen. Ja, bestätigt er, er komme hochgekurvt, um sein Boot ins Wasser zu lassen, aber, nein, sein Auto sei leider nicht zu haben, am Nachmittag müsse sein Kumpel, der ihm helfe, zurück nach Hamburg. Ich kenne den Kumpel. Ein feiner Kerl. Ein richtiger Handwerker, der alles kann, was man so können kann, aber ein wenig unzuverlässig ist. Wenn du ihn ein Bad neu auskleiden lässt, solltest du dich drauf einrichten, dass du das nächste Jahr eine Tropfsteinhöhle dein Eigen nennst. Der Kumpel macht alles sehr genau. Nur mit dem Timing hat er es nicht. Und weil sich der Tramp für seinen Kumpel verantwortlich fühlt, wird er ihn morgen Nachmittag pünktlich wieder in Hamburg abliefern.

Zweite Chance auf ein Auto: perdu. Ach, sage ich mir, das ist dein Problem von morgen, wir sind in Mitteleuropa, mit dem Zug, mit dem Bus kommst du überall hin, sogar preiswert, und wenn es normal läuft, kriegst du eine einigermaßen gute Verbindung. Nimm ein spannendes Buch mit, und du wirst sehen, bist in Nullkommanix wieder am Hafen. Mit diesem Gedanken tuckern wir in die Marina von Sønderborg.

Zuvor aber Vorbereitung zum Anlegen. Die Segel runter. Die Schoten ordentlich aufgeschossen, damit sie nicht im Weg herumtüddeln. Die Fender, die Liv abpuffern werden, herausgekramt. Die Festmacherleinen am Bug und Heck bereitgelegt. So präpariert dampfen wir in den Hafen.

Pit hat die Pinne übernommen, ist mir recht. Der Hafen ist schon beinahe voll belegt, aber am Eingang einer Gasse erspähen wir weit hinten zwei, drei Plätze. Die Kunst bei den Hafenmanövern ist, in Bewegung zu bleiben, und zwar gerade so schnell, dass das Schiff Ruderbefehle annimmt, zugleich aber so bedächtig, dass alle Manöver ohne Hast gefahren werden können. Das ist die Theorie. In der Praxis muss man den Wind einberechnen und auch eine etwaige Strömung, dazu den rätselhaften, unberechenbaren Faktor X, um den jede Handlung angepasst werden muss.

Klare Absprache: Pit an der Pinne, am Gas, in der Verantwortung, dass unser driftender Mehrtonner sauber am Steg endet. Anna hat hinten eine Achterleine in der Hand, Wencke ist vorne, um den Bug abzuhalten. Ich werde auch an Land springen und die Luvleine belegen – also die neuralgische Leine in Richtung des Windes, auf die am meisten Zug entsteht. Es herrscht allerdings nicht viel Wind, vielleicht Stärke vier aus West, und wir werden gegen den Wind anlegen, was tendenziell angenehm ist – Wind von hinten drückte den Bug auf den Steg. Als wir von der Gasse in die freie Box einbiegen, rechts ein Boot, links ein Boot, sehe ich, dass hinten links in dieser Box gar kein Pfahl ist, dass wir uns da also schon mal nicht festklammern können. Pit schwenkt die Pinne, wir drehen sofort Richtung Steg, schlüpfen in die Box, der Steg kommt näher, grünliches Holz. Huch, wir sind schon da. Ein Mann an Land, die verbreitete Hilfsbereitschaft unter Seglern, nimmt Wenckes Leine entgegen, ich höre Pit hinten fluchen, er knallt den Rückwärtsgang rein, der Motor röhrt hoch, ich bin an Land, will die Leine um die Klampe legen, sehe neben mir den Mann und Wencke sich gemeinsam gegen den Bugkorb stemmen, fummele mit steifen, von zehn Stunden an der Pinne steif gefrorenen Fingern herum, merke, dass die Leine nicht sauber aufgeschossen wurde, sie hat Kinken drin, erfindet wie von selbst Knoten, die sie in sich selbst hineinwringt. Mein Part ist schon mal versaut.

Die beiden neben mir leisten ganze Arbeit, und gottlob hat Pit genug Rückwärtsfahrt gegeben, Liv steht. Aus dem Augenwinkel sehe ich Anna die Heckleine über den Pfahl legen. Wencke hat die andere Leine erfolgreich bezwungen, zur Linken macht Pit am Nachbarboot fest – so gehört sich das hier. Nur ich kämpfe noch. Und wie ich kämpfe. Wenn die Leine eine Schlange wäre, sie könnte sich nicht listiger wehren. Sie hat Knoten geboren, die ich selbst niemals knüpfen könnte. Na warte. Ich würge sie und schlinge sie und peitsche sie, mal glaube ich die Oberhand zu behalten, da wehrt sie sich wieder so geschickt, dass sie mir die Hände fesselt und mich einmal fast ins Wasser zerrt. Nachdem ich sie endlich gebändigt, sie sauber um die Klampe gewickelt habe und stolz aufblicke, sitzen die anderen drei schon hinten im Cockpit, in der Hand das Willkommensbier. Sie wagen es zu lachen. Sie lachen den Eigner aus. Liv, wirf sie ab!

Aber Liv wirft sie nicht ab. Macht hier ja jeder, was er will. Mir bleibt nur eins. Aufrechten Hauptes stapfe ich nach hinten, hocke mich dazu und zische auch ein Bierchen.

Vom Nachbarboot – man liegt manchmal nicht anders, als man auf einem Campingplatz zeltet, Eingang an Eingang, immer in Hörweite, hier zwischen Tümmler und Always Ultra – ruft einer rüber: »Denkt ihr noch dran, das Fall dichtzuholen?«

»Geht gleich los«, antworte ich, »wir machen noch Klarschiff.« Ich bin so paniert, dass ich nicht den leisesten Schimmer habe, was er meinen könnte. Leise frage ich Pit. Der deutet hoch zur Leine, die das Großsegel nach oben zieht. Sie hat Spiel und schlägt im Wind gegen den Mast. Ein kurzer Ruck am Fall, und Ruhe im Karton. Nicht jedes Problem überfordert mich. Doch auf die Lösung musst du immer erst mal kommen.

Unser Wanderweg, vorbei am Schloss in die Altstadt, führt am Meer entlang. Ein Blick ist das wie in Sydney, in einer der Buchten, in denen die City nicht mehr zu sehen ist. Das geheimnisvolle Leuchten des Himmels, die heranschleichende Nacht, drüben die Lichter am Steilufer: die Düppeler Höhen, im 19. Jahrhundert Schauplatz fürchterlicher Scharmützel zwischen Deutschen und Dänen. Die Deutschen siegten, und bis 1920 war Sønderborg deutsch. Sönderborg hieß es damals, glaube ich.

Heute wollen die Deutschen keine Schlachten mehr und keine Punkte auf dem ersten O, sie haben einen Sauerstoffschock und plumpsen in den »Oxen«, ein argentinisches Steakrestaurant. Der Fisch kann uns mal. Drinnen ist es so warm, dass wir am liebsten unsere Schlafsäcke ausrollen würden. Holztische, in der Küche Holzkohlegrills, der Duft nach Fleisch. Ein großes, saftiges Steak, eine Flasche Malbec. Der Spaziergang zurück ist schon ein Fall für Schlafwandler. Liv liegt da, vertaut, verplompt, versiegelt, wir kriechen in die Kojen und segeln im Träumen weiter.

Dreiundvierzig Seemeilen steckst du nicht so einfach weg. Das ist wie zehn Stunden Buckelpiste fahren oder was weiß ich. Meine Ohren sausen und brennen, das war der Fahrtwind. Meine Augen suchen den Verklicker, meine Hand sucht die Pinne, meine Beine suchen Halt, meine Gedanken suchen Ruhe, und so schwimmt Liv in dieser Nacht noch einmal die ganze Strecke von Middelfart bis Sønderborg.

Kein U-Boot, auch diesmal nicht. Nur ein Knarzen und Ächzen und Wiegen. Livs Lied hört sich in jedem Hafen ein wenig anders an. Als wolle sie sich anpassen an diesen neuen Ort, der anders riecht, wo die Menschen anders lachen, der ein anderes Gefühl vermittelt. Häfen sind was Feines. Häfen sind ein Mysterium. Sie machen dich klein. Sie machen dich groß. Sie zerren dich auseinander. Sie setzen dich neu zusammen.

Als ich endlich meinen Traum ausziehen kann, eine Lage Fleece, die ich in dieser Nacht nicht mehr brauche, versinke ich im Schwarzen. Einen Moment später wird es hell. Als Erstes höre ich ein Singen, spitz und hoch, mehr ein Wimmern. Unsere Wanten, die in einer steifen Brise zittern. Glieder regen sich, leises Gestöhne. Die anderen sehen vielleicht verschlafen aus, ojemine! Kaffee kochen per Landstrom. Kaffee schlürfen. Kopf rausstrecken.

Knapp halb acht ist es. Eine Vindö, eine dieser seidigen Holzyachten, hat den Motor angeworfen und schleicht aus der Box. Der Chef am Steuer, seine Frau vorne, beide können nicht jünger als sechzig sein. Als die Box verlassen ist, schlingt die Frau schnell eine Leine um den Pfahl, zieht sie stramm. Ich gähne. Es scheint mir ein Manöver zu sein, das irgendwie sinnvoll ist. Ich weiß aber nicht, was sie da tun. Sie scheinen auf irgendwas zu warten. Weiter abtreiben können sie nicht, der Bug ist fest, und der Wind steht von links auf das Heck. Hat der Cheffe eingekuppelt? Vorwärts? Nein, eher rückwärts! Und Ruder gegen den Wind gelegt? Man kann es nur vermuten. Ich kratze mir den Kopf. Scheint mir alles höllisch kompliziert. Warum tuckert der nicht einfach raus, drückt das Steuer in die richtige Richtung, Gas, zack und weg?

Nach ein, zwei Minuten setzen sie – in der Hafengasse! – das Großsegel. Dann, wie selbstverständlich, dreht sich ihr Heck nach Luv, die Gattin löst die Leine, der Gatte gibt ein wenig Gas, sie zuckeln an uns vorbei. Ich grüße, mit der Tasse in der Hand, aber der Skipper sieht mich nicht. Er schaut hoch zum Verklicker, und so fahren sie unter Segeln aus dem Hafen hinaus.

»Hm.« Pit hat das Ganze über den Rand seines Kaffeebechers ebenfalls beobachtet. »Unklar, was für einen Sinn das hatte, aber es schien einen zu haben.«

»Das tippe ich auch«, sage ich. »Aber vielleicht war das einfach nur ihre Art, abzulegen. Man muss ja nicht alles komplizierter machen, als es ist.«

Zufrieden bereiten wir Liv für den letzten Schlag nach Hause vor. Ich werde bei diesem Manöver an der Pinne stehen, das ist klar. Der Beschluss wird auch verkündet. Schon regt sich Skepsis bei der Mannschaft. Das kann man nun gar nicht gebrauchen.

»Wetten, dass du irgendwo andotzt?«, sagt Anna über ihren Kaffee hinweg.

»Wo soll ich schon andotzen? Ich fahre rückwärts raus, Pinne nach links, und schwupps, wandert der Bug nach links, und wir eiern hier vom Feinsten aus dem Hafen.«

»Wetten, dass Pit uns retten muss?«

Ich ziehe vor, sie zu ignorieren. Nichts schlimmer als eine Crew, die nicht an einen glaubt. Vor allem, wenn man selbst nicht so recht an sich glaubt. Ich habe zwar einen Plan, aber das könnte, den Verdacht habe ich, auch ein dilettantischer Plan sein. Pit trägt ihn allerdings mit. Und doch ist seine Kurbelei vom Morgen zuvor unvergessen. Übers Wasser wandeln kann auch er nicht. Beim Hafenmeister hole ich mir noch flugs den Busfahrplan. Freundliche Leute, suchen für mich extra im Internet, drucken alles aus. Ich werfe einen flüchtigen Blick auf den Zettel. Beste Verbindungen in den Norden, einmal pro Stunde, da kann nichts schiefgehen.

Ausgiebiges Nicken zu den Nachbarn. Der Wind wird uns aus der Box treiben, auch wenn er schräg von Steuerbord kommt, unangenehm stark, wenn man ehrlich ist. Sogar sehr unangenehm. Und in Böen. Aber ich nehme mir vor, mir vorzunehmen, dass alles wie von selbst gut geht. Weil es in der Theorie gepasst hat. Allerdings wird sich herausstellen: Pustekuchen.

Wencke wirft uns vorne los, und wir fahren rückwärts aus der Box, so langsam wie es uns möglich scheint. Ich bin konzentriert, dass mir der Kopf brummt, und merke zugleich, dass sich die Konzentration davonstiehlt. Aus der Bewegung heraus werde ich die richtigen Entscheidungen treffen müssen, und als Folge beginnt die Realität nicht langsamer, sondern schneller abzulaufen, wie bei der doppelten Geschwindigkeit auf einer DVD, nur dass es keine Stopptaste gibt.

Der Pfahl fliegt zur Rechten vorbei, wir sind noch in der Spur, vorne nicht mehr durch eine Leine gesichert, aber noch haben wir volle Kontrolle. Glaube ich. Die Pinne fühlt sich glatt unter den Fingern an, ich spüre die samtig gehobelte feine Maserung. Im Winter habe ich sie nicht lackiert, weil Patina schön ist, und jetzt denke ich, gut, dass du sie nicht lackiert hast, sie würde kühler in deiner Hand liegen, nicht so anschmiegsam.

Wir sind weit genug draußen, Wencke zeigt am Bug den erhobenen Daumen. Jetzt – die Pinne nach links! Der Bug, er schwenke nach links! Schwenkt er aber nicht. Vielmehr: rechts schwenkt. Und zwar schnell. Sehr schnell. Viel zu schnell. Es sieht aus wie bei einem Egoshooter, wenn das Fadenkreuz über den Horizont wandert, unaufhaltsam, von links nach rechts. Vorne, irgendwo ganz woanders, sehe ich die Gefahr näher kommen. Wir sind noch nicht frei vom Nebenlieger, Wencke packt schon das Achterstag des Nachbarbootes. Dessen Eigner hält unseren Bugkorb in den Händen, beide drücken, was das Zeug hält, ich sehe das aus den Augenwinkeln. Ich begreife nicht, was geschieht. Das Ruder ist richtig gelegt, und doch macht das Boot nicht nur etwas anderes, sondern, wie beseelt von einem bösen Willen, exakt das Gegenteil dessen, was ich ihm befehle. Der Bug dreht weiter, hinein in die Hafengasse.

»Ich übernehme, okay?« Pits leise Stimme, die Stimme des Erlösers. Aber auch ein wenig rau. »Jetzt.« Totale Ohnmacht. Noch immer haben wir den Rückwärtsgang drin, vorne sind wir nun frei, das Boot dreht weiter, wir sind um 180 Grad falsch auf Kurs. Die Schnauze zur Kaimauer. Was Anna macht? Ich weiß es nicht. Von meiner Warte aus kann ich nicht viel sehen. Pit hat nun die Pinne in der Hand, und ich knie mich, weil der Gashebel so bockt, vor den Eumel auf den Boden.

»Vor!«, ruft Pit.

Ich gebe Vorwärtssgas, eine Sekunde.

»Zurück!«

Ich wie wild zurück, froh, klare Befehle zu bekommen, mich nützlich zu machen, damit wir das offenbar wild gewordene Boot unter Kontrolle bekommen.

»Vor!«

Ich reiße den Hebel nach vorne. Schaue auf den Niedergang vor mir, spüre, wie sich die Holzleisten in meine Kniescheiben pressen, höre unseren Motor röhren und würgen und aufheulen. Mit beiden Händen am Hebel warte ich. Wie in einem Katastrophen-Film, in dem der Held im rechten Moment den dunkelroten Knopf drücken muss, um den Meteoriten zu zerstören.

»Zurück!«

Viel Widerstand zu überwinden. Verdammt, geht das schwer!

»Vor!«

Mir ist schon klar, wir drehen auf der Stelle. Jetzt, da ich hektisch hochschaue, sehe ich, wie uns die nächste Pfahlreihe entgegenspringt.

»Zurück!«

Eine halbe Sekunde, nicht länger. Pit bewegt die Pinne nicht, die ist ganz nach links gedrückt. Sieht konzentriert nach vorne, nach hinten, immer abwechselnd.

»Vor!«

Ich höre Nervosität in seiner Stimme, gar keine Frage. Wir legen hier einen ordentlichen Stunt hin, haben vorne und hinten vielleicht einen Meter Platz, nicht mehr, und zwischen den Pfählen warten die Hecks lächerlich teurer Yachten, die wir nur rammen sollten, wenn wir einen triftigeren Grund haben als unglücklich einfallenden Wind und gedankenlose Panik, eine Stampede des Pinnenmanns.

»Zurück!«

Die anderen Segler in unserer Gasse gucken; ihre Gesichter sehe ich glücklicherweise nur unscharf, ich will sie auch gar nicht scharf sehen. Wir bieten großes Hafenkino. Mordssound.

»Und vooor!«

Wir drehen, drehen, drehen, es reicht, sind durch. Salto auf engstem Raum. Schweißperlen auf der Stirn, als ich mich aufrichte.

Pit drückt mir die Pinne in die Hand. »Fahr uns raus«, sagt er, »alles gut.«

Anna steht daneben, sie lächelt, ich lächele schwach zurück. »Wette gewonnen«, stellt sie fest. »Und keine Widerrede.«

Die Fender im Arm, kommt Wencke nach hinten. »Würde ich auch sagen. Klarer Fall von Wette gewonnen.«

Ohne auf nennenswerte Hindernisse zu stoßen, lotse ich Liv aus dem Hafen hinaus.

Meine Antwort wartet Anna gar nicht erst ab. »Kam es mir nur so vor, oder war das ein haarsträubendes Manöver? Unten im Maschinenraum war es die Hölle. Hätte jeden Moment damit gerechnet, dass wir irgendwen rammen.«

»Bei dir da unten war's das vielleicht schon«, meint Pit. »Im Prinzip aber ein normales Manöver. Alles glattgegangen. Nur…«

»Aber«, falle ich ihm ins Wort, »als wir die Wette schlossen, hat kein Mensch was vom Wind gesagt. Und außerdem hat das Boot gemacht, was es wollte.«

»Das ist auch mein Aber. Unsere Lady hier«, Pit tätschelt Livs schmalen Hintern, »ist nicht leicht zu manövrieren, das muss man mal für die Damenwelt an Bord betonen. Das ist ganz und gar nicht leicht, das ist sogar sauschwer.«

Sein Urteil löst ein beeindrucktes Schweigen aus. Den Lärm übernimmt eh unser Einzylinder. Mir steckt der Schock noch in den Gliedern, und auch Anna scheint sich klein zu machen. Wie der Wind so ein Manöver verhageln kann, wie schnell Chaos ausbricht, wie schnell man handeln müsste, aber zugleich wie gelähmt ist, weil die Übung fehlt und das Wissen, was das Richtige ist. Selbst, was es überhaupt sein könnte.

Da draußen, gnädigerweise in der richtigen Richtung, weht ein mächtig strammer Wind. Wenn wir den die beiden Tage zuvor gehabt hätten: gute Nacht, Marie. Dann hätten wir reffen müssen. Aber wie das Großsegel zu verkleinern ist, das durchschaut Pit so wenig wie ich. Ein Drahtseil baumelt am Mast herum. Es ist ein System, gewiss, es wirkt ganz einfach, aber es erschließt sich einem nicht, wo ziehen, wo festzurren. Scheiß-System, wenn es keiner begreift. Wir wollen uns das mal in Ruhe angucken. Wenn uns nun aber aus dem Nichts dieser Wind angefallen hätte ... Na, wir hätten es schon hingekriegt. Das denke ich mir zumindest. Das Schlimmste wäre gewesen, wir hätten den Lappen runtergenommen und wären in den nächsten Hafen geschippert, um dort Trockenübungen zu machen.

So halb gar vorbereitet zischen wir hinaus in die Bucht von Sønderborg. Der Wind hat ein wenig gedreht, legt die Seezeichen fast flach aufs Wasser, reißt Gischt in die Luft. Das Meer zerfurcht, ein wogendes fahles Feld. Ganz schön was los. Komisch, aber ich mache mir keine Sorgen. Liv ist verlässlich, das ist inzwischen sonnenklar. Sie haut sich in die Wellen, sie fühlt sich hier zu Hause. An ihr wird es nicht scheitern.

Nur unter Genua reiten wir die letzten Meilen ab. Sechs Komma drei Knoten nur mit dem gebauschten Vorsegel, Donnerwetter! Leider schieben sich dicke Wolken hinter uns übereinander, der seit Tagen angekündigte Regen sammelt seine Kräfte. Schweinekalt, mit diesem Wind. Dänischer Frühsommer, frisch aus der Eisbox. Stimmung kommt keine mehr auf. Keine Lust mehr auf Trainingsmanöver, die wir uns doch so fest vorgenommen hatten, nur nach Hause. Die ersten Tropfen fallen bereits, als wir den Mastenwald unseres Hafens sehen. Es ist ein kleiner Hafen, nicht sehr berühmt. Manche sagen, es sei einer der schönsten Häfen Dänemarks, aber ich vermag das nicht zu beurteilen. Jedenfalls geht es beschaulich zu in unserem Hafen, und wenn man baden will, ist ein Strand gar nicht weit. Gesetzt den Fall, es wird in diesen Breiten mal warm.

Unsere Box ist am Südsteg gelegen, in der Mitte eines Knicks. Wieder übernimmt Pit die Pinne – ich wage es schlicht nicht. Habe einen Heidenrespekt und will auch nicht gleich bei der Ankunft alles versemmeln. Der neue Nachbar, der zur Begrüßung erst mal einen versenkt. Moin zusammen. Aber es ist kaum Wind im Becken, das Wasser wie ein Spiegel. Der Anleger glückt tadellos. Wir stoppen kurz vor dem Steg auf, Leinen über!, Leinen sind über, Leinen belegen!, Leinen sind belegt, Motor aus, Stille.

Hätte ich mir im Nachhinein auch zugetraut, aber meine Nerven haben für heute genug gelitten, und man soll ja auch seine Mitmenschen nicht überfordern. Würde trotzdem immer noch zu gern wissen, was ich beim Ablegen in Sønderborg falsch gemacht habe.

»Nichts«, versichert mir Pit.

»Nichts«, wiederhole ich.

»Du musst üben, üben, üben mit dieser reizenden Lady. Nur so begreifst du, was sie will.«

»Wenn sie es denn selbst weiß.«

»Sie weiß es.«

Heimathafen. Ein irres Gefühl. Ich drücke Anna, die so froh ist wie ich, ich drücke Pit und drücke Wencke, wir haben es geschafft. Keineswegs ertönten von irgendwoher Fanfaren, als wir eingelaufen sind, aber ich habe sie mir dieses Mal vor Erleichterung mitgedacht. Wir spähen unsere Box aus. Links daneben der Platz ist leer, rechts daneben liegt eine verschrammelte Motoryacht, grün angelaufen vor Algen und Einsamkeit. Find ich gut, unseren Platz. Keine Nebenlieger da, die unser altes Mädchen belächeln könnten. Auf dem alten Kahn brütet eine Ente inmitten fransiger Seile. Ein Boot ist auch immer ein Haus am Meer.

Ich sehe die Kähne des Kapitäns, des Tramps, von Schwarz, die einen Steg weiter friedlich vor sich hin dümpeln. Die Commander des Alten ist noch nicht überführt, sie hat an der Elbe überwintert. Aber wir sind schon hier. Am liebsten würde ich mich ausstrecken, in den Himmel gucken und vielleicht eine Pulle Wein aufmachen. Was fehlt, ist das Auto. Der verdammte Passat.

Erst mal latsche ich zum Supermarkt, hole Brötchen, Honig, Erdbeermarmelade. Prächtiges zweites Frühstück mit müden Augen. Wir sind geschlaucht. Aber so glücklich, wie man es nur geschlaucht sein kann.

Die Mädels beschließen, die Kuchenbude aufzubauen, was ein voluminöses Überzelt über unser Cockpit wölben wird. Pit verzieht sich zufrieden an seinen Navigatorentisch. Gleich als Nächstes mache ich mich auf zur Bushaltestelle. Wird schon nicht so schwer sein, hoch nach Bogense zu kommen, Dänemark ist Europäische Union, und der Personennahverkehr in so einem sympathischen, naturkundigen Ländchen dürfte dem unseren weit überlegen sein.

6

FREUNDLICHERWEISE SETZT der Regen ein, als ich auf den Bus warte. Kein bösartiger Regen, aber ein hartnäckiges Landnieseln. Zum Glück habe ich meine Musto-Jacke an, die mich so vollkommen schützt, dass ich mich sogar zunächst weigere, die Kapuze überzuziehen. Mir genügt der Gedanke, dass ich sie jederzeit überziehen könnte, und kein Wetter kann mir mehr was anhaben.

Laut Plan müsste der Bus nach Sønderborg eigentlich um 11.32 Uhr gehen. Es ist eine Haltestelle an einer verlassenen Landstraße. Leuchtende Rapsfelder um mich herum. Ihren Duft spült der Regen mit sich. Ich bin aber nicht unzufrieden, im Gegenteil: Der erste kleine Anflug von Euphorie streift mich. Allmählich löst sich die innere Spannung. Ich merke, wie ich am liebsten die Jacke ausziehen würde, um mehr Regen abzukommen. Das lasse ich aber sein. Bin ja nicht bescheuert. Habe einen halben Tag Bus und Zug vor mir. Im Arm meinen Rucksack, darin Müsliriegel, Wasser, Lesefutter.

Aber nicht nur kein Bus kommt nicht, es kommt gar niemand. Um 11.39 Uhr schaue ich nochmals auf den Plan. *Ingen Lørdag* steht da unten klein, *nicht am Samstag*. Na gut, Pech gehabt. In knapp zwei Stunden folgt der nächste, ist eben Wochenende, Hektik kennen sie hier nicht. Runtergedackelt zum Boot, großes Hallo der Crew, die gerade von einer gemütlichen heißen Dusche zurückgekehrt ist und sich jetzt aufmacht, das Örtchen zu erkunden.

»Hej, eine Dusche! Spitzenidee!«, rufe ich ihnen zu, krame mein Zeug zusammen und spurte über den Steg zum Sanitärgebäude. Vor den Männerduschen ein Schild: geschlossen zwischen 12 und 14 Uhr, wegen Reinigung. Wir haben 12.06 Uhr. Noch ist dies nicht mein Tag. Noch nicht mal ansatzweise.

Ich lege mich in Livs Bauch, höre dem Regen auf dem Dach zu und versuche ein wenig zu lesen. Geht nicht. Das hier muss ich noch erledigen, dann ist alles vollbracht. Irgendwie das Auto herunterkutschieren, und heute Abend lassen wir uns in Sønderborg volllaufen. Morgen früh ein paar Manöver fahren und ab nach Hause, um meine Eltern abzulösen und unseren Sohn hochleben zu lassen.

Pünktlich tappe ich die dreihundert Meter wieder hoch. Der Bus kommt, saubere Sache, 12.52 Uhr. Ich zahle umgerechnet drei Euro, lehne mich zurück und bin eingeschlafen, noch ehe wir den Ort verlassen haben.

Um 13.05 Uhr erwache ich mühsam, eine Hand rüttelt an meiner Schulter. »Junger Mann, Endstation«, sagt die Fahrerin auf Deutsch. Hatte mich gleich durchschaut. Busbahnhof von Sønderborg, eine traurige Angelegenheit. Keine Geschäfte, nackte Wände.

»Die Expressbusse fahren von hier?«

Sie deutet auf den Streifen vor dem schmucklosen Gebäude. »Direkt hier vorne.«

Kühn bedanke ich mich, krame den Fahrplan des Hafenmeisters heraus, sehe, dass der Expressbus nach Middelfart – der 900X, hört sich schon schnittig an – über das wundersame Städtchen Aabenraa um 13.37 Uhr abfahren wird. In Middelfart werde ich, wenn ich Glück habe, sehr rasch den Bus nach Bogense bekommen. Allerdings benötigt dieser Bus, der wohl das Gegenteil eines Expressbusses ist, mehr als eine Stunde für die zwanzig Kilometer. Aber da muss ich durch. Man kann ja nicht die Dänen loben, dass sie es so friedlich haben, und eine Autobahn von Middelfart nach Bogense verlangen wollen mit einem expressmäßigen Pendelbus.

Nun aber nimmt der Horror seinen Lauf. Erst kommt kein Bus, ich warte, warte, warte, bis es mir dämmert: Wochenendfahrplan! Hetze durch die Stadt zum Bahnhof, denke, vielleicht fahren sie ja von da, aber der Bahnhof ist eine Baustelle, also wieder zurück. Nun ist auch der letzte Expressbus nach Esbjerg davongebrummt. Ich meine noch die Dieselschwaden schnuppern zu können. Hätte mich immerhin in das Städtchen Aabenraa gebracht. Okay. Ich krame meinen Dänemark-Führer hervor, der 15 Jahre alt ist, aber die Stadt gab es damals schon. Ja, Aabenraa läge auf dem Weg. Ich übe die Aussprache: Oooohbenroooh. Dahin gibt es noch einen Regionalbus, sehe ich, auch *Lørdag*. Aber der fährt erst um 15 Uhr. Und das ist kein Expressbus, natürlich nicht, bräuchte mehr als eine Stunde, bis er ankommt in Ohbenroh. Und von dort? Mit dem nächsten Zuckelbus nach weiß Gott wo. Und von da? Komme ich heute überhaupt noch irgendwo an? Habe kein Kontaktlinsenmittel dabei – immer schlecht. Fühle mich verarscht, aber keine Ahnung, von wem. Ich sehne mich aufs Wasser zurück. Sehne mich nach Pits klarer Navigation, nach dem Gefühl der Hand an der Pinne. Liv!

Zwei Möglichkeiten: Ich kehre zurück, ein Don Quijotte des Sønderborger öffentlichen Personennahverkehrs, geschlagen, gedemütigt, klitschnass. Und mit der Aussicht, am nächsten Tag um High Noon wieder dazustehen und mich verulken zu lassen von diesen Kulissenbahnhöfen und kryptischen Fahrplänen. Außerdem fahren meine Eltern übermorgen früh. Außerdem fliegen Pit und Wencke morgen Abend zurück. Einen Mietwagen nehmen? Hatte ich zu Hause sondiert. Schweineteuer. Über hundert Euro. Verworfen. Jetzt, Samstagmittag, doch noch einen Wagen organisieren? Die Touristeninformation: dicht. Ich hab auch keine Nerven mehr, so ehrlich muss ich sein. Es gibt also nur eine Möglichkeit. Eine grausame Möglichkeit. Und wie in einem schlechten deutschen Krimi steht da nur ein Taxi im grauen Regen vor dem grauen Himmel. Ein einziges Taxi. Wie zum Hohn kann ich nicht mal verhandeln. Der Fahrer lacht erst, als ich ihm mein Fahrziel nenne. Bogense? » Hehehe. «

» Mir ist es ernst «, beharre ich. » Kein Notfall, aber es geht nicht anders. «

Es sind rund 150 Kilometer da hoch, zwei Drittel Autobahn. Mehr als 150 Euro werde ich nicht ausgeben, schwöre ich mir. Bus und Bahn hätten auch ordentlich gekostet, sechzig, siebzig Euro wären zusammengekommen. Also reden wir über maximal eine Lücke von neunzig Euro. Und dafür kriegen morgen Pit und Wencke ihren Flieger und unser Sohn seine Eltern und unsere Eltern Sohn und Schwiegertochter. Das erscheint mir als ein günstiger Deal.

» Zweitausendvierhundert Kronen «, verkündet der Taxifahrer. Er hat ein grau gewelltes Haupt, ich bin nicht sein erster Kunde. Das wären rund 300 Euro.

» Nein. Das habe ich nicht. Das will ich nicht. «

» Du willst aber nach Bogense? «

» Ich *muss* nach Bogense. Da steht mein Auto. Da steht mein Heimweg. «

» Zweitausend, weil du es bist. «

Ich schüttele den Kopf. » Mehr als zwölfhundert kann ich nicht ausgeben. Wenn wir uns nicht einigen, muss ich halt weitersuchen. « Ich klappe die Tür zu. Das heißt, beinahe ist sie zu, da ruft er: » Treffen wir uns auf der Hälfte. Okay? «

Okay. Sechzehnhundert Kronen, 200 Euro. Ein Irrsinnsritt. Aber die einzige Möglichkeit, nach Bogense zu kommen. Jon Einar, so heißt mein Fahrer, ist wenigstens ein schweigsamer Mann. Ich ziehe meine nasse Jacke aus, streiche mir die Haare glatt und verkrieche mich hinten in den Fond. Ein Audi A6 Avant, Ledersitze, die gut riechen. Ich versuche zu lesen und schlafe wenig später ein, wache von einem Handyklingeln auf. Eine Fahrt durch ein Milchhimmel-Land.

Zwohundert Tacken. Ich nehme mir vor, zu Hause eine Woche lang nur Müsli zu essen. Macht mir nichts aus. Macht nur Anna wahnsinnig, aber irgendeinen Preis müssen wir ja zahlen. Ein ganzer Tag, den man mit der Familie und den Freunden gewinnt, ist doch viel mehr wert. Oder nicht?

Als wir in Bogense ankommen, schüttet es erwartungsgemäß, sodass ich zögere, überhaupt das Taxi zu verlassen. Der Passat steht noch da. Wenigstens kein Knotenbuch aufgeschlagen auf dem Dach. Im Hafen ist unsere Box leer. Liv kehrt nicht mehr zurück.

Nach zwei Stunden Gebrause bin ich zurück am Heimathafen, nicht mal 18 Uhr. Die Mädels schütteln kurz den Kopf, als ich ihnen meine Geschichte erzähle. Anna erspart mir die Vorwürfe, die sie gewiss auf der Zunge trägt. Sie hatten irgendwann am Nachmittag die Eberspächer angeworfen, aber nun reicht es ihnen. Alles tropft. Die ganze Welt ringsum ist aufgeweicht von einem Regen, der nicht nachlassen will. Binnen einer halben Stunde ist das komplette Gerümpel zusammengepackt, und wir sitzen im Auto. Das DFB-Pokalendspiel wird bald angepfiffen, meine Mutter hat beiläufig erwähnt, ein verblüffend gut geratenes Gulasch auf dem Herd köcheln zu haben. Das lassen wir uns nicht zweimal sagen. Liv bleibt, sicher vertäut, im Regen zurück. Es werden bessere Tage kommen. Die Jungfernfahrt ist überstanden.

Wir sind nicht untergegangen, no, Sir, das sind wir nicht.

NEUN

VERTEUFELT ENG

1

WAHRSCHEINLICH WAR ES PURER Leichtsinn, aber
ich habe meinem Bruder zum vierzigsten Geburtstag eine
Kreuzfahrt geschenkt, »mit allem Drum und Dran«. Den Gut-
schein schrieb ich im schneetrunkenen Februar. Der Sommer
war weit, Liv nur mehr ein schemenhaftes Gebilde hoch
droben im Norden meiner Gedanken, halb verweht, halb
durchscheinend geworden.

Der Haken an der Sache ist der: Mein Bruder versteht so
viel vom Segeln wie ich vom Bau einer Lautsprecherbox, die
eine Turnhalle mit lebenden Bässen füllen kann. Mein Bruder
könnte ganze Turnhallen voller Lautsprecherboxen bauen, es
machte ihm nichts aus, es wäre ihm sogar eine Freude. Zu
Hause, wo er mit seiner Familie wohnt, nahe Stuttgart, haben
sie seine zu Abi-Zeiten gebauten Turnhallenboxen in den
Hobbyraum gestellt. Die Boxen sind so groß, dass ein Kind
durch den muschelartigen Gang ins Innere treten könnte; einmal hat ein Hund in diese Windung hineingepinkelt. Pumba
darf ausnahmsweise als unverdächtig gelten, sie war damals
noch nicht auf der Welt. Der Hobbyraum ist mit den Boxen zu
einem Drittel ausgefüllt. Wenn sie angestellt sind, ist der
Raum so voller drohender Schwingungen, dass du kaum noch
atmen kannst, und wenn mein Bruder sie ein bisschen hochdreht, ballern dich die Schallwellen hinaus durch die Tür.

Mein Bruder versteht also was von Technik, viel mehr als
ich vom Segeln, aber vom Segeln versteht er nichts, und seine
Frau Sophie und ihre Tochter Janine – meine knuddelige ge-
liebte Nichte – auch nicht. Dazu wird unser Sohn sein Debüt
geben, der mittlerweile etwas mehr als ein Jahr alt ist. Und
Pumba auch, die Ende Mai drei wird. Plus Anna. Plus ich
selbst. Sieben Mann auf Liv. Das wird unsere Crew sein bei
dieser Kreuzfahrt. Und ich bin der Skipper.

Könnte da wer entspannt schlafen?

Als Skipper muss man nicht nur das Einmaleins des Segelhandwerks beherrschen, man muss auch die großen, einsamen Entscheidungen treffen. Für Anfang Juni haben sich die drei Stuttgarter angekündigt, Traumwetter im Norden. »Wir fahren auf jeden Fall hoch zum Boot«, sage ich, »aber kann gut sein, dass wir nicht raustuckern. Das Risiko nehme ich nicht auf mich, wenn nicht gerade alles passt.«

»Kein Problem«, erwidert Axel, mein Bruder, »das entscheidest du. Du müsstest ja auch der sein, der uns sechs aus dem Wasser fischt.«

»Alle auf einmal schaffe ich nicht.«

»Frauen und Kinder zuerst.«

»Gut, Pumba schnorchelt an Land, und du legst dich auf den Rücken und lässt dich treiben.«

»Aber hochfahren tun wir doch auf jeden Fall, oder?«

»Klar. Allein schon auf dem Boot zu sein macht Spaß. Alles ganz gemütlich auf engstem Raum.«

»Wie früher.«

»Wie früher.«

Wir beginnen zu schwärmen von unserem Wohnwagen und Sasbachwalden und der Grässelmühle mit dem gluckernden, manchmal etwas stinkenden Bach, wo unsere Eltern die Wochenenden mit uns verbrachten. Eine Höhle für die Familie, so ein Gefährt.

Die ersten zwei Tage tun die drei Stuttgarter so, als sei Hamburg ein angenehmer Ort zu leben. Sie ziehen an der Elbe von Strandklub zu Strandklub, bestellen Cocktail auf Cocktail, lassen sich die Sonne auf den Pelz braten, bestaunen die vorbeiziehenden Schiffe, und abends treffen wir uns, um zu grillen und die Abenteuer des Tages durchzusprechen. Einmal muss ich mit meiner Nichte Janine – sagte ich schon, dass sie ein Wonneproppen ist? – ins »Hamburg Dungeon«. Ich finde die Gruselshow zu Hamburgs Geschichte gruseliger als sie. Es gehört auch eine Fahrt in einem Floß dazu, der Beitrag

zum Thema »Moorleichen«, ein Spaß von vielleicht anderthalb Sekunden, bei dem man rückwärts eine Rampe runter-
rutscht.

»Ist das auf Liv spannender?«, fragt Janine danach, während sie ein Gähnen unterdrückt.

»Viel spannender«, sage ich, »du bist nicht angeschnallt,
es spritzt viel mehr, wenn wir segeln. Normalerweise ist es
auch nicht so dunkel. Und Moorleichen gibt es in der Ostsee
auch.«

»Ich freu mich drauf«, sagt sie, dann ziehen wir hinaus ins
Tageslicht, zu den anderen nach »Strand Pauli«, mal gucken,
was die Cocktails machen.

Der Tag kommt, da lässt sich die Kreuzfahrt nicht länger
hinausschieben. Ich möchte nicht verschweigen, dass ich angespannt bin – schließlich wird auch Pumba das erste Mal an
Bord sein, und noch immer habe ich keine Antwort auf das
Rätsel, wie in Teufels Namen sie den schmalen Bug entern
soll. Knapp dreißig Kilo fluppendes Lebendgewicht kann ich
nicht einfach so über das Gestänge hieven, zumal Pumba
durchaus nicht dazu talentiert ist, sich totzustellen. Das schafft
sie nicht mal, wenn man ihr eine Zecke rauspult. Sie will
springen, toben, wetzen; sie muss nur wissen, wie sie diese
Hürde nehmen soll.

Die Tour beginnt zur Entspannung mit einem Höhepunkt,
dem Pølser-Essen bei »Annies Kiosk« an der Flensburger
Förde, umgeben von Dutzenden knatternden Motorrädern,
was meinen Bruder an seine besten Zeiten erinnert. Vor uns
die Ochseninseln, der weite Fjord, die Segel auf dem blitzenden Wasser, an den Fingern eine Tunke aus Ketchup, Senf,
Mayonnaise, Fett, Würstchenduft und Zwiebelkrümeln.

Weiter. Liv liegt da wie unberührt. Viel Betrieb am Steg.
Das erste schöne Wochenende im Jahr hat massig Segler aus
Flensburg herübergelockt. Aus Sorge, keinen Platz mehr zu
bekommen, haben sie um zwei, drei Uhr im Hafen festgemacht, sitzen jetzt in ihren Cockpits, trinken Kaffee, essen

Kuchen und gucken. Es gibt schöne alte und schöne neue, vergammelte alte und würdelose neue Schiffe, dazu gut erhaltene Skipper samt passender Damenbegleitung sowie deren Gegenentwürfe. Man guckt ohnehin sehr viel in einem Hafen. Vielleicht fühlt sich das aber auch nur so an. Ich bin ein bisschen empfindlich, was stechende Blicke in meinem Rücken angeht. Gelegentlich rupfe ich ein paar Dolche raus, die andere nicht mal sehen, wenn ich sie ihnen anschließend zeige.

Gerade zuppele ich prüfend an den Festmachern, da landet ein Folkeboot neben uns in der Lücke. Ich springe an den Steg, nehme eine Leine in Empfang, belege sie – und ernte nichts. Keinen Dank, nicht mal einen Blick. Ein Boot ganz aus Holz, feines Ding. Aber der Eigner will offenbar nichts mit uns zu tun haben. Soll mir recht sein. Zur Rechten die Entenbrutstation, links einen Einsiedler. So stelle ich mir die idealen Nachbarn vor.

Unsere Crew schlägt das Casting der Konkurrenz um Längen. Liv ist ja recht lang für ihre Grazilität. Von Natur aus aber ist sie nicht unbedingt vorgesehen, der Völkerwanderung als Fährschiff zu dienen. Anna trägt unseren Sohn im Brusttuch an Deck, Sophie und Janine klettern auch behände über das Gestänge. Bleiben noch Axel, Pumba und ich. Wenn Pumba genügend erregt ist, vermag sie über ein Fußballtor, die Chinesische Mauer oder den Pont du Gard in Südfrankreich zu springen. Und erregt ist sie eigentlich jetzt genug. Unsere Prozession über den Steg hat sie durch zwei, drei Scharmützel mit anderen Hunden abgerundet. Wobei zu ihrer Ehrenrettung gesagt werden muss, dass ich auch nicht verstehe, warum Segler so oft Cockerspaniels dabei haben. Cockerspaniels sind einfach anders drauf. So schnuffelig. Pumba macht sie stets an, dass sie sich auf der Stelle gefälligst in Luft auflösen sollen, aber in Wahrheit will sie nur überspielen, dass sie mit Schnuffelhunden nix anfangen kann.

Sie atmet tief und schwer, als wir vor Livs Bug angekommen sind. Zwei Boxen weiter hat ein Segler aus Glücksburg festgemacht, über seine Tasse hinweg ruft er: »Das lernt die schnell!«

Leider sieht Pumba das anders. Sie macht einen kleinen Schritt – und bockt. Oh, da ist ein Abgrund zwischen dem Tritt, der kleinen Plattform an der Spitze, und dem Steg; in der Tiefe schimmert Wasser. Der Spalt ist vielleicht 15 Zentimeter breit, aber das reicht. Außerdem schwingt der Bug leicht hin und her, wie ein lebendes Wesen, das jeden Moment seine Fesseln sprengen könnte. Pumba stemmt die Vorderpfoten ins Holz des Stegs, streckt den Hintern in die Höhe, unmöglich, sie auch nur einen Zentimeter weiter in Richtung Boot zu schieben. Ich kannte diese Bewegung gar nicht. Ich ziehe sie am Halsband, das normalerweise eng genug sitzt, aber sie macht ihre Ohren so unsichtbar, dass ich es ihr ohne Mühe abstreifen könnte.

Axel, der dahinter wartet, platzt fast vor Lachen. Dann stockt er, als habe er jetzt erst begriffen, was das bedeutet. »Wir werden sie rübertragen müssen. Was wiegt sie?«

»Dreißig Kilo«, antworte ich. »Das heißt, eher achtundzwanzig, aber die fehlenden merkst du nicht. Und wenn sie sich schwer macht, ist sie ungefähr so schwer wie das ganze Boot.«

»Das wiegt doch mindestens eine Tonne.«

»Dreieinhalb.«

Beide betrachten wir Pumba, die mich anschaut, als würde sie gleich morgen bei den Vereinten Nationen die Einberufung eines UN-Hunderechtsrats fordern, wenn wir so weitermachten. Wir machen so weiter. Ich hebe Pumbas beide Pfoten hoch, schiebe von hinten, stelle sie auf den Tritt. Der ist zugegeben nicht größer als zehn mal zehn Zentimeter. Löwen im Zirkus sitzen auf so einem Podest, sie könnten darauf schlafen oder nach Salti dort landen. Wenn Pumba zu Hause auf einen Knochen wartet, sitzt sie auch so da, das ganze Viech versammelt auf einem 2-Euro-Stück. Aber jetzt füllt schon allein eine ihrer Pfoten die Plattform beinahe vollständig aus.

Ich fasse ihr unter den Bauch und versuche sie hochzuheben. Ihr Herz schlägt wie wild, ich spüre es. Ich erhasche ihren Blick: Klar will ich da rauf, aber verdammt noch mal, *wie soll das gehen*?

»Okay, ich hab's«, sagt mein Bruder, »ich wuchte sie von hinten hoch, du übernimmst und wirfst sie mit Schwung an Deck.«

»Das muss aber beim ersten Versuch gelingen.«

»Das sollte es.«

»Sonst landet sie im Hafenbecken.«

Schwimmen wäre nicht das Problem, aber wo könnte sie an Land klettern? Dahinten, bei der Bootsrampe, müsste es gehen. Gut. Wir reden also hier nicht von einer Aktion auf Leben und Tod. Aber unangenehm wär's doch. Zumal ich hinterherspringen müsste und sie sich in ihrer Panik auf mich stürzen würde. Vielleicht also doch auf Leben und Tod.

Nach einigem Hin und Her erkläre ich mich einverstanden. Um neunzig Grad gewendet, setze ich mich rittlings auf den Bugkorb. Mit dem linken Fuß stemme ich mich gegen die Klampe, an der Livs Landleine befestigt ist, der rechte ruht auf dem Steg.

Davor, hechelnd, Pumba. Dahinter, lächelnd, Axel.

»Und – hepp!« Weder Tod noch Pumbas Zorn fürchtend, fasst Axel um ihren Unterleib, hebt sie hoch und reicht sie nach vorne. Ich übernehme, spüre das nasse, warme Fell, ihr pochendes Herz. Sie tut mir schrecklich leid, aber sie soll sich nicht so anstellen, und schon wuchte ich sie hinüber. Für den Hauch eines Augenblicks schwebt sie im Nirgendwo. Sichere Landung. Pumba schüttelt sich wie unter Protest und bahnt sich schließlich ihren Weg nach hinten, ins Cockpit, wo Stimmen sind und Gelächter.

Glücklicherweise adoptiert sie ihren Platz sehr schnell; zwei Stufen hinunter, scharf Schwenk links, in die Hundekoje. Dort rollt sie sich zusammen. Erst wendet sie uns den Arsch zu, was ein sicheres Zeichen dafür ist, dass sie mit uns künftig nichts mehr zu tun haben will, es sei denn, es handele sich um Nahrungsaufnahme oder Spaziergänge. Es dauert aber nicht lange – und es hilft sehr, dass Janine unseren Sohn durch die Kajüte trägt, er wieder zurückkrabbelt, woraufhin sich das Stück wiederholt –, da beliebt Pumba ihren Körper zu wenden. Von nun an sehe ich ihre kohleschwarzen Augen, wie sie unserem Treiben schweigend zuschaut, aufmerksam und bereit, herbeizuspringen, wann immer sie im Weg sein kann.

Und das vermag sie jederzeit. Sie hat dieses Talent aber nicht exklusiv. Von nun an sind wir uns gegenseitig allesamt ständig im Weg. Sieben Lebewesen auf anderthalb Etagen, allenfalls zwanzig Quadratmeter, davon die Hälfte verbaut, verkabelt, versehen mit Kanten, Lämpchen, Griffen. Ein Lebensraum, durch den man nicht mal ohne blaue Flecken durchkommt, wenn keiner sonst an Bord ist. Hier gibt es immer eine Hand, ein Bein, einen Hintern oder Pumbas rund einen halben Meter langen Schwanz, die einem in die Quere kommen, dazu unseren Sohn, der am Boden herumkrabbelt und sich hochzieht, wo immer es ihm am spannendsten erscheint, sprich: wo am meisten los ist. Die Gesamtkonstellation wird dadurch gekrönt, dass ich aus mir im Nachhinein vollkommen unerklärlichen Gründen verfüge, die Kuchenbude werde nicht abgebaut – denn, so sagt die Werbung, das Zelt auf dem Cockpit verlängere den Wohnraum aufs Vortrefflichste, ein sicherer Platz für unseren Sohn, dazu sonnengeschützt. Stimmt ja alles.

Doch ebenso, das muss ich zugeben, beengt es den Bewegungsspielraum aufs Ungeheuerlichste. Wenn man das Boot betritt und ins Cockpit will, gilt es, sich durch den geöffneten Zelteingang eine Schneise ins Innere zu bahnen, indem man erst einen Fuß auf die Sitzbank stellt, dann den Kopf hineinsteckt, sich mit der ersten Hand irgendwo festhält, den Rumpf hinterherwindet, das zweite Bein nachzieht und schließlich die zweite Hand aufliest, die draußen noch irgendwo rumliegt. Das geht schon, oder sagen wir so: Es geht, wenn keiner

im Weg ist. Wenn da nicht gerade Pumba auf der Cockpitbank liegt oder Janine auf dem Marsch zur Badeleiter ist oder
unser Sohn die Winschen inspiziert.

Zudem ist es auch stickig unter dem Ding. Anna grummelt,
sie würde das Scheißteil sofort abbauen, aber ich bleibe stur.
Ich finde, man muss zu Entscheidungen stehen. Auch wenn
man sich vorkommt wie ein Trainer, der eine Pfeife auf den
Rasen schickt. Alle wissen, dass die Pfeife eine Pfeife ist, sie
spielt auch wie eine Pfeife, aber als Trainer stehst du draußen
und denkst dir: Ich kann den jetzt nicht rausnehmen. Alle
würden wissen, dass ich auch glaube, dass der eine Pfeife ist.
Also besinnt man sich auf das uralte Vorrecht der Trainer,
Skipper, Familien-Häuptlinge, »schon meine Gründe zu haben«.

Aber mies fühlt man sich doch. Und außerdem stehe ich
nicht draußen am Rand, sondern hocke mittendrin in diesem
luftarmen Gehäuse.

Axel und Sophie jedoch scheinen meine inneren Kämpfe
nicht zu bemerken, sie machen ein unerhört gutes Spiel. Sie
sind sehr darauf bedacht, mit keinem Körperteil irgendjeman-
dem in die Quere zu kommen, und das gelingt ihnen zwar
nicht besonders, aber doch am besten von uns allen.

Selbstverständlich will Axel erst mal gezeigt bekommen,
was wir so an technischem Gerät an Bord haben, und bei der
Gelegenheit fällt mir ein, den Landstrom zu stecken. So werden unsere Verbraucherbatterien nicht belastet, wir können
Musik hören und weiß der Henker. Leider jedoch ist Wochenende. Leider ist an unserem Steg alles belegt, jeder kleinste
Stecker. Leider gäbe es nur Landstrom, wenn wir einen Multistecker hätten, aber ich habe keinen. Nicht mal Kaffee kochen
ist jetzt drin. Weil der Gaskocher ja auch nicht geht.

»Zeig mal her«, sagt Axel. Er ist der Typ deutscher Ingenieur – auch wenn er gar kein Ingenieur ist –, den die Filmfritzen
beim »Flug des Phoenix« im Sinne hatten, allerdings sieht er
nicht ganz aus wie Hardy Krüger. Gebt Axel zwei Kolben,

zwei Dutzend Schlitzschrauben, Klemm-Muffen, genügend Schellen, etwas Benzin und klafterweise Holz, und er bastelt euch eine funktionierende DC-10.

Mein Vertrauen in meinen Bruder, nicht nur in solchen Sachen, aber ganz besonders in solchen Sachen, ist grenzenlos. Das ist natürlich auch der Grund, warum ich selbst technisch, bis zum Kauf des Bootes, versteht sich, auf dem Stand eines Drittklässlers verharrte. Wann immer es etwas zu tun gab, nahm es mir einer ab; bis heute ist das oft so, auch in den seltenen Fällen, in denen ich nicht zetere, fluche oder widerspenstige Sachen durch die Gegend feuere.

Wir schauen uns den Gaskocher an, das heißt die blaue Gasflasche, die außen in einer Klappe steht, dem Schwalbennest. Vom Grillen her hat Axel einen entspannten Umgang mit Gasflaschen, anders als ich, der mit Holzkohleflaschen gut umgehen könnte. Aber leider gibt es so was nicht, oder vielmehr zum Glück, weil meine Glut nie wirklich glühend wird.

»Bisschen was ist noch drin«, sagt Axel. Ich schüttele die Flasche wie er. Jo, könnte noch was drin sein. Sie ist ganz kühl, mir unheimlich. Sieht aus wie eine Bombe. Ist auch eine, wenn man sie nicht richtig behandelt. Axel steckt sie wieder an den Schlauch, drückt den Schalter, schnüffelt – nichts. Unten in der Pantry drücken wir (Pumbas rechten Lauf aus dem Weg schiebend) den Schalter, schnüffeln – nichts. Da werden wir ran müssen. Das liebe ich ja.

Plötzlich großes Hallo vorne am Steg. Der Tramp ist da mit seiner Freundin Mareike. Sie trägt ein Kleidchen und einen sonnendurchwirkten Sonnenhut, er ein Unterhemd und Khakihosen, und beide sehen sie aus, als kämen sie gerade vom Set eines Films in Miami Beach. Es fehlt nicht mal der klirrende Becher in ihrer Hand.

»Na, steckt ihr in See?«, begrüßt mich der Tramp, der als Sohn eines Hochseekapitäns mit einem Blick gesehen hat, was für eine Arche Noah aus unserer wackeren Liv geworden ist.

»Bitte an Bord kommen zu dürfen!« Und da steht er schon, Lebewesen Nummer acht.

Die Nummer neun schwebt gleich hintendrein. Mareike strahlt übers ganze Gesicht. »Ist das schön!«, ruft sie. Am liebsten würde sie summend hin und her laufen und Liv bewundern, aber für solche Rundgänge ist die Belegung nicht geschaffen.

Bob Seger läuft im Hintergrund, und Anna bittet unsere Gäste zum Willkommensschluck, doch die wollen noch hinaus, Feierabend-Törn. Für danach aber vereinbaren wir gemeinsames Grillen, drüben im Naturschutzgebiet. Und wir sind die, die das Grillgut besorgen. Axel und ich schauen uns an. Wenn's ums Grillen geht, braucht uns keiner zweimal bitten. Außerdem können wir irgendwo sicher die verdammte Gasflasche austauschen.

Kurze Besichtigungstour, wieder großes Lob, aber sofort auch klare Worte. »Die Cordbezüge könnte man mal raustun, gell«, sagt der Tramp. Und es ist wahr, ich schwöre es: Erst als er diese Worte ausgesprochen hat, wird mir klar, dass es sich bei unseren frischen, hellen Polstern wirklich um Cordbezüge handelt. Dass sie in Wahrheit ein wenig grau aussehen und auch an manchen Stellen durchgesessen sind. Bevor noch mehr ans Licht kommt, dränge ich die ganze Bagage hinaus ins Cockpit, in die bedrückende Enge der Kuchenbude.

Janine turnt hinten an der Badeleiter herum, der Tramp lacht auffordernd. »Wetten, dass du nicht reingehst?«

Janine schaut ihn kühl an. Sie weiß nicht, dass der Tramp nur Wetten eingeht, die er gewinnt. Dass er der vermutlich ausgebuffteste Pokerspieler dieser Hemisphäre ist, zu schlagen nur durch völlig erratische, sprunghafte Spielstrategien, vulgo: von gewissen Frauen. Janine ist zehn Jahre alt, aber wenn sie so guckt, guckt sie wie zwölf. »Wetten, dass ich reingehe?«

»Das hat maximal zehn Grad. Das ist arschkalt. Du springst da garantiert nicht rein.«

»Klar springe ich da rein.«

»Wetten, dass nicht?«

»Um was wetten wir?«

Rings herum verstummen alle Gespräche.

»Wenn du springst, kriegst du einen Euro. Wenn nicht, kriege ich einen.«

»Okay.« Ohne ein weiteres Wort klettert Janine nach hinten, in Badezeug gewandet ist sie schon. Sie greift die oberste Sprosse der Leiter und springt. Ein lautes Platschen, Riesengespritze, ein Quieken, schon steht sie tropfend wieder auf der Leiter, die Hand ausgestreckt.

»Ähem«, stammelt der Tramp. »Hab grad kein Geld bei.«

»Wo wohnst du?«

»Einen Steg weiter. Das zweite Holzboot rechts.«

»Ich hol's mir ab.«

Solche Frauen lobe ich mir: Kälteschocks schocken sie nicht.

Mit der unerhört schweren Gasflasche unterm Arm entern mein Bruder und ich Sønderborg, aber weder der Ramschladen am Hafen – es ist derselbe, den wir vor Wochen mit Pit und Wencke beglückt haben; zu meiner Überraschung ruft niemand: »Das ist doch der mit dem verpatzten Manöver!« – noch der Shop im Campingplatz verkaufen uns eine anständige neue. Vielmehr behauptet man, die 2-Liter-Flaschen seien gar nicht mehr im Handel, würden nur mehr angenommen fürs Recycling. Es gebe aber die 3-Liter-Flaschen, wenn's recht sei. Axel überlässt mir die Entscheidung, und ich sage, schleicht's euch, nicht mit mir. Passte eh nicht ins Schwalbennest. Das müsste man zurechtsägen. Schon beim Gedanken daran wird mir übel. Also kein Gas, kein Strom, kein gar nix. Was ein Desaster.

»Was sollte das denn heißen, ›nicht mit mir‹?«, fragt Axel, als wir wieder im Auto sitzen.

»Das riecht doch nach Absprache.«

»Das riecht nach Gesetz.«

»Nicht mit mir.«

In den Geschäftchen hatten sie leider auch keine Multistecker. So ist das mit den Multisteckern. Zu Hause springen sie dich im Supermarkt an, hier aber Pfeifendeckel. Und außerdem, so hören wir, sei heute eh *Vadderlandsdag.*

»Vatertag?«, fragt Axel, der es gewohnt ist, Vatertage ordentlich zu begießen. Manchmal hört er sogar »Vatertag«, wenn andere was von »Allerheiligen« erzählen.

Nej. Vadderlandsdag. Feiertag also. Kein Supermarkt offen. Alle Grillträume für die Katz. Stattdessen werden wir unsere Familien einsammeln müssen und in Sønderborg einkehren. Sofern die Gasthäuser nicht auch Vadderlandsdag machen.

Wir hatten uns Wagenladungen Würstchen ausgemalt und Sixpacks Bier direkt aus dem Kühlschrank. Auch das eine Illusion. Ich muss aber sagen, Axel macht noch immer ein Spitzenspiel. Er vermag den Lockruf einer satt gebratenen Wurst höher zu schätzen als ich, und wenn ein kaltes Bier herrenlos herumsteht, gehört er zu den Ersten, die sich erbarmen. Aber er jammert jetzt nicht, und er klagt nicht.

Auf dem Rückweg allerdings stößt er einen Schrei aus. Ich bremse, weil ich denke, es gehe nun wirklich auf Leben und Tod.

Sein Zeigefinger, sein ausgestreckter Arm. »Der hat offen.«

In diesem Supermarkt, der das Vadderland nicht ehrt, finden wir Grillkohle und Würstchen und Kartoffelsalat und Bier und was weiß ich nicht alles. Wir rauschen dermaßen stolz zurück in unseren Hafen, dass an Bord unsere Mädels denken, wir hätten eine Bank überfallen.

»So ähnlich.« Ich packe einen Thunfischsalat auf den Tisch.

Am Abend sitzen wir an den grob gezimmerten Holztischen im Naturschutzgebiet, umgeben von anderen Seglern, die bereitwillig von ihrer Glut abgeben. Eine traute Familie. Axel übernimmt die Würstchen und fabriziert mithilfe von zu viel Olivenöl einwandfreie Stichflammen, die den spontanen Beifall der Anwesenden herausfordern. Um uns zirpen Zikaden, wenn die hier so heißen, ein gelbes Licht schiebt sich über die Bucht, und um unsere Beine schwirren Mücken, sodass wir uns wünschten, es würden mehr Leute qualmen als nur ein paar.

Oh, und an diesem Abend taucht auch der Kapitän auf. Er schleppt seine eiskalten Flaschen Weißwein heran (kein Mensch weiß, wie er sie auf Atina kalt kriegt, aber ohne eiskalten Weißwein würde er bei so einer Grillparty niemals aufkreuzen), baut für unseren Sohn eine ein Meter hohe Rakete aus Pappkartons und Würstchenhüllen und fragt schließlich etwas unvermittelt Janine: »Na, bist du schon dem Fluch der See erlegen?«

Janine kichert. »Nö. Was ist das?«

»Das ist der Geist des Meeres, der dich holt, wenn du ihn herausforderst. Wenn dich die salzige Gischt küsst und du den Atem des Meeres spürst.«

»Was ist Gischt?«, fragt Janine. Ich schäme mich umgehend für meine süddeutsche Herkunft.

Der Kapitän seufzt leise, schenkt sich Wein nach, im Hintergrund schießt eine neue Stichflamme in die Höhe, und man hört Axel juchzen. »Wenn du über den Kämmen der Wogen die Sonne im Meer versinken siehst, brennt sich dieses Bild dir so im Herzen ein, dass du es nie mehr vergessen kannst.«

Daraufhin sind wir alle sehr still, sogar Janine, die Glut zischt, und dann kommen die Würstchen. Markus, ein weiterer Segler aus dem Dunstkreis des Kapitäns, stößt dazu, er bringt einen Islay-Whiskey. Unser Beitrag ist Spätburgunder aus der Pfalz. Wir erschlagen Stechmücken, die so groß wie ein Fingernagel sind, unser Sohn beginnt sich erst jetzt seine Ohren zu reiben, es ist zehn Uhr abends. Um uns das blaue Licht des Nordens, als wir zurückschweben.

Alle gelangen flugs an Bord. Axel und ich warten, bis keiner mehr guckt. Endlich vollziehen wir mit Pumba das unwürdige Ritual, wobei ich ihr ins Ohr flüstere, dass es kein anderer Hund im ganzen Hafen sehen werde. Und sie solle sich nicht so anstellen.

Hepp!

Sohnemann schläft sofort ein in der Bugkajüte, und wir versammeln uns unterm Dach der Kuchenbude; es ist kühl geworden. Ich preise den Mann, der sie uns bescherte. Der Tramp und Mareike stoßen dazu, wir trinken Rum mit Ananassaft, Bob Seger singt wieder, wir haben eine Öllampe brennen, und der Tramp muss erzählen, was er so macht, wenn er nicht in Häfen herumhängt. Das liegt daran, dass er Drehbücher für eine berühmte Ferrnsehserie schreibt, und jede Frau, die etwas auf sich hält, schwärmt für diese Serie, die in einem Studentenstädtchen spielt. Nur darf er nichts verrraten, nicht mal ein bisschen.

Vor allem Sophie hört gebannt zu, feuert sofort die nächste Frage ab, wenn er denn mal innehält, was er selten tut, denn wenn der Tramp mal in Fahrt ist, ist er in Fahrt, da schießt er zur Not persönlich das rettende Tor für den Klassenerhalt. Und wie der Tramp so erzählt, haut mich mein Bruder von der Seite an, sein Gesicht, das noch immer nur zwei Jahre älter ist als meins, wird beleuchtet vom warmen Schein der Laterne.

»Mensch, Rü, jetzt sitzen wir hier.«

»Jetzt sitzen wir hier.« Ich trinke einen kleinen Schluck, was mir einwandfrei gelingt. Vorhin war mir, mehr aus Tradition denn aus Ungeschicklichkeit, ein Becher Ananasrum in die Bilge geflossen.

»Stell dir vor«, sagt Axel leise, »du hättest im Lotto gewonnen und knallst dir 'ne neue Dreißigmeteryacht hin.«

»Okay. Keine schlechte Idee.«

»Oder wenigstens so eine wie da drüben.«

Wir schauen beide stumm durchs zerknitterte Fenster auf eine dieser blitzenden 45-Fuß-Yachten, auf deren poliertem Teakdeck man barfuß Eishockey spielen könnte.

»Das macht doch überhaupt keinen Spaß«, fährt Axel fort.

»Wieso?«

»Da ist ja alles fertig.«

»Na ja.«

»Da muss man ja gar nicht mehr herumbasteln, bis man es so hat, wie man will.«

»Aber der Kühlschrank funktioniert.«

»Ach, der geht auch nicht?«

»Woher denn? Außerdem haben wir nur eine Kühltruhe.«

»Schau ich mir morgen an.«

»Sehr gut.«

»Aber ich weiß nicht, ob ich's hinkriege. So'n Boot ist was Spezielles.«

Das hatte ich gewissermaßen geahnt. Am nächsten Tag werden wir uns die Kühltruhe ansehen. Vergeblich. Meinem Bruder geht es so wie mir immer. Das tröstet mich über die Gewissheit hinweg, dass außer der Musikanlage auf diesem Schiff nichts einfach so funktioniert. Aber schlimm ist das nicht, Liv ist eine alte Lady.

2

VOR DEN MORGEN hat der Herr die Nacht gesetzt. Und das heißt für uns sechs noch Aufrechten: Bettruhe finden. Nach vorne, in den *Master's Bedroom*, verzieht sich Anna, um neben unserem Sohn ein freies Plätzchen zu ergattern. Unglaublich, wie breit und lang sich ein 74 Zentimeter großer Minimensch machen kann. Die Koje ist an den Füßen schmal, gewiss, aber im Einstiegsbereich üppig breit, anderthalb Meter und mehr. Der Sohn füllt alles aus. Man hört sein leises Schnarchen, er rollt sich mal zu dieser, mal zu jener Seite, sucht einen seiner vier Schnuller, wimmert kurz, findet ihn, steckt ihn sich in den Mund, grunzt ganz sachte, ringelt sich zusammen, und kein Zentimeter ist gewonnen. Ich lasse Anna mit dem Kampf allein.

Janine hat sich, ich danke ihr für diese erwachsene Entscheidung, in die Hundekoje verzogen, wo ein Typ wie ich nur verletzungsfrei reinkäme, wenn er Verrenkungen machte, die ihm schon als Halbstarker bei den Bundesjugendspielen auf der Bodenmatte nicht gelangen. Janine schlüpft einfach so hinein. Aber richtig wohl fühlt sie sich nicht. »Ich strecke nachts gerne die Beine senkrecht in die Luft«, klagt sie, »und das geht hier nicht.«

Natürlich nicht, es ist eine Höhle, und in Höhlen streckt man seine Beine nicht senkrecht in die Luft, dort oben könnten Fledermäuse sein oder Riesenspinnen. Ich behalte den Gedanken für mich.

Sophie und Axel bekommen die breite Koje im Salon, die Sitzbank wird erweitert, indem die Lehne gelöst, an ihrer Unterseite ein Holzbein ausgeklappt und sie als Liegefläche eingehakt wird. Es ist das Himmelbett, das Pit und Wencke die Nacht ihres Lebens bescherte, aber Axel ist ein anderes Kaliber als Pit. Sophie kichert, als sie in ihre Schlafsäcke kriechen, und ich bin erleichtert. Liege auf der anderen Seite des Salontisches, habe den besten Platz abbekommen, vielleicht, weil ich am längsten bin, vielleicht, weil ich am lautesten tat, als sei es mir egal. Nun liege ich da und lausche den Geräuschen der Nacht.

Eine fehlt noch? Richtig. Pumba. Sie hat eine Mörderschlafstatt zugewiesen bekommen, oben auf dem Boden des Cockpits, da haben wir ihr Deckchen hingequetscht, und da ruht sie jetzt, das Ohr gegen den Gashebel gepresst. Die Kuchenbude ist ihr Sternenzelt. Ich glaube, dass ihr der Platz gefällt, direkt vor dem Eingang. Sie kann alles überwachen, wäre in der Lage, jeden Angriff abzuschmettern, bevor wir ihn überhaupt bemerkten. Von Pumba jedenfalls werde ich in den nächsten Stunden keinen Mucks hören. Okay, sie träumt auch nicht wie sonst manchmal, Rehe jagend, die Pfoten zuckend, die Lefzen geifernd. Aber sie hat eine prächtige Nacht.

Das ist sie leider die Einzige.

Es beginnt mit unserem Sohn, der plötzlich beschließt, aufzuwachen und so zu tun, als wäre bereits Morgen. Es ist aber erst halb eins. Anna flüstert ihm beruhigend zu, durch die dünne Holztüre verstehe ich jedes Wort, und tatsächlich beruhigt er sich schnell. Ich lausche angestrengt in die Dunkelheit, bis ich seine regelmäßigen Atemzüge wieder höre.

Bumm!, macht es – Janine muss sich den Kopf angeschlagen haben. Kurzes Jammern.

Links von mir, faktisch einen halben Meter entfernt, psychologisch gesehen direkt in meiner Ohrmuschel: kein Atmer, kein Schnaufer, nur ab und zu eine leichte Lagekorrektur. Sonst das totale Schweigen. Ich kenne Axel viel zu gut: Der Mann reißt sich kolossal zusammen. Sophie scheint mir zu schlafen, aber vielleicht schluckt auch ihr Gatte alle Schallwellen.

Bumm!

Unser Sohn weint kurz, Flüstern.

Bumm!

Ich drehe mich, überlege, Janine anzubieten, dass wir tauschen. Wenn sie sich das nächste Mal …

Bumm!

Leises Wimmern. Einen Bumms hat sie noch gut. Dann werde ich mich in der Dunkelheit erheben, hinüberklettern und ihr leise sagen, dass wir einfach die Betten … Und werde dabei alle mit meinem eingegrätschten Blutsalto wecken, alle bis auf Pumba, denn ein echter Wachhund weiß, wann es gefährlich wird.

Aber es macht nicht mehr bumm. Irgendwann erhebt sich Axel leise und schleicht sich von Bord, es gelingt ihm sogar, nicht auf Pumba zu treten, zumindest schließe ich das aus der Abwesenheit von Grummeln, er kommt wieder und legt sich hin. Nach einer halben Stunde wiederholt sich das Spiel. Irgendwann muss ich eingeschlafen sein, denn als ich das nächste Mal hochschrecke, graut schon der Morgen, die Silhouetten der Gegenstände und Körper zeichnen sich ab, und wo mein Bruder liegen sollte, erhebt sich ein gewaltiger Haufen Luft.

Erst als ich mit Pumba Gassi gehe, hinüber ins Naturschutzgebiet, hohes Schilf, ein kleiner Strand, totes Holz, richtig wilde Natur, löst sich das Rätsel. Pumba tobt, wetzt hinter Stöckchen her, vor uns im Wasser ein paar ankernde Yachten, die friedlich im ersten Licht treiben – da sehe ich Axel am Picknickplatz. Er hat sich auf den Tisch gelegt, unterhält sich mit seiner Frau. Bester Dinge, die beiden. Aber ich habe einen dicken Kopp.

»Hab's einfach nicht mehr ausgehalten«, erklärt Axel, »da war so ein Brett, das hat mir die Schulterblätter zerteilt.«

»Ich hab prächtig geschlafen.« Sophie klappst ihrem Mann gegen die Brust.

»Aber hier draußen war's bombig bequem.«

So schmählich endet Livs erste Nacht als Kreuzfahrtschiff. Die Passagiere türmen mitten in der Dunkelheit, und alles ist besser, als in ihrem Bauch gefoltert zu werden.

Ein wundervoller Tag, friedlicher Wind. Rausfahren? Ich traue es mir nicht zu und bleibe dabei eisern. Zu viele Faktoren, die ich nicht überblicke. Zu viel Chaos möglich auf engstem Raum. Punkt.

Zum Frühstück bringt Markus uns feuerlosen Gesellen heißes Wasser, sodass wir uns einen Kaffee machen können. Ich stelle mich in den Niedergang, beschmiere ungetoastete Toasts mit Nutella oder Honig oder, auf Spezialwunsch, auch mit beidem und reiche einen nach dem anderen hinaus ins Cockpit, wo sich die hungrige Crew drüber hermacht. Hier schmiert der Kapitän persönlich. Während die Mädels mit der ganzen Bagage ans Wasser ziehen, beginnen Axel und ich mit der Arbeit. Viel Zeit bleibt uns nicht; zu reparieren gäbe es zwar genug, aber ich will meinen Bruder nicht über Gebühr strapazieren. Für ein Stündchen am Strand muss noch Zeit sein.

Daher beschränken wir uns darauf, die beiden Sorgleinen zwischen den Pfählen und dem Steg zu spannen – Seitenführungen, in die wir uns beim An- und Ablegen einklinken können und die auch den Bug davon abhalten würden, gegen die Nachbarboote zu donnern, wenn mir mal ein Manöver so spektakulär misslingen sollte wie weiland in Bogense. Durch Losegeben der Festmacher und mit einigem Gezuppel kriegen wir die Leinen ordentlich gespannt. Sieht sauber aus, obschon die Nagelprobe erst noch bevorsteht, wenn wir dagegentreiben und man sehen muss, ob die Knoten dem Druck gewachsen sind. Müssten sie aber. Hab sie liebevoll gebunden. Fast enttäuschend, dass ich bei der ganzen Aktion nicht ins Wasser falle. Dabei lehne ich mich weit über die Reling, während mein Bruder das Boot in Richtung Pfahl drückt.

Dafür kicke ich mit der Hacke, aus Versehen, versteht sich, Pumbas leeren Napf ins Wasser, der auf dem Steg stand. Zum Glück treibt er an der Oberfläche, mit dem Bootshaken bugsiere ich ihn einmal am Bootsrumpf entlang und hintenherum, wo ich ihn wieder an Bord nehmen kann. Gottlob hat Pumba die Aktion nicht gesehen. Sie hätte mich massakriert.

Mit dem einmaligen Erfolgserlebnis, dass wir zwei Leinen anständig gespannt gekriegt haben, ohne größere Schäden an Leib und Seele davonzutragen, endet unsere Kreuzfahrt. Aus seemännischer Sicht mögen wir nicht sehr weit gekommen sein, aus familiärer aber schon. Uns Barths liegen Kreuzfahrten nicht im Blut, und dafür hat sich die siebenköpfige Besatzung geschlagen wie eine Eins.

ZEHN

SEEKLAR

1

WER NICHT IRRATIONAL zu handeln bereit ist, wird niemals Segler werden. Das ist offensichtlich. Zu den irrationalen Dingen zähle ich etwa, an einem Sonntagnachmittag um 15 Uhr in Hamburg loszufahren, de Ol aufzupicken, der nach einer Meniskus-OP böse humpelt, und nach Dänemark zu eiern, dort am späten Nachmittag anzukommen, das Handwerkszeug auszupacken, zu machen, was zu machen ist, an Bord zu pennen – nur um am nächsten Morgen Schlag sechs Uhr hochzuschrecken, sich ins Auto zu werfen und um halb zehn in Hamburg in der Redaktion zu sitzen. Die Alternative wäre, nicht zu fahren. Und diese Chance nicht zu nutzen, da die Arbeit nicht drängelt und die Familie den Urlaubsschein quittiert. Zumal die Nächte des Nordens spät eintrudeln, da bedeutet die Ankunft gegen halb sechs: noch fünf Stunden Tageslicht, Zeit zum Bosseln, zum Schrauben, zum Sägen. Vor allem zum Sägen. De Ol sägt für sein Leben gern. »Man muss Tatsachen schaffen«, sagt er, kurz bevor er es angeht, ein Satz, den er ausspricht, als habe er ihn erfunden (und wahrscheinlich hat er das). Dann zückt er die Säge und zerstört irgendetwas, das bis vor wenigen Augenblicken noch als unverzichtbar galt. In der Zwischenzeit aber hat es de Ol als nervtötend klassifiziert, und die Ol'sche Regel Nummer eins lautet: Nervtötende Dinge sind auszumerzen, denn »sonst ärgert man sich da monatelang mit rum«.

Auf diese Weise erledigt er unseren Fallenstopper. Ein Kasten, der aufs Dach des Niedergangs geschraubt ist, ein leinenfressendes Ding, dass die Leine des Großsegels führen soll, jedoch vor allem behindert. Zugegeben, in den meisten Augenblicken ein rechter Versager. Aber noch ehe ich zweimal blinzeln kann, sitzt die Säge an, einer Laubsäge ähnlich, nur viel bissiger, und in den Händen de Ols eine absolute Waffe.

Der Kasten ruht bald in meinen Händen. »Und jetzt?«, frage ich den Alten in einer Mischung aus Verblüffung und Amüsement. »Wie belege ich künftig die Großschot?«

»Du musst eine Klemmcleat besorgen«, antwortet er fröhlich. »Bohren, anschrauben, Leine da ganz entspannt einklemmen. Ich weiß nicht, was der sich mit dem Fallenstopper gedacht hat. Das kann gar nicht funktionieren.«

»Der«, damit meint de Ol grundsätzlich Livs Vorbesitzer Danny beziehungsweise alle anderen Amateure, die die arme Commander in ihren 36 Jahren zuvor malträtiert hatten.

»Aber wenn das so weitergeht«, gebe ich zu bedenken, »haben wir am Ende mehr kaputtgemacht als repariert. Bislang ist die Bilanz negativ.«

»Vielleicht hab ich noch eine Klemme bei mir übrig.«

Und tatsächlich, er wird noch eine bei sich finden. Wochen später ist sie befestigt, als ich wiederkomme. So ist de Ol. Erst nach mehrmaligem Nachfassen erfahre ich, dass er sie bei sich nicht irgendwo in der Backskiste gefunden hat. Er hat sie bei seinem eigenen Boot abgeschraubt.

Als Allererstes jedoch haben wir die Kuchenbude beseitigt, die das Cockpit zur Brutstätte macht – an einem warmem Tag. An einem nassen, kalten Tag sieht das anders aus, aber jetzt ist Sommer, und Sommergefühle brauchen den freien Himmel.

Es folgt die Küche. In Hamburg habe ich vor der Abfahrt einen Spirituskocher besorgt, einen original »Origo 3000«, Ausstellungsstück zum Sonderpreis. Spiritus riecht zwar nach Spiritus und brennt nicht so heiß wie die Konkurrenz, aber ich habe bei Propangas kein gutes Gefühl. Die fast leere Flasche im Schwalbennest, hinten im Cockpit: raus damit. Der zweiflammige Gaskocher in der Pantry: raus damit. Die Gasleitung: rau … Von wegen. Das Ding wehrt sich, wo es nur kann. Es handelt sich mitnichten um einen Schlauch, sondern im Inneren um ein kupfernes, hartes Rohr, das mit der Zange nicht aufzuzwacken und mit der Hand nicht abzureißen ist.

Das Einzige, das diesem Rohr beikommt, ist de Ols Säge. Und er sägt. Und ich säge. Mich unter die Spüle beugend, in den Spalt hineinwindend und oben in der Backskiste kopfüber in die Tiefe hängend, verzweifelt reißend, zerrend und rupfend. Ich weiß nicht, ob in der Geschichte der Menschheit schon anspruchsvollere Abbruchmaßnahmen auszuführen waren und trotz aller Bedenken und entsetzlicher Gefahren letztlich auch ausgeführt wurden. Vorstellen kann ich es mir nicht.

Nach einer Stunde haben wir zwei Drittel dieser stählernen Schlange aus dem Bauch des Bootes herausgezwungen. Beim letzten Drittel gibt selbst de Ol auf. »Das ist was fürs Winterlager«, brummt er. Es stört ja aber keinen, denke ich, vielleicht bleibt es auch drin. Aber das wage ich nicht laut zu äußern.

Da wir gerade so schön im Cockpit kopfüber in der Backskiste hängen, schauen wir uns auch den Gashebel an. Also »Gas« wie in »Gas geben«. Er war ja beteiligt an unseren abenteuerlichen Hafenmanövern. Der Hebel geht bestialisch schwer, er tut geradewegs so, als sei es eine Zumutung, vor- und zurückgeschoben zu werden, was auch de Ol anerkennt. Um aber an die Innereien ranzukommen, muss ein Brett abgeschraubt werden und, ganz verborgen, noch ein weiteres Brett. Spätestens da hätte ich kapituliert. Mit de Ol als Vorarbeiter und zugleich leitendem Ingenieur liegt aber eine Kapitulation nicht im Bereich des Denkbaren. Endlich liegen die Eingeweide des Getriebes vor uns, die Bowdenzüge, die offenbar steif geworden sind im Lauf der Jahre. Öl dran, den Hebel vor- und zurückdengeln, wieder Öl dran. Geht schon etwas leichter.

»Aber nicht leicht genug. Stimmt schon«, sagt de Ol. »Das ist Murks. Das hätte der mal reparieren können, bevor er dir das verkauft.«

»Und was jetzt?«

»Du musst den Bowdenzug austauschen. Kannst du das?«

Ich schüttele so schnell den Kopf, dass mir schwindelig wird.

»Ist gar nicht so schwer. Hehehe. Dauert vielleicht drei, vier Stunden.«

»So lange?«

»Wenn man's kann. Oder du fragst natürlich Erik, den Motor-Mann.«

Das wollte ich hören. Tags drauf wird sich de Ol melden: Erik kümmert sich drum. So wie sich Erik auch um die malade Kühlbox kümmern wird.

Weiter in der Checkliste. Mittlerweile ist es halb acht, mein Magen beginnt zu knurren, aber de Ol lässt solch profane Bedürfnisse durchrauschen.

»Erst noch den Mast.«

Mein Freund, der Mast. Bootskollege Markus, der uns vor Wochen das Kaffeewasser brachte, und de Ol selbst sind unabhängig voneinander zu dem Urteil gekommen, dass unser Mast in sich zweimal verwunden sei. Mithin: beschissen aufgestellt. Die Wanten hier zu stark gespannt, dort zu wenig.

»Welcher Anfänger hat das denn gemacht?«

Ich verteidige Danny wortreich. Aber als ich mich ganz nahe an den Mast stelle und nach oben linse, sehe ich es auch. Das ist ein »S« in die Alustange hineingewrungen. Und von der Seite sieht man: Sie ist an der Spitze nach vorne gebeugt statt nach hinten, wie es sein sollte.

»Damit hättet ihr nicht in schweres Wetter geraten dürfen«, sagt de Ol düster.

Ich denke an unsere Überfahrt, den konstanten Wind, die trotz der Kälte sorglosen Tage. Dass uns gar nicht bewusst war, wie viel Schwein wir offensichtlich hatten.

»In einer blöden Böe hätte euch das ganze Rigg entgegenkommen können«, fährt de Ol fort, »die Wanten müssen ja den Druck aufnehmen und ableiten, und wenn die Belastungen falsch verteilt sind, kann es sein, dass das ganze System zusammenbricht. Muss nicht passieren, kann aber.«

»Ist auch nicht passiert.«

»Nee. Hätte aber können.«

Entgegenhalten kann ich nur, dass wir beim ersten Anzeichen eines Sturms sofort in einen Hafen geflüchtet wären. Wenn uns die Zeit geblieben wäre.

Mit Schraubschlüsseln und Schraubenziehern machen wir uns an die Wanten. Augenmaß ist gefragt, aber es ist noch viel komplizierter als beim Aufstellen eines Weihnachtsbaums. Man muss sich ganz doll an den Mast anschmiegen, um eine ernsthafte Lotung zu wagen. De Ol kniet daneben an den Püttings – den Füßen der Wanten, wie ich gelernt habe –, dreht hier vor und dort zurück, an diesem Wanten fünf Mal, dort drei. Vermutlich hat das alles eine innere Logik, aber ...

»Ich muss mich da auch rantasten«, sagt de Ol in diesem Moment, »ist es schon besser?«

Ich umarme wieder den Mast; läuft der nun wirklich absolut senkrecht in die Höhe? Hat ihm de Ol seine leichten Biegungen ausgetrieben? Schwitzend sitzt er da, sein nach der Operation schmerzendes Bein ausstreckend, konzentriert arbeitend, keine Sekunde abschweifend. So eine kompromisslose Arbeitshaltung kriege ich vielleicht in den guten Momenten beim Schreiben hin, beim Schrauben seltener. Aber zuletzt immer öfter. Das macht vermutlich das Boot. Früher reichte ein einziger quer hereinfliegender Gedanke, mich aus meiner Versenkung zu reißen, heute müssen es schon zwei sein. Morgen geht es womöglich gar nicht mehr. Das wäre natürlich eine sensationelle Wende.

Ein schlechtes Gewissen bekomme ich auch, wie ich de Ol so schuften sehe. Er ist nicht mehr der Jüngste, und nach einer Meniskus-OP müssten sich auch andere schonen. Aber Schonung gibt es nicht beim Alten. Wahrscheinlich will er auch bei sich selbst Tatsachen schaffen: Indem er so tut, als sei er wieder gesund, fühlt er sich nicht nur wieder gesund, sondern ist es per definitionem auch. Aber wenn er übers Deck wandert mit seinen Krücken, hört sich das an wie Käpt'n Ahabs vierbeiniger Neffe. Muss ich ihm bei Gelegenheit mal erzählen. »Hehehe«, wird er machen, garantiert.

Der Mast steht. Endlich eine Säule, die sich an der Spitze nach hinten beugt, wie es sein soll, wegen der Trimmung. Vorne noch den Anker mit der Kette verbinden. Unseren alten Faltanker schmeiße ich auf den Steg. Eine sechs Kilo leichte Gurke, höchstens geeignet für einen Kaffeestopp. Diesen Anker hier hatte de Ol noch in seinem Keller herumliegen, zehn Kilo schwer, für Liv reicht er aus. Ich kenne niemanden sonst, der einen Reserveanker im Keller liegen hätte, beim Alten jedoch war ich mir fast sicher.

Danach beugen wir uns über die Leinenführung vom Mast ins Cockpit. Allenfalls in Ansätzen verstehe ich die Systematik, welche Leine wie umgelenkt wird, was genau ihre Aufgabe ist. Bedauerlicherweise handelt es sich im vorliegenden Fall, wenn es nach dem Alten geht, um eine äußerst bescheidene Systematik. Seit drei Stunden fummelt er nun schon auf Liv herum, kein falsches Wort zu viel, nichts trinkend, nichts knabbernd, doch nun gerät er in Fahrt. »Das ist ja völlig verkehrt!«, ruft er, und man erinnere sich bitte, dass seine Stimme an Reibeisen auf Stahl gemahnt. »Das ist ja totale Scheiße! Was hat der sich denn dabei gedacht? Hat er dir das erklärt? Wie kann man denn so einen Blödsinn machen?«

Ich zucke mit den Achseln. »Ich konnte mir das Wenigste merken.«

»Das hier kann ja gar nicht funktionieren. Das ist ja totaler Quatsch.«

»Danny schien es für logisch zu halten.« Schuldbewusst blicke ich auf die Leinen, die Umlenkrollen, die, wie mir einfällt, bei Seglern »Blöcke« heißen. Warum sie so heißen? Sie heißen halt so. Es gibt unendlich viele Teile und noch mehr Fragen. Die sich nach oben weitende Pyramide des Segelsports – ein paar Stufen habe ich schon erklommen. Ich merke es daran, wie viele Fragen mir neuerdings kommen.

»Jeder hat sein System, oder nicht?«, füge ich hinzu.

De Ol hebt nun gefährlich seine Stimme, dass sie klingt, als würde sie Späne aus der Luft hobeln. »System gut und schön.

Aber hier gibt es kein System! Die Leinen laufen nicht in Fluchten, da blickt ja kein Mensch durch!«

Und so geht das in einem fort. Die Stimmung ist explosiv, als Jan vorbeischaut, ein Freund von Schwarz. Sein hölzerner Schwertkreuzer liegt am Steg gegenüber, nicht weit von den Booten unserer Freunde. De Ol macht uns bekannt, wir drücken uns die Hand und stellen augenblicklich fest, dass wir Hunger haben. Einen Mordshunger. Und es ist schon nach neun.

Jetzt, am Anfang der Woche, ist im Hafen wenig los, vom Grillplatz steigt zwar noch Rauch auf, aber so langsam machen sich die Crews ringsum schlafensfertig. Im Dorf wird kein Laden mehr offen haben. Zu futtern werden wir nur noch was in Sønderborg bekommen, aber auch da frönen die Dänen ihrer Neigung, früh zu essen, früh zu schlafen. Außerdem hat de Ol gerade erst so richtig Blut geleckt.

Das Einleinen-Reff fürs Großsegel, das muss doch, das kann doch nicht … Er begreift es nicht. Die Reffleine liegt angeberisch auf dem Deck herum, ein Seil, das in einen Draht übergeht und offenkundig genügt, um das Großsegel zu verkleinern. Ganz wichtig im Sturm, dass das Reffen funktioniert. Wichtig auch, wenn man das Boot mit weniger Krängung bei gleichem Speed segeln will. Jan schaut sich die Leine an, de Ol schaut sich die Leine an, aber nichts leuchtet ihnen ein. Mehr als zu nicken und den Kopf zu wiegen habe ich nicht beizutragen, und so bin ich froh, dass um halb elf unser wildes Trio einstimmig beschließt, klein beizugeben. Außerdem muss jetzt auch der Letzte akzeptieren, dass die Dunkelheit nicht mehr ewig auf sich warten lassen wird.

Schwelende Dämmerung. Wir sind von einem intensiven blauen Licht umgeben, das man in Flaschen packen können müsste, um es mit nach Hause zu nehmen. Was in diesem Blau drin ist: die Farbe des weiten Alls. Die Farbe des Meeres an einem windstillen Morgen. Die Farbe eines Sturms aus Nordwest. Die Farbe der Augen unseres Sohnes.

Wir fahren die paar Minuten hinüber nach Sønderborg, parken den Wagen, schlendern durch die Fußgängerzone – de Ol an seinen Krücken, wir gehen also langsam –, und siehe da: ein Licht in der Dunkelheit. Ein Grieche, den Jan empfehlen kann. Und so beschließen wir den Tag mit Tsatsiki und Souvlaki. De Ol gibt eine Kostprobe, dass er locker Meg Ryans Sally aus »Harry und Sally« ausstechen könnte, was Sonderwünsche beim Bestellen angeht, aber am Ende sind alle glücklich.

Zurück spät, leicht taumelnd. Der Hafen liegt wie verzaubert im Schein eines klaren Mondes. Enten schnattern. Kleine, beinahe durchsichtige Fische flitzen im Schein der Laternen um die Schiffsrümpfe herum. »Sind das Krabben?«, fragt de Ol. Keiner weiß eine Antwort.

Das Wasser vor der Hafeneinfahrt ein Tuch aus blankem Silber. Zwei Enten starten. Sie haben es dabei nicht eilig, fast scheint es, als schafften sie es nicht, aber dann schaffen sie es doch, eine Szene wie aus »Bernhard und Bianca«. Um eins haue ich mich in meine Koje, schlafe sofort ein. Liv liegt ganz ruhig in dieser Nacht, als sei sie zufrieden mit uns.

Als ich um sechs Uhr aufstehe, mir meine Sachen schnappe und über den Steg marschiere, bleibe ich nach ein paar Metern stehen. Ein, zwei Minuten lang, ehe ich mich hinters Steuer des Passats setze und den Karren Richtung Stadt, Richtung Büro steuere, schaue ich hinaus über die Mole aufs Meer.

Die ganze Bucht und darüber der Himmel mit seinen kleinen runden Wolken glühen rot, beschienen von einem unsichtbaren, unergründlichen Licht.

2

EIN LANGES WOCHENENDE haben wir uns freigeschlagen, endlose drei Tage. Nur Anna, unser Sohn, Pumba und ich werden Liv besuchen, wir werden uns einleben und vielleicht sogar, wenn unsere Freunde vom Steg die Nerven haben, gemeinsam hinaussegeln, alle zusammen.

Es wird auch Zeit, dass wir Liv bewegen. Seit der Überfahrt liegt sie fest. Das Unterwasserschiff dürfte inzwischen vollkommen umwuchert sein und vielleicht dermaßen von Muscheln besiedelt, dass wir gar nicht mehr hinausfahren können. Weil es der Motor nicht schafft, uns zu befreien. Da müsste ich mit einer Axt ins Wasser springen, aber jetzt klopp mal unter Wasser Muscheln von einem empfindlichen Rumpf. Man könnte natürlich auch mit einer Flex ran. Da bräuchte man eine Unterwasser-Flex.

Der Sommer lief träge an, aber seit drei, vier Wochen zeigt er dermaßen Muskeln, dass wir alle ermattet sind von seinen Schlägen. Immer wieder über dreißig Grad, morgens schon muss man die Sonne meiden. Mit Pumba lässt sich bei solchen Temperaturen kein vernünftiges Wort mehr wechseln. Sie schafft sich hechelnd von Schattenplätzchen zu Schattenplätzchen, beim Spaziergang ist sie froh, wenn wir ein Stöckchen in einen See werfen, aber das holt sie nicht mit Feuereifer aus dem Wasser, sondern lässt sich Zeit, fast so, als durchschaue sie das alberne Spiel und als gehe es ihr nur darum, nass zu werden. Und uns hinterher beim gezielten Schütteln einen mitzugeben.

Gespannt bin ich, ob mein Entwurf hinhaut. Meine ingeniöse Idee, die mich heimsuchte, als ich mich am Tag des Frickelns mit de Ol zehn Minuten lang vor den Bugkorb stellte und mir auszumalen versuchte, wie Pumba am elegantesten an Bord und wieder herunter kommen könne. Beziehungsweise, wenn schon nicht elegant, wenigstens so, dass ich ihre sich sträubenden dreißig Kilo nicht wie Superman hin- und herwuchten muss. Die Lösung kam mir, als ich mir vergegenwärtigte, wie locker Pumba beim allerletzten Mal von Bord gestiefelt war. Ich hatte das Boot ganz eng an den Steg herangezogen, sie machte eine schnelle trippelnde Bewegung und war an Land – ohne überhaupt den Hintern anzuheben oder zu einem Sprung anzusetzen. Wie selbstverständlich ging diese anmutige Bewegung vonstatten, ich war begeistert, bis ich hinterher merkte: Mir fehlte die Zeitlupe, um sie zu studieren.

Nun aber hole ich das Brett heraus, das ich habe maßschneidern lassen. Ein trapezförmiges Ding, fast einen halben Meter lang, vorne vierzig Zentimeter breit, am Ende schmal zulaufend. Diese Brücke lege ich nun auf das Gestänge des Bugkorbs, direkt hinter jenen Plastiktritt, auf dem ein ganzer Löwe Platz fände, und unmittelbar vor der Trommel der Rollgenua endend. Eine Plattform ist gebaut, über die ich ganz gerührt bin. Damit sie nicht wackelt, halte ich sie im Knien fest, und so untertänigst bitte ich nun die am Steg wartende Pumba, Liv gnädigst zu entern. Frau Geheimrat lässt sich das nicht zweimal sagen. Einmal kurz geschnüffelt, ein schneller Schritt und im lockeren Trab an Bord. Ein Triumphmarsch. Schnauze und Schwanz hoch oben in der Luft. Ich lege das Brett vorsichtig zur Seite und reiße jubelnd die Arme empor.

»Sensationell!«, ruft Anna, die das Ganze vom Mast aus verfolgt hat. »Wie bist du da nur draufgekommen? Ich dachte, wir hätten schlicht das falsche Boot.«

Geschmeichelt wiegele ich ab, murmele etwas von handwerklichem Talent, das noch in jedem Tölpel schlummere, vom Verkanntwerden vieler Genies, was so manches Genie heimlich belaste. Zweifelsohne habe ich niemals in meinem Leben eine bemerkenswertere Konstruktion gebaut. Wir strahlen bis über beide Ohren, auch unser Sohn strahlt mit, weil gute Laune der Eltern ja immer abfärbt, und ich meine auch Pumba strahlen zu hören, von der Hundekoje unter Deck aus, wohin sie sich verzogen hat, der kühlste Platz im ganzen Norden.

Als wir uns eingerichtet haben, schnappen wir uns die Badesachen und peilen mit Mann und Maus Richtung Naturschutzgebiet. Ein schmaler Sandstreifen dort, aber im Wasser geht der Sand einfach weiter, von knöcheltief über wadentief zu knietief. Unser Sohn unternimmt nackt Gehversuche, schafft drei Schritte und fällt auf seinen Hintern, derweil Pumba herumspritzt, als sei das ihr Meer. Die Sonne ist hinter den Bäumen verschwunden, wir tollen im angenehm kühlen Schatten jenseits des Mastenwaldes, und fünfzig Meter weiter albert eine Gruppe Jugendlicher vor sich hin. Ein Sommerabend wie aus einem Buch von Astrid Lindgren.

Zum Abend stellt sich der Kapitän ein. In diesen Wochen knüppelt er auf dem Rechner herum, dass die Schwarte kracht, er feilt an seinen besten Abenteuern, versammelt zwischen zwei Buchdeckeln. Im Titel kommt irgendwas mit einem Krododil vor.

Ohne die Kuchenbude sitzt es sich prächtig im Cockpit. Erik, der Motor-Mann, hat auch unsere Kühltruhe repariert, jedenfalls sprang sie sofort an, als wir auf »On« drückten. Nun, nach fünf Stunden, müssen wir feststellen: Sie kühlt eher nicht, unsere Kühltruhe. Ist eben kein Kühlschrank. Man müsste etwas Kaltes hineintun, und das bliebe kalt. Leider hat kein Supermarkt im Umkreis Eiswürfel. Damit würde unsere Kühltruhe eine gewisse Kühlung verbreiten, zumindest solange die Eiswürfel nicht geschmolzen wären.

Aber Erik hat ganze Arbeit geleistet. Die nicht kühlende Kühltruhe geht nun nicht mehr nur an, sie geht auch nicht mehr aus. Man kann herumdrücken, wie man will, der Ventilator bläst unbeirrt weiter. Ich kriege das genialische Ding erst abgestellt, als ich eine der beiden Verbraucherbatterien abklemme. (»Abklemmen« klingt ja nun sehr kundig – es ist ein roter Hebel, den man nach rechts drehen muss.) Da hängen aber natürlich noch andere Verbraucher dran. Welche? Wir werden es herausfinden müssen.

Ich bringe unseren Sohn bald ins Bett, er muss doch müde sein. Lege ihn vorne in die Vorschiffskajüte, lege mich dazu, und gerade meine ich, er sei eingeschlafen, klettere hinaus und spanne schon das Netz, das wir vor den Eingang montiert haben, damit er von seiner Wiese nicht herunterpoltern kann, da kräht der Bursche, als wäre er nach stundenlanger Ruhe erquickt aufgewacht. Das Spielchen wiederholen wir drei Mal. Natürlich irritiert ihn die ungewohnte Umgebung, aber vielleicht auch, dass ihm Mama und Papa und dieses seltsame wuschelhaarige schwarze Monster, das zu seinem Leben vom ersten Tag an dazugehört, hier fast keine Sekunde von der Seite weichen. Außerdem ist da draußen mächtig Leben, der Kapitän und die Mama kramen Käse, Wein und Brot zusammen. Da muss er unbedingt dabei sein. Und so gebe ich es auf. Ich schnappe ihn samt seines dünnen Sommerschlafsacks, nehme eine Fleecedecke mit und trage ihn hinaus zu den anderen. Er grinst sich eins, gluckst, seine Augen sind die ersten Sterne des Abends. Großzügig lässt er sich von einem zum anderen reichen, lauscht unserem Geschwatz, unserem Gelächter. Urlaubstage. Das Boot des Kapitäns liegt schräg gegenüber. Ein bisschen weiter die Commander des Alten, hellblau gestrichen. Der Tramp ist ausgeflogen mit seiner Liebsten, und auch das Folkeboot von Schwarz ist weg, das sonst auf der anderen Seite der Hafengasse festmacht, uns fast genau gegenüber. Erst nach zehn Uhr fallen unserem Sohn mit Macht die Lider zu, und ich trage ihn vorsichtig zurück in die Kajüte.

Es wird eine kurze Nacht. Um ein Uhr steht er mit flammenden Fäusten am Netz, das seine Koje abtrennt. Seine Rufe weckten Tote auf. Er könnte vorne die ganze Koje haben, Anna und ich haben uns in den Salon gelegt, aber jetzt krabbele ich in die Eignerskabine mit hinein. Nehme meinen Sohn und schmiege ihn an mich, bis er sich beruhigt. Sein Haar duftet nach Sommerwiese (fast muss ich niesen, kann es gerade noch unterdrücken). Als er eingedämmert ist, lege ich ihn behutsam ab. Und werde die nächsten Stunden damit beschäftigt sein, seine Tretereien, Schubsereien und sonstigen raumgreifenden Aktionen zu ignorieren.

In den stillen Momenten denke ich an unseren Mitsegeltörn vor ein paar Jahren mit dem Kapitän und dem Tramp. Wie wir nachts ins Wasser sprangen – es war so warm wie heute –

und mit unseren Bewegungen Lichtreflexe fabrizierten. Von Bord sah es aus, als malten die anderen helle, glitzernde, menschengroße Schmetterlinge ins Wasser. Ein Phänomen, das mit Algen zu tun hat, habe ich mir sagen lassen. Ich würde jetzt gerne hinausfahren und da draußen Schmetterlinge ins Meer malen. Aber bei einem jungen Vater müssen Schmetterlinge manchmal warten.

Morgens um vier dringt ein geheimnisvolles türkisfarbenes Leuchten durch den Niedergang, einmal mitten durchs Boot, und von diesem ersten Licht des neuen Tages wacht Sohnemann auf. Er tapert wie ein Schlafwandler herum, fällt zur Seite, schnarcht zwei, drei Mal, berappelt sich, findet einen Schnuller, steckt ihn sich in den Mund, tappt zu mir an den Rand, legt mir den Kopf auf den Bauch und schlummert wieder ein. Ich genieße diese Nacht sehr. Ich preise den Entschluss, ein Boot zu kaufen. Man kommt sich so nah. Wer hatte diese famose Idee noch mal? Schlaflos bin ich glücklich. Kann man mehr verlangen?

Ob aber er genauso das Leben an Bord genießt? Es ist eng, es gibt viele Kanten, ständig ist einer von uns um ihn herum, um ihn zu stützen, zu sichern, zu mahnen, zu ermuntern, einen Arm hinter seinen Rücken zu schieben, ihn zu panzern, ohne dass er's merkt. Aber es ist auch sehr kuschelig. Ich könnte mir vorstellen, dass er innerlich denjenigen preist, der die Idee hatte, ein Boot zu kaufen: Daddio.

Der nächste Tag. Liv ist ein Haus auf dem Meer, durch das der Wind streicht. Zum Munterwerden ein Spaziergang zum Supermarkt, frische Brötchen, ein langes Frühstück, Herumpütschern an Deck. Als unser Sohn einnickt, nutze ich die Gelegenheit und bastele die Langfender zusammen, jene schmalen Schaumstoff-Würste, die Livs Bauch an den Seiten beschützen werden. Ich habe die Zutaten nach den Vorgaben des Alten zusammengesucht, unmissverständlich formuliert bei der Party an der Elbe: weiche Heizungsrohrummantelungen, dazu maßgeschneiderte Überzieher aus Persenning-

Stoff, dicke Leinen, dünne Leinen. Die dicken Leinen kommen ins Innere der Schaumstoffrohre, die jeweils zu viert aufgefädelt und mit der Schutzhaut umhüllt werden. Vorne und hinten werden die dünnen Leinen mit einem leicht beherrschbaren Knoten namens doppelter Schotstek an den dicken Leinen befestigt. Das ganze Konstrukt fixiere ich am Bug und am Heck mit – Segler werden gähnen – Rundschlägen und halben Törns.

Da hängen sie nun, die beiden Fender, bereit, es mit Pfählen, Booten, Stegen aufzunehmen, Missgeschicke abzupuffern. Dass sie zugleich jedermann verraten, dass hier ein Skipper seinem eigenen Handwerk nicht traut, mir einerlei. De Ol hat an seinem Boot ja ähnliche Dinger hängen, denn er ist oft einhand unterwegs, ein Anbumsen manchmal nicht zu vermeiden.

Über Mittag erkunden wir mit dem Wagen die ein paar Kilometer von Sønderborg entfernte Halbinsel Kegnæs, eine Welt der Fahrräder, weiten Felder, Ferienhäuser. An einem kaum besuchten Strand lassen wir uns nieder. Noch bevor wir das große Strandtuch ausgebreitet haben, hat sich Pumba ins Wasser geworfen, sie geht eine Runde schwimmen, einfach so. Für später haben wir mit dem Kapitän vereinbart, es gemeinsam zu wagen: hinauszusegeln. Aber nun zieht am Horizont ein dunkles Wolkenband auf, das rasch näher kommt, vermutlich ein Gewitter, ein frischer und frischer werdender Wind reißt unseren Sonnenschirm mit. Wenn wir jetzt da draußen wären, mit unseren beiden Kleinen an Bord – die Muffen würden sausen.

Zurück im Hafen brauchen wir keine drei Sekunden, um die Sache für heute abzublasen. »Das zieht uns eins über die Mütze«, verkündet der Kapitän, der unter Deck der wackeren Atina am Laptop sitzt und kurz mal den Kopf herausstreckt. »Da würde ich auch nicht rausfahren, wenn ich alleine wäre. Nicht mal, wenn ich müsste.«

»Morgen früh«, sage ich, »ist es sicher ruhig, dann können wir ganz gemütlich hinausfahren.« Als hätte ich da Erfahrung.

Das Gewitter zieht überraschend vorbei, ohne sich zu entladen. In Wahrheit bin ich ganz froh, dass wir uns vertagen, die Hafenmanöver mit Pit haben Spuren hinterlassen. In den vergangenen Wochen saugte ich jeden Fetzen Tipp auf, tränkte mich mit Theorie, wie man bei Seitenwind in eine Box hineinkommt oder bei ablandigem Wind längsseits an den Steg steuert. Die allermeisten Ratschläge hielt ich für sinnvoll, doch missfiel mir in jedem Artikel der Hinweis, dass auch erfahrenen Seglern Manöver misslängen, dass es keine Garantie gebe, dass es immer ein Nervenspiel sei.

»Es kann sein«, hat Schwarz vor ein paar Wochen erzählt, »dass ich einen wunderbaren Törn habe, zehn Stunden ohne Probleme, herrlichstes Wetter, und fünf stressige Minuten im Hafen reichen, dass ich klitschnass geschwitzt bin.«

Ein großer Trost ist das nicht. Ob ich im Ernstfall zu früh in die Box steuern würde oder zu spät? Und was, wenn ja? Was, wenn der Bug vom Wind wieder herumgedrückt wird? Man kann all das in Gedanken komplett durchspielen, und ich steigere mich mühelos hinein. Schon beim Gedanken ans erste Auslaufen krampft sich in mir etwas zusammen. Und noch immer war keine Gelegenheit, friedlich zu trainieren.

»Ich weiß gar nicht, was du hast«, sagt Anna an diesem Abend. »Es ist doch alles ganz einfach. Und wenn was schiefgeht, musst du eben entsprechend korrigieren.«

»Aber man muss wissen, wie.« Ich habe nicht umsonst Lehrsätze gebimst, nun weiß ich, warum was geschieht. Das heißt: glaube es zu wissen. Noch genauer: glaube zu ahnen, wie es sein könnte. »Wie zum Beispiel ist bei Rückwärtsfahrt die Pinne zu halten, wenn der Bug nach rechts ausbricht? Sag schnell, eine Zehntelsekunde Zeit: die Pinne – nach rechts oder links?«

Anna überlegt zwei Sekunden. »Passe. Nach rechts.«

Ich tue so, als sei ich mir sicher. »Nach links, so kann man gegensteuern. Aber was, wenn das Ruder nicht reagiert, weil es in Rückwärtsfahrt von der Schraube nicht angeströmt wird und du zu langsam bist?«

Achselzucken.

»Hab ich auch keinen Schimmer«, gestehe ich. »Kopf runternehmen und Finger in die Ohren.«

»Wir sind doch versichert.«

Ich seufze. »Und der Radeffekt macht das noch schlimmer, du erinnerst dich an deine Prüfung?« (Achselzucken, Nase kraus ziehen) »Die Drehrichtung der Schraube, die dafür sorgt, dass das Heck zur Seite versetzt wird, in unserem Fall in Vorwärtsfahrt nach rechts. In Rückwärtsfahrt, allerdings viel stärker, nach links.« Ich tippe mir an die Stirn. »Damit ist auch unsere Harakiri-Fahrt von Sønderborg zu erklären – wir tuckern rückwärts, ich gebe pflichtgemäß Ruder, auf dass wir nach links schwenken, wir schwenken aber nach rechts, wie von Geisterhand gezogen.«

»Der Radeffekt?«

»Oder ein Geist.«

»Beides möglich.«

»Absolut.«

Zum Abendessen schlappt wieder der Kapitän vorbei, und auch de Ol und Jan geben sich die Ehre. So ist das in diesem Hafen. Wer sich zurückziehen will, winkt einmal kurz ab, aber zurückziehen will sich meistens keiner. Abends beginnt der schönste Teil des Tages, weil die Geschichten wie von selbst zu fließen beginnen.

Unser Sohn dürfte länger aufbleiben, man lernt ja dazu, aber er will gar nicht. Verkriecht sich mit mir in seine Dreieckskoje, und ich habe ihm keine drei Mal über die Augen gestrichen, da ist er eingenickt, geschafft vom sauerstoffreichen Leben auf See. Pumba knallt sich zu Füßen aller auf den Boden des Cockpits, sodass der beinahe komplett ausgefüllt ist. Es geht aber trotzdem, dass wir zu fünft dasitzen. Irgendwie geht es immer. Brot, Käse, Oliven, der Weißwein warm, macht aber nichts.

Am meisten bewundert wird an diesem Abend unser Nebenlieger, das algenbewachsene Motorboot mit dem schimmeligen Verdeck, in dessen Schutz vor Wochen noch eine Ente brütete. Die Ente ist weg, von den Eiern ist nichts mehr zu sehen, das Boot sieht aber vollkommen unberührt aus. Die Fenster fast blind, die Leinen mit einer merkwürdigen Schicht aus Glibber überzogen. Man kann durch eine Scheibe eine Flasche Universalreiniger erkennen. Jeder Gipfelsturm beginnt mit dem ersten Schritt.

»Habt ihr die Besitzer schon mal gesehen?«, erkundigt sich Jan.

Wir schütteln den Kopf. »Ist das denn auch im Winter hier im Wasser?«, frage ich.

»Ich meine es gesehen zu haben.«

»Sieht jedenfalls so aus, als würde es schon jahrelang hier liegen.«

»Vielleicht lebt der ja gar nicht mehr, dem das gehört«, sagt Anna.

»Uuuh«, macht die Runde anerkennend.

»Vielleicht liegt die Leiche ja drin«, raunt der Kapitän.

»Uuuh.«

»Das ist ja noch gar nichts!«, ruft de Ol von seinem Platz hinten quer herüber. »Oben vor Samsø, da liegt ein Boot, das wurde seit Jahrhunderten nicht mehr bewegt.«

»Uuuh.«

De Ol, triumphal: »Der hat mindestens zweihundert Fender drumrum!«

»Uuuh.«

»Als fürchtet der einen Zusammenstoß mit einem Zerstörer oder so. Und der hat seine Klampen umwickelt, dass du denkst, der würde sich am liebsten festketten. Und an den Festmachern hängt ein Schmodder, dass du denkst, die alten Wikinger hätten die dahin gepackt.«

Offener Szenenapplaus für den Alten, und: Vorhang.

3

ENTSPANN DICH MAL!, furzt mich de Ol schon an, gerade als ich die Pinne zu umklammern beginne. Er hat ja recht. Ich stehe da wie die Imitation eines chinesischen Tonkriegers, verkrampft bis in den kleinen Finger, übermannt vom Respekt fürs ganze Skippertum. Ein blendend schöner Tag, vier Windstärken, unsere gesamte Familie an Bord versammelt, dazu der Kapitän und der Alte – eine auserlesene Crew erlebt Livs erstes Ablegemanöver aus unserem Heimathafen, das ich verantworte. Wie soll ich da entspannt sein, Herrgottsdunder?

Mein Plan: Falls wieder eine Böe herangefaucht kommen sollte, werde ich das Unerwartete erwarten. Dass Liv durchdreht, stiften geht und uns abwirft wie ein Wildfang. Nur nicht, dass sie tut, was sie soll.

Das tut sie aber.

Der Kapitän hat uns vorne losgeworfen, Motor im Leerlauf, wir ziehen uns an der seitlich gespannten Sorgleine nach hinten durch. So könnte man das beschreiben. Ich halte die Leine des Luvpfahls in den Händen, des Pfahls also, der im Wind steht. Der Knoten bleibt um den Pfahl geschlungen, so haben wir es nach der Rückkehr leichter. Das andere Ende packe ich, ziehe, bewege mich mit kleinen Schritten Richtung Bug, ziehend und ziehend, immer unter den Kommandos de Ols. Auf diese Weise, unterstützt vom wachsamen Kapitän, gleitet Liv kontrolliert aus der Box, bis wir fast hinaus sind. Die Achterleinen in große Buchten aufgeschossen und jeweils sorgsam auf den Pfahl gelegt, zum schnellen Greifen, später. Nun leichte Rückwärtsfahrt, Pinne nach rechts, auf dass der Bug nach rechts wandere. De Ol greift kurz ein, gegensteuern, damit wir vorne nicht am Pfahl hängen bleiben. Jupp, wir sind draußen in der Gasse. Auskuppeln, treiben lassen. Blick zurück, genügend Platz. Sanft vorwärts Gas geben. Pinne nach links, Boot schwenkt auf Kurs. Kontrolle? Roger!

»Warum bist du denn in drei Teufels Namen so verkrampft?«, fragt de Ol.

»Weil ich nicht will, dass es ... dass es kracht.«

»Aber so verkrampft wie du da rangehst, wird es früher oder später krachen. Sei locker. Bei den Bedingungen kann ja gar nicht viel passieren.« Er deutet hoch zum Verklicker, ins Reich der Winde. Was mir vorkommt wie eine kräftige Brise, geeignet, Dreimaster ins Chaos zu stürzen, ist offenbar für de Ol nicht mehr als ein Lüftchen, bei dem sich Seebären wie er ernsthaft fragen, ob es sich lohnt, die Segel hervorzukramen.

Aber nun fahren wir hinaus. Am Steg stehen winkend La Bella Olla und auch Jan. Sie ruft: »Ein schönes Bild!«, und schon sind wir vorbei und auf dem Meer.

Für diesen Übungstörn haben Anna und ich, bis wir eine Art Ordnung an Bord gefunden haben, eine klassische Rollenverteilung vereinbart: Ich kümmere mich ums Boot, soweit die Jungs mich lassen. Sie kümmert sich um unseren Sohn, hat ihn stets fest im Arm, wobei ihn die Fahrt zu inspirieren scheint, seine Augen sind groß, und er verfolgt aufmerksam jede Bewegung des Alten. Pumba haben wir runter in die Hundekoje geschickt, womit sie sich fürs Erste zufriedengibt.

Hinein in den Wind tuckern, Setzen des Großsegels. Die Leinen haben wir damals an unserem Bosseltag neu geordnet, es ist nun eine Systematik drin, die de Ol als »so ist das einigermaßen vernünftig« bezeichnete. Vor unserem Törn jetzt habe ich mir nochmals die Schritte eingebläut – Großfall ans Segel schäkeln, die Seile des Lazyjacks entspannen (das ist der Sack, in den das Großsegel beim Bergen hineinfällt), am Großfall ziehen, bis es nicht mehr geht. Klappt alles zunächst gut. De Ol steht hinter mir und verfolgt schweigend, was ich mit Unterstützung des Kapitäns fabriziere. Den letzten halben Meter Segelfläche bekomme ich nicht gesetzt, viel zu viel Druck auf dem Tuch. Jetzt kommen die Winschen ins Spiel, jene Trommeln, um die die Leine gelegt wird. Die Winschkurbel einsetzen und mit rechts kurbeln, mit links weiter an der Leine zuppeln. Sieht ganz einfach aus. Bei mir geht aber erst mal gar nichts. Ich halte die Kurbel falsch, dabei genügen kurze Bewegungen, und außerdem, mit den Worten des Olen: »Zieh mal richtig mit links, Mensch, das gibt's doch nicht!«

Endlich: Das Groß ist oben. Ich drehe den Bug weg, falle ab aus dem Wind, steuere hinein in die Bucht, falle weiter ab, bis wir den Schub fast von hinten haben, gebe Lose in die Großschot. Motor aus. Immer wieder ein Wunder: die Stille nach der letzten Zündung. Drei Komma acht Knoten, das ist solide. Pumba steckt den Kopf aus dem Niedergang. Ob sie nur neugierig ist, oder ob es ihr da unten zu sehr schaukelt?

»So, alle weg hier, und du, Hund, nach vorne, aufs Deck mit dir!«, ruft de Ol, aber Pumba will nicht nach vorne. »Zieh ihr wenigstens die Schwimmweste an!« Der dringende Rat geht an mich.

»Dann dreht sie durch«, widerspreche ich. »Haben wir leider nicht trainiert.«

»Wie kann man denn so was trainieren?«

»Oben Weste an und vorne Würstchen rein«, sagt Anna.

De Ol lacht, aber Pumba ist im Weg, bis sie das Problem auf ihre Weise löst: Sie legt sich direkt neben mich auf die Cockpitbank, um das Gefühl zu haben, mitzumachen, bei was auch immer wir gerade tun. Weil sie ihren Kopf ganz still hält, kann ich im Steuern sogar ihr Kinn kraulen. Der Wind zaust ihr Fell. Sie grunzt. Jedenfalls hat sie es hier an Bord weit besser, als sich im Kofferraum des Passats durch einen Hitzestau zu hecheln. Zweimal geblinzelt, schon liegt sie bewegungslos da, so entspannt, wie ich gerne wäre. Unser Sohn beginnt sich in diesem Moment die Augen zu reiben. Zeit für ein Vormittagsschläfchen, und von so etwas wie einem Segeltrip lässt er sich nicht aus der Ruhe bringen. In Annas Armen schläft er ein.

Der Wind steht direkt in die gewöhnlich geschützte Bucht, sodass wir unseren Plan fallen lassen, irgendwo zu ankern und ins Wasser zu springen. Dazu sollte im Übrigen unser Tiefenmesser funktionieren, der aber zuckt nicht mal. Wir drücken alle Tasten, aber nüscht. Da erinnere ich mich: Die

Kühltruhe! Die Batterie! Der Kapitän löst mich an der Pinne ab, und ich krame unter Deck nach dem roten Hebel. Mein lieber Schwan. Es ist noch gar nicht so lange her, da hätte mir eine solche Minute im Bauch eines segelnden Bootes im Nu den Magen umgedreht. Auch jetzt ist mir nicht ganz wohl, aber es ist gar keine Zeit, weiter drüber nachzudenken, zu viel ist zu tun. Der Kapitän hatte vor einem Jahr, bei unserer Rauschefahrt nach Svendborg, vielleicht doch recht. Seekrank zu werden ist manchmal keine Option.

Mittlerweile weht ein Lüftchen, das man ernst nehmen muss. Zurück wird es hart gegen den Wind gehen, doch bevor wir die Genua rausholen, muss das Reff ins Großsegel. Mir jagt dieser Wind Respekt ein. Das Rätsel aber, wie die Drahtleine einzuschäkeln ist, wo die Leine weitergeführt wird, ist noch nicht gelöst. De Ol hat immerhin eine Ahnung, wie es gehen könnte. Und fängt an, während das Boot im Wind tanzt, auf dem Deck herumzuturnen – er zählt ja mehr als sechzig Jahre –, juckelt hier, ruckelt dort, kauert sich hin, kneift ein Auge zusammen, späht mit dem anderen ein ungenannt bleibendes Geheimnis aus, beißt sich auf die Lippe, schafft sich hinüber zur anderen Seite, knibbelt sich an der Nase, knautscht seine Unterlippe, hakt neu die Leine ein. Zieht nun mit aller Macht, die Füße gegen ein Brett gestemmt. Wieder: Zug! Und da kommt das Groß runter. Kommt wirklich ein Stück runter. Steht noch etwas faltig, aber es ist gerefft.

Ich jubele in Gedanken, aber hinter mir murmelt der Kapitän: »Das muss doch besser gehen.« Ansonsten hält er sich zurück. Es ist die Verbeugung vor dem überragenden Können des Alten, aber auch die Einsicht, dass es wenig Sinn machte, ihm im Kram herumzupfuschen.

Und tatsächlich zuppelt de Ol solo weiter. Ich mache mir schon Sorgen, dass er in einer etwas größeren Welle über die Reling geschleudert wird und wir ein Mann-über-Bord-Manöver fahren müssen (Prüfungsstoff: abfallen, halber Wind, Kuhwende, um eine Patenthalse zu vermeiden, Aufschießer –

und voilà). Aber dann sage ich mir: Solche Aktionen bringt der auch, wenn er alleine auf seiner eigenen Commander unterwegs ist, die Pinne festgeklemmt mit dem Autopiloten, und niemand da, der ihn retten könnte.

Jetzt macht er sich am Baum zu schaffen, greift sich eine der darin eingelassenen schmalen Kurbeln, für die ich überhaupt keine Verwendung gesehen hatte. Zwei, drei Umdrehungen – die hintere Ecke des Segels wandert mit einem Mal weiter nach achtern. »Das ist es!«, brüllt der Kapitän, de Ol mault: »Was ist denn das für ein mieses Prinzip?«, und beide grinsen. Das verkleinerte Großsegel steht plötzlich wie eine Eins. Das Reff funktioniert.

Als wir wieder Fahrt aufnehmen, holen wir die Genua raus. Also schwupps die Schot gezogen, immer weiter, und belegt. Nun perlt das Kielwasser richtig, fünfeinhalb, sechs Knoten, hart am Wind. Liv legt sich dramatisch zur Seite, aber es ist kein Drama, es ist ja nur die hundsgewöhnliche Krängung.

»Wuhuhuhu«, macht der Kapitän, »das ist ja sensationell, wie trocken die segelt, auf Atina hätten wir schon eins auf den Deckel bekommen, wir wären klatschnass«, und de Ol nickt stumm und anerkennend. Commander eben. Pumba guckt irritiert, als ich die Seite wechsle. Sie rollt sich in ihrer schrägen Lage ganz eng zusammen und rührt sich fortan nicht mehr. Ihre bewährte Methode, die Welt geradezurücken, indem sie ihr nur lange genug den Hintern zuwendet.

Die Genua wieder reinholen? Ein Kinderspiel. Leider schläft unser Sohn noch, sonst könnte der … Einfach die Reffleine in die Hand und über die selbstholende Winsch führen. Oder etwa nicht? Der Kapitän übernimmt, aber ihm gelingt es nicht auf Anhieb. Man muss die Leine über die Nase der Winsch legen und sie in die Führungsschiene gleiten lassen, das sollte man mal üben, doch de Ol hat mit dem Kapitän wenig Geduld. »Mensch, Mensch, Mensch, nein, nein, nein, was bist denn du für ein Umstandskrämer?« Der Alte kennt Worte, die kennt sonst keiner mehr.

Heimkehr wie gemalt. Langsam in unsere Gasse hineintu-
ckern, ganz links halten an den Pfählen, aber nicht zu sehr.
Der Wind lässt uns in Frieden. In Gedanken gehe ich durch:
Welches Tempo im Hafen? Faustregel: So schnell wie nötig, so
langsam wie möglich. Wenn viel Wind herrscht, muss man
auch mal beherzt Gas geben, damit die Steuerwirkung erhalten bleibt, aber was, wenn ...?

Hinter meinem Ohr die leise schnarrende Stimme des Al-
ten: »Warte. Warte. Nerven bewahren. Ruhig Blut. Uuuund:
Jetzt rum!« Liv trifft unsere Box auf Anhieb, der Kapitän
schnappt sich vorne die Sorgleine und ruft: »Leine ist klar!«
Noch immer geht es wahnsinnig schnell, trotz unserer
Schleichfahrt surrt der Pfahl an mir vorbei, ich bücke mich,
Rückwärtsgang rein, Schub! Wir stehen. Der Alte hat hinten
die Luvleine belegt, der Kapitän turnt bereits am Steg herum.
Anna und unser Sohn vergnügen sich schon unter Deck.
Pumba streckt sich.

»Feine Sache, so eine Sorgleine«, sagt der Kapitän ein paar
Minuten danach. »Kannst nicht mehr wegdriften. Sobald der
Mann vorne sie in den Fingern hat, war's das. Hab sie mit
dem Fuß geangelt, war kein Problem.« Prächtig gespannt
haben wir sie, mein Bruder und ich.

Später, auf dem Nachhauseweg, spiele ich die Manöver des
Tages nochmals durch. Bislang, so dämmert mir, habe ich den
Prozess des An- und Ablegens jeweils als ein einziges mysteri-
öses Rauschen gesehen, wie ein rasendes Fließband, das an
mir, dem überwältigten Beobachter, vorbeisaust. Aber es muss
ganz anders laufen, vielmehr so: Wenn man auf diesem Band
ein paar Markierungen anbringt und diese Markierungen auf
ihrem Weg verfolgt, wird es gelingen, den Blick scharf zu stellen. Und man kann sich selbst an Deck mitbewegen und auf
diese Weise ein paar Augenblicke der Zeitlupe verschaffen.
Wer die Ruhe selbst ist, wird die Ruhe selbst haben. Bingo.

Es muss mir nur glücken – *muss*, MUSS! (aber wie?) –, Manöver nüchterner zu sehen, eingeteilt in Schritt auf Schritt, als

eine Abfolge von Handlungen mit klar definierten Zielen. Etwa: Die Leine möglichst rasch über den Luvpfahl zurren und belegen, und wenn es nicht schnell geht, muss es halt irgendwie gehen. Und nicht vergessen, aufzustoppen! Aber was, wenn die Leine nicht über den Pfahl will und der Bug herumkommt und der Gashebel klemmt und … Nüchterner sehen, verdammt! Und großzügig werden. Daran erinnere ich mich plötzlich. »Im Zweifel erst mal irgendwo festklammern und sehen, was passiert«, hat der Tramp seine Methode mal genannt. Diese sei »nicht immer sehr ansehnlich, aber meistens völlig ausreichend«. Es könne immer noch was schiefgehen, aber nicht mehr ganz so viel.

Und endlich schließe ich mit mir selbst einen Pakt. Ich werde, das nehme ich mir vor, demnächst den ersten eigenen Kratzer in Livs Haut fahren. Nein, es wird nicht mit Vorsatz geschehen, ich werde alles tun, um es zu vermeiden. Aber wenn es so kommt, werde ich mich nicht grämen. Ich habe bei mir ein Anbumsen gut. Davon wird Liv nicht untergehen, no, Sir. Es wird ihr nicht mal wehtun.

Das wird es doch nicht?

ELF

HINAUS

1

MICH BESCHLEICHT schon Tage vor der Abfahrt zu unserem langen Sommertörn eine kribbelige Freude, die ich bislang nur vom Hörensagen kannte. Der erste Urlaub mit dem eigenen Boot. Das klingt wie ein Lied aus den Fünfzigern. Nischt wie ab!

Wer plant, das Meer zu besegeln, wandelt sich in ein Wesen aus Quecksilber. Täglich prüfe ich den Wetterbericht (jetzt ist August, aber hartnäckig hat es nicht mehr als zwanzig Grad, es bleibt »veränderlich«), täglich stromere ich durchs Portugiesenviertel in Hamburg, weil ich umgeben sein will von Möwengeschrei und Seeluft. Eine ganze Mittagspause verbringe ich im Seemannsbuchladen am Rödingsmarkt, wo jedes, aber auch jedes Buch zu finden ist, das auch nur im entferntesten auf See spielt. Im antiquarischen Teil finde ich das ausgebleichte Werk einer Skippersfrau: »Bei uns an Bord macht Segeln Spaß« heißt es. 1980 geschrieben, voll warmem Witz, das ganze Buch ein Leitfaden, wie man dem Skippergatten und dem Nachwuchs beibringt, an Bord miteinander auszukommen. Dazu drei, vier Taschenbücher, die in Livs Bordbibliothek gehören: Thriller von segelnden Autoren, von schreibenden Seglern.

Nur ein paar Schritte weiter befindet sich ein erstaunliches Geschäft, ein Miniatur-Baumarkt, der seinen Namen Hartmann ganz zu Recht trägt. Das ist was für Liebhaber. Hinter einem Tresen stehen eine Handvoll Typen herum, die nicht danach ausgesucht sind, ob sie besonders gut lächeln oder dir eine Bohrmaschine verkaufen können, wenn du einen Akkuschrauber suchst. Das sind Männer, die gezeichnet sind von ihrem Leben als Tüftler. Die eine Lösung wissen für so gut wie jedes technische Problem, auch der Probleme zur See. Männer, die dir eine Tüte Schrauben für 52 Cent verkaufen und

wider alle kaufmännische Vernunft fünf Minuten lang erklären, wie ein Gashebel am besten zu verlängern sei. Mein
Vorschlag – »Einfach ein Alurohr draufstülpen, oder?« – ern-
tet leises Gelächter und freudiges Darstellen der zu erwarten-
den Katastrophen, falls der Hebel doch in der unmöglichsten
Situation abknicke und sich verkante und das Boot mit Vollgas... »Schon gut, schon gut«, sage ich kapitulierend und
lausche dem Rat, die Verlängerung direkt in den Schaft hin-
einzumontieren. Was fürs Winterlager, jedenfalls.

In einer Mittagspause treffe ich hier ab und zu den Kapitän
und Schwarz, die unabhängig voneinander »schnell mal zu
Hartmann« müssen. Gelegentlich brauchen sie gar keinen
Schäkel, wollen einfach nur die Nase in den Laden stecken.
Ich hätte nie gedacht, dass ich auch so würde. Aber nun, ein
paar Tage, bevor Wencke und Pit eintrudeln, ertappe ich mich
bei dem Gedanken, ob ich nicht noch was bei Hartmann besorgen müsse. Oder könnte, perspektivisch. Irgendwas. Man
geht da immer mit einem guten Gefühl raus.

Ich Depp habe natürlich die beiden Revierführer Dänemark
an Bord vergessen. Dachte vermutlich, da gehörten sie hin.
Das bedeutet jetzt aber, dass ich mich nicht gründlich einlesen
kann. Und mich nicht gründlich einlesen zu können, ver-
ursacht mir Magendrücken und Völlegefühl. Einmal stehle
ich mich in einen Yacht-Ausrüster, um eine Viertelstunde in
den beiden Bänden blättern zu können. Am liebsten würde
ich sie ein zweites Mal kaufen, dann könnte ich auf Liv und
hier, immer und jederzeit, darin schmökern. Zum Glück gibt
es im Internet genügend Törnberichte und Tipps, dazu Google
Earth. Peilflug über die Inseln. Sollen wir, wenn wir wie angesagt Westwind haben, gleich den Belt queren und uns hinter
Ærø ein Ankerplätzchen suchen? Oder weiter hinunter zum
in der Literatur besungenen Marstal, wohin wir unbedingt
wollen? Oder zielen wir erst mal Richtung Svendborg, hinein
in diesen wunderbaren Sund, der mich vor einem Jahr so
schnell kurierte? Sollen wir den Durchbruch nach Langeland

wagen und Langeland vielleicht umrunden? Aber im Osten von Langeland gibt es kaum Häfen, das ist vielleicht nicht so doll. Lyø will ich den Dreien zeigen, wenn es passt, da war ich vor Jahren als Mitsegler des Kapitäns, der Hafenmeister brachte morgens Brötchen ans Boot. Und da spielten wir auch Minigolf, um uns mal zu bewegen. Oder war das auf Ærø? Wir könnten aber auch nach Süden schippern, in die Schlei hinein. Vielleicht viel los, aber wunderschön. Nach Maasholm fahren, das wir uns im letzten Sommer mal angeschaut haben, und weiter nach Arnis, Deutschlands kleinste Stadt, auf einer Landzunge mitten in der Schlei gelegen, eine Stimmung wie in Schweden. Ach, so viele Möglichkeiten! Und Hauptsache genug Verpflegung an Bord. An den Kaffee denken! Den Honig! Das Müsli, die H-Milch, die Knabbereien! An was zu lesen und zu spielen. Und an uns. Wir werden Zeit haben. Gott, werden wir Zeit haben. Ich bin jetzt schon ganz erholt, wenn ich nur dran denke.

2

ERST HINTER DER GRENZE fällt mir ein, dass wir die H-Milch vergessen haben. Ich bin kein Freund von Urlaubschecklisten. Lieber vergesse ich etwas, als mich dem Joch einer Checklistenabarbeitung zu unterwerfen. Warum es in Dänemark keine H-Milch gibt, weiß ich auch nicht. Kommt es eben umso mehr auf unsere Kühltruhe an. Und dass wir da eine Lösung finden.

Wir sind erst mal nur zu zweit. Haben den Rücken frei. Unser Kleiner ist bei seinen vier Großeltern im Schwarzwald, wo er von morgens bis abends gekitzelt und geküsst wird, unser Hund bei seinem Rudel, wo er von morgens bis abends gejagt wird und selbst jagt. Nur noch wir sind übrig. Bei »Annies Kiosk«, dem sagenhaften Hotdog-Stand, treffen wir Wencke und Pit, die zu schlaftrunkener Zeit in Tübingen losgefahren sind. Der Fährmann der Ochseninseln in der Förde fragt, ob wir mit rüberwollen. Ein andermal gern, antworten wir kauend, auf uns wartet unser eigenes Boot.

Am frühen Nachmittag sind wir da. Pit kämpft noch mit den Nachwirkungen einer Magen-Darm-Geschichte, die ihn die Woche zuvor auf dem Bodensee in die Knie gezwungen hat (bei Vollflaute musste er von der Mainau den ganzen Weg zurück nach Langenargen motoren, schawapp), außerdem ziehen Schauerböen durch. In aller Gemütlichkeit richten wir uns auf Liv ein. Wir finden sogar die Muße, die Abläufe im Cockpit zu reinigen, ganz wichtig, falls mal brechende Wellen den Weg hineinfinden und das Boot die Chance haben muss, das überkommende Wasser in die Bilge zu schleusen und von dort per Pumpe hinaus in die See.

Am Abend bricht die Sonne hervor, ein Bad am Strand im letzten Licht. Nach dem Abendbrot beugen wir uns über die Seekarten. Wie wir morgen den Kleinen Belt queren wollen, was unser erster Anlaufpunkt sein könnte. »Wir wollen ankern«, rufen die Mädels, »wenn die Sonne scheint!« Pit schmeißt sein iPhone an, auf dem das Wetter sehr hübsch präsentiert wird – besser wird es davon aber auch nicht. So einen nassen August hat es seit Beginn der Aufzeichnungen nicht gegeben. Wir hätten Liv vor ein paar Wochen auch mit nach Hause nehmen und diagonal in den Garten quetschen können. Statt unterm Regenschirm zu grillen, hätten wir an guten Abenden die Leinen loswerfen können.

Erik, der Motor-Mann, begrüßt uns am Morgen auf dem Steg. Der blonde Däne, der um die Ecke wohnt, ist gerade mit seiner Frau von der Schlei zurückgekehrt. »Zu viel Wind da draußen«, erzählt er, »war uns zu ungemütlich.« Erik ist der Held der Bowdenzüge, aber für die Kühltruhe, die nicht mehr aufhört zu kühlen, hat auch er keine Lösung parat. Er schaut sich wie wir die Kabel an und zieht wie wir einen Stecker heraus, den er als Stromquelle ausgemacht hat – das beeindruckt die Truhe überhaupt nicht. Wrooouumm! »Ihr müsst sie total abklemmen«, sagt er, »richtig abstöpseln, sonst zieht sie euch beim Segeln permanent Strom, und euer Tiefenmesser und das GPS fallen aus.« Er schaut nicht drein, als sei das schlimm, vielleicht weil Dänen eingebaute Tiefenmesser haben. Ich für meinen Teil habe das nicht.

Anna und ich schauen uns für eine Sekunde an, dann beginnen wir hektisch nach Werkzeug zu kramen. Bald haben wir zwar keine Kühltruhe mehr am Stromnetz, sondern nur noch eine abgrundtiefe, nicht kühlende Kiste, ein gähnendes Loch, Livs Marianengraben, aber unser Tiefenmesser wird die Tiefe messen. Klarer Fall von Priorität.

Ablegen ohne Aufregung. Große-Fahrt-Gefühle. Dafür war es alles wert: sich so weit weg zu fühlen in so kurzer Zeit. Ich tätschele die Pinne. Große-Fahrt-Pinne.

Unsere eisgestählte Überfahrtscrew vom Mai bewegt sich jetzt, im Sommer, an Bord wie alte Hasen. Wie es funktioniert, vermag ich nicht zu sagen, aber wir stehen uns so gut wie nie im Weg herum. Wenn alle so eingespielt wären wie wir vier, könnte man auf Liv auch vierzig Mann transportieren. Die dürften nur nicht so eingemummelt herumlaufen wie Wencke, die skeptisch gen Himmel guckt. »Kommt die Sonne heute noch mal?« Sie kommt noch mal. Weiter Blick. Knabbereien-Wetter. Fünfeinhalb, sechs Knoten. Viel Aaaah! Pit steht da und genießt einfach. Anna und Wencke aalen sich. Ich, an der Pinne, pfeife innerlich. Zur Rechten kommt eine Fregatte auf, in deutschen Gewässern. Grauer Schatten, riesengroß, sicher dreimal so schnell wie wir. Sie biegt ab Richtung Süden, Kurs Kiel. Unheimlich.

Strammer Wind aus Südwest, wie geschaffen, uns über den Belt zu tragen. Leider auch eine Welle, die sich etwas vorgenommen hat. Ich weigere mich zuerst, das zu erkennen, aber als der Seegang hubbeliger wird und Livs Hintern seitlich die Wellen hinunterrutscht, wir also schaukeln, schwanken und taumeln, ahne ich, dass ich nicht durchkommen werde. Dabei hatte ich gar nicht mehr daran denken müssen. Echt nicht.

Jetzt tue ich's aber. Die Seekrankheit naht. Atmen nicht vergessen! Das stand doch im *Palstek*, nein, in der *Yacht*, großer Artikel, neue wissenschaftliche Erkenntnisse. Es reiche ein einziger Trick: Man müsse antizyklisch atmen. Aber was war das noch mal? Ausatmen, wenn das Boot die Welle runtersurft, einatmen im Aufsteigen? Oder anders herum? Ich habe es vergessen. Wencke reicht Ingwer-Honig-Bonbons herum. Schmecken gut. Darf man nur nicht kauen, sonst bleiben die Zahnkronen drin stecken. Das erste Bonbon hilft mir prächtig. Obwohl ich vor lauter Konzentration etwas unrhythmisch atme. Das zweite Bonbon spucke ich in hohem Bogen aus, der Leuchtturm von Ærø ist gerade in Sicht. Der Geschmack: nicht mehr zumutbar.

An Bord wird es stiller. Ich spüre, wie sie mich beobachten. Wie sie mich mustern, wenn ich gerade woanders hinschaue. Dabei habe ich schon eine Krise gemeistert, meistere die zweite, bald die dritte. Ziehe mich da irgendwie immer wieder raus, obwohl ein Giftzwerg in meinem Körper rumposaunt: *Finito, amigo.* Aber ich bringe ihn zum Schweigen. Einmal, zweimal, dreimal.

Hinterher wird Anna sagen: »Du wurdest im Lauf der Zeit kreidebleich.«

Und Wencke wird sagen: »Man konnte richtig zusehen, wie dir die Farbe aus dem Gewicht wich.«

Und Pit wird sagen: »Du sahst aus wie ein Geist.«

Es liegt an der Kreuzsee. Wir biegen um die Spitze von Ærø, hinein in die Einfahrt zur Dänischen Südsee, da trifft eine alte Dünung aus Nordwest auf unsere junge Dünung aus Südwest. Seegang und Seegang messen ihre Kräfte und balgen sich so lange, bis sie sich irgendwie geeinigt haben. Ich nehme das nicht persönlich, nein. Ich bin auch nur ein bisschen enttäuscht von mir. War wirklich überzeugt, es sei psychologisch und ich hätte mich überlistet. Doch als wir Avernakøs Südzunge fast erreicht haben, reiche ich Anna feierlich die Pinne und spritze nach hinten, Leeseite, beuge mich weit über Bord, gebe dem Meer, was ich nur geben kann. Keiner lacht, keiner macht einen Spruch, das ist fair. Oder vielleicht höre ich es auch nur nicht. Weil ich zwischendurch brülle: »Aber ich finde Segeln trotzdem geil! Was Schöneres gibt's gar nicht!« Das Verblüffende: Nach ein, zwei Nachbeben ist es überstanden. Da kommt nichts mehr. Und das bei mir, der sich sonst gerne in die Abwärtsspirale des Grauens begibt. Eine halbe Stunde Kraftschöpfen, Cola trinken, Salzstangen futtern.

Die Bucht Revkrog im Süden von Avernakø ist gegen Westwind recht gut geschützt. Das Ufer ist zwar niedrig, der Wind streicht über den Strand und erreicht sofort wieder das Wasser, dafür baut sich aber keine Welle auf. Und der Blick, die Lage, die Atmosphäre suchen ihresgleichen. Eine sichelförmige Bucht mit klarem Wasser, die auch in der Karibik nicht verschmäht würde. Das Ankermanöver klappt ohne Probleme. In den Wind fahren, aufstoppen, treiben lassen. Ankerleine am Ende belegen, damit sie nicht ausrauschen kann. Anker fallen lassen, langsam Rückwärtsfahrt und erst Kette (Mist, Finger eingequetscht!), dann Bleileine geben, viel Leine geben, diese auf der anderen Klampe belegen und warten, bis der Anker einruckt. Nochmals kraftvolle Rückwärtsfahrt. Finger auf die straffe Leine legen, mächtig Spannung drauf. Danach Peilung mit Landmarken vornehmen und den Lauf der Dinge beobachten. Der Anker scheint zu halten. Aber für die Nacht ist eine Winddrehung angesagt, von West auf Südost. Der Wind steht also voll in die Bucht hinein. Wenn der Anker ausbrechen sollte, würden wir aufs Land getrieben. Aber wir haben Vertrauen in unseren Anker. Haben das Fünffache der Wassertiefe an Leine gegeben, also zwanzig Meter bei vier Metern Tiefe. Das muss doch halten.

Rings um uns nur eine Handvoll anderer Boote. Friedlicher Abstand, kurzes Zuwinken, nichts zu hören. Erst mal Kaffee kochen. Der Origo 3000 macht seinen Job gut, ganz ohne in die Luft zu fliegen. Kekse essen. Magen hält. Zurücklehnen. Genießen. Die frische Luft um die Nase. Das gekräuselte Wasser. Das flirrende Licht. Bin froh, es überstanden zu haben. Vielleicht hilft es doch, sich die Laune nicht verderben zu lassen. Jede Welle mein Freund.

Ich trage meine kurze Segelhose, die am Hintern besonders gepolstert ist und aus einem speziellen Material besteht, das, wie der Hersteller verspricht, besonders schnell trocknet. Sie liegt eng an und sieht nach Volvo Ocean Race aus, nach den *Roaring Forties*.

»Ach, du hast auch so eine Superhose?«, fragt mich Wencke.

Anna prustet los. Dabei habe ich ihr auch eine geschenkt.

Pit greift ein. »Die ist wirklich super. Die hält dich trocken, die sorgt dafür ...«

»Das ist eine Hose«, falle ich ihm ins Wort, »in der du ins Wasser springen könntest, und du würdest rausklettern und nach einer Sekunde nicht mehr in der Lage sein, auch nur einen Tropfen herauszuwringen.«

»Ein spezielles Material«, sagt Pit. »Das ist dermaßen bombastisch speziell, dass man es patentieren müsste, wenn es nicht schon andere getan hätten.«

»Was denn für eins?«, fragt Anna. »Für'n Material, mein ich.«

Wir zucken mit den Schultern. Ich werde die Hose jetzt nicht vor den Augen der Crew ausziehen, um nachzusehen.

»Jedenfalls ist es eine nicht nässende Hose«, stellt Wencke fest.

»Exakt«, sage ich. »Wobei das natürlich auf die meisten Hosen zutrifft.«

Leider lässt der Wind nicht nach. Er nimmt der Sonne die Kraft, sodass man nur im geschützten Cockpit gemütlich sitzen kann. Die Mädels machen es sich einfach. Springen ins Wasser und schwimmen die 150, 200 Meter bis zum Strand, um die Insel ein bisschen zu erkunden – so weit, wie ich niemals käme. Ich könnte mich hineinplumpsen lassen und tot stellen und hoffen, an Land zu treiben. Aber damit müsste ich bis zur Nacht warten. Und wenn der Wind nicht wie vorhergesagt drehte, triebe es mich hinaus in die See. In Litauen käme ich raus, schätze ich.

Klar doch: Ich springe auch ganz kurz ins Wasser, Arschbombe, und umkreise Liv einmal. Das hatte ich mir fest vorgenommen. Als Höhepunkt der Tour – eine Weltumrundung. Vom Wasser aus kann man Livs ranke Linien viel besser bewundern. Man sieht auch die beiden Langfender, die jeweils eine Seite schützen. Aber was ist das? Da fehlt beim goldenen Schriftzug »Commander 31« die »1«. Die aufgeklebte Zahl muss abgescheuert worden sein durch den bescheuerten Fender.

Wieder an Bord (ich quetsche mir den Finger an der Badeleiter, aber nur sanft), untersuche ich die Buchstaben. Sie sind aufgeklebt und sehen aus, als würden sie für die Ewigkeit halten. Die »1« fehlt aber trotzdem. Was tun? Nichts, beschließe ich. Zugucken, was passiert. Vielleicht fahren wir eines Tages als »0 ma 3« über die Meere. Die Langfender werde ich trotzdem nicht opfern.

Lesestunden. Gibt nichts Entspannenderes, als in einer freundlichen Bucht herumzudümpeln und zu lesen. Die Mädels schmökern auch. »Die Wencke kannst du an so einem Tag auf einen Bug legen und fünfhundert Seiten später aufklaren«, sagt Pit. Auf fauler Haut liegend, beobachten wir das Ankermanöver einer 40-Fuß-Yacht am Eingang der Bucht. Sie geben nicht viel Kette, und im ersten Anlauf bricht der Anker aus, der Untergrund ist dort wohl verkrautet oder steinig. Im zweiten Anlauf klappt es offensichtlich besser. »Aber die geben wirklich verdammt wenig Kette«, murmelt Pit. »Hoffentlich haben die den Wetterbericht gehört.« Am Heck flattert die Fahne der Niederlande. Nordseesegler und auf eigenem Kiel herübergekommen? Dann werden sie solche Situationen souverän einschätzen. »Oder Ijsselmeer-erprobt und hier diese Yacht gechartert«, meint Pit. »Für solche Typen ist die Dänische Südsee der offene Ozean.«

Am Abend entdecken wir in einem Seitenfach zwei verfaulte Bananen, die wir Wochen zuvor vergessen haben müssen. Seltsam, sie stinken gar nicht. Sind schwarz und weiß, das ja, aber stinken nicht. Dabei müssten verrottende Bananen im Bootsklima eigentlich abgehen wie Schmidts Katze. In lockerem Bogen werfe ich sie über Bord – Staub zu Staub –, aber anstatt unterzugehen, ploppen sie wie Korken an die Wasseroberfläche. Und fangen an, abzutreiben. Und fangen an, genau auf unsere Nachbarn zuzutreiben. Schon haben sie zehn, bald zwanzig Meter zurückgelegt, bald die Hälfte der Strecke. Ohnmächtig schauen wir vier zu, wie unsere Torpedos unbeirrt Kollisionskurs steuern.

Zuvor hatten wir die Diskussion ergebnislos abgebrochen, ob wir unser Beiboot aufpumpen sollen, um die Damen zur Insel zu bringen. Weil wir ja kein funktionierendes Klo an Bord haben, sondern nur die Pütz, den »tragbaren Sanitärbereich«, wie Pit sagt. Einen schweren Gummieimer, von dem sich seltsame dünne Gummifäden ablösen. Unser System ist an diesem Tag dutzendfach getestet worden (vor allem von den Mädels) – ein bisschen Wasser aufnehmen, mit der Pütz den Niedergang hinuntermarschieren, allenthalben dafür sorgen, dass jeder weiß, es geht jetzt ums Geschäftliche. Die Pütz gut festhalten, wieder auftauchen, sich über die Reling beugen und die Ostsee in die Pütz lassen. Ein organisches Prinzip und leicht verdaulich.

Sollen wir jetzt unser Beiboot als *Rotten Banana Rescue Boat* einweihen? Wir haben es nur einmal im Garten aufgebaut und waren mäßig begeistert. Außerdem haben wir es noch nicht mal getauft.

Pit erzählt, da wir den Bananen nachblicken, dass sich zumindest bei ihrem Törn in der Türkei das Beiboot als unentbehrlich erwiesen habe.

»Da hieß unser Dinghi nur Shit-Shuttle«, sagt Wencke.

»Bordtoiletten verstopfen ja leicht«, erklärt Pit. »Das Shit-Shuttle war unsere Rettung.«

»Ich hab's«, verkündet Anna. »Wir könnten unser Boot Shittle nennen.«

Aber um die Detonation der Bananen am Nachbarrumpf zu verhindern, würde die Zeit nicht reichen, und die Pütz haben wir eh alle lieb gewonnen. Vier zu null Stimmen also gegen die Wasserung von Shittle. Bange Blicke hinüber. Man würde sich gerne wegducken, doch es nützte nichts. Außerdem ist es zu unglaublich. So genau vermag ich Liv nicht zu steuern, wie diese Bananen treiben. Noch vielleicht zwanzig Meter, noch fünfzehn ... Ich male mir die Peinlichkeit der Stille danach aus, Revanche-Geschosse in der Nacht, mit Blut geschriebene diplomatische Noten, würdevoll überreicht per Konter-Shittle. Da, ein himmlischer Blitz, wütendes Geschrei, spritzendes Wasser, ich sehe, wie die Nachbarn aufspringen. Großes Theater!

Sie erblicken nur drei Möwen, die sich um fette Beute zanken.

3

SCHNELLE SCHRITTE AN DECK, genau über meinem Kopf. Draußen hell. Ein Ruf: »Pit, kommst du mal bitte?« Hektik in Wenckes Stimme. Panik?

Ich versuche hochzufedern, aber bis ich mich aus meinem Schlafsack geschält habe, ist Pit schon oben. Ich höre ihn nicht sehr laut sagen: »Guten Morgen!« Und eine andere, unbekannte Stimme, mit niederländischem Akzent: »Guten Morgen! Das ist kein Problem, wir haben alles im Griff.« Der Typ könnte auch an Bord stehen.

Als ich an Deck komme, sehe ich die 40-Fuß-Yacht unter Motor in vielleicht zehn Metern Entfernung an uns vorbeituckern. Der Wind hat wie angekündigt gedreht, er hält mit Stärke vier bis fünf nun genau in die Bucht hinein. Sollte man eigentlich unbedingt vermeiden, so eine Situation. Oder seinen Anker tödlich sicher eingraben. An der Reling Pit in kurzem Zivil, dahinter Wencke in ihrem Schlafanzug. Aus dem Schlaf emporgeschreckt. »Ich hab unten wie im Traum durchs Fenster einen Mast gesehen, der auf uns zukommt, und dachte schon, unser Anker hätte sich losgerissen und wir treiben auf die zu.«

Wir gucken zwar mit dem Bug in die andere Richtung, weil sich ein Boot ja immer nach dem Wind ausrichtet, unser klobiger Freund am Meeresgrund hat allerdings ganze Arbeit geleistet. Anna neckt mich natürlich, dass ich Ankerwache gehabt und selbst die drohende Keilerei hätte sehen müssen. Ich jedoch habe geschlummert wie in Abrahams Schoß, wissend: Auf Wencke ist Verlass.

»Wie viel Tonnen hat diese Yacht?«, frage ich.

»Vielleicht acht oder zehn«, schätzt Pit.

»Hätte ganz schön gerumst.«

»Das Tempo war nicht hoch. Aber das hätte hässliche Schrammen gegeben. Vielleicht einen verbeulten Bugkorb. Vom Ärger ganz abgesehen.«

»Aber...«

Pit strahlt. »...untergegangen wären wir nicht. So muss man das betrachten.«

In bester Laune frühstücken wir an Deck. Bevor der Kaffee fertig ist, unternehme ich einen letzten Versuch, den Cockpittisch zu installieren. Es gibt eine Tischplatte, es gibt einen Halter, es gibt einen Tischfuß, der in einen Schaft an der Backskiste passt – und doch gelingt es uns nicht, daraus einen Tisch zu basteln. Danny hat auf meine diesbezügliche SMS nicht geantwortet. War es nicht so, dass ich die Bianca 27 in Kiel, das erste Boot, das wir uns überhaupt ansahen, auch deswegen ablehnte, weil es keinen Cockpittisch gab? Weil mir das Leben dort an Bord nicht vorstellbar schien? Und nun sitzen wir hier draußen, balancieren den Kaffeebecher in der einen und den Teller mit von Pit bestrichenen Broten in der anderen Hand. Und es stört uns nicht mal.

»Viel schöner so«, sagt Anna, »es darf gar nicht zu perfekt sein.«

»Aber gut wäre schon«, erwidere ich, »wenn man seinen Becher mal abstellen könnte. Und die Beine strecken oder so, ohne dass man Gefahr läuft, dass der Käse den Bananen folgt.«

(Bis zum Ende dieses Törns werden wir für das Tischproblem keine Lösung finden. Ich nehme die Einzelteile mit nach Hamburg. Will in einem Spezialladen nach einer Speziallösung fragen. Oder ganz schlicht nach dem richtigen Kniff für die richtigen Teile.)

SMS vom Kapitän:

Liegen mit Motorschaden in Rantzausminde. Kadetten wohlauf. Sorge vor Totalschaden. Eventuell Auslaufen um 1300 mit Chance auf Kontakt. Atina.

Die Kadetten sind sein zehnjähriger Neffe und dessen Kumpel, mit denen der Kapitän eine Woche Abenteuerurlaub auf See verbringt. Das wäre natürlich was – sich auf dem Meer zu begegnen. Ein Moment wie in »Das Boot«, wenn der Alte inmitten hoher Wellen durchs Fernglas späht, ein anderes U-Boot ausmacht, sich erst nicht sicher ist, aber dann doch, und schließlich mit sich überschlagender Stimme brüllt: »Das ist Thomsen! Mensch, das ist Thomsen!« Und Thomsen hat sie auch gesehen und blinkt Morsezeichen übers tobende Meer herüber.

Wohin es uns heute verschlagen wird? Wir wissen es noch nicht. Strammer Wind aus Südost bedeutet schon mal: nicht nach Marstal, tendenziell gar nicht nach Ærø. Aufkreuzen ohne Not – das muss nicht sein. Und wir kennen das Revier ja gar nicht. Alles ist neu. Alles ungesehen, unerforscht. *Fahrt nach Hjørtø oder Skarø*, schreibt de Ol. *Da gibt's frischen Fisch!* Aber Hjørtø hat eine sehr flache Fahrrinne, nicht tiefer als 1,70 Meter. Da trauen wir uns nicht rein mit 1,75 Meter Tiefgang. De Ol schlägt dort vermutlich mit einem indonesischen Paddel auf das Wasser ein und findet das Rinnchen in der Rinne, das ihn sicher in den Hafen führt.

Wunderbarer Halbwindkurs. Mit sechs Knoten rauschen wir nach Osten, Atina entgegen. Auf der Pinne leichter Zug. Im Ohr das Plätschern und Gurgeln. Im Auge das Funkeln und Blinken der See. Mittlerweile habe ich beim Segelsetzen eine gewisse Routine erlangt. Ich bitte Pit, sich zurückzuhalten, und sage Schritt für Schritt an, was zu tun ist. Es ist kein hilfloses Herumrühren mehr im Gedankenbrei, wie ich erstaunt feststelle – ich begreife jeden einzelnen Handgriff als notwendige Handlung, ohne die es einfach nicht geht. Eine Art Selbstbewusstsein steigt in mir hoch. Nicht jenes, das einst Oliver Kahn im Strafraum spazieren trug oder Gerhard Schröder nach der verlorenen Bundestagswahl. Eher das Selbstbewusstsein meines Sohnes, der die ersten zehn Schritte gemacht hat und immer noch steht. Das Staunen in seinem Gesicht ist jetzt mein Staunen. Sein Stolz ist mein Stolz. Er wird es nicht wissen, aber doch erahnen, wie viel er noch lernen muss, um hundert Schritte am Stück zu machen, ohne zu stürzen, und wie viel, ehe er zu rennen gelernt hat, um Pumba richtig einzuheizen. Ich erahne nicht nur, was mir noch zum Skipper fehlt, ich weiß es auch, aber es stört nicht. Durch mich wogt eine Freude, die kindlicher Natur ist. Ein *sense of wonder*, die beispiellose Aussicht, noch so viel vor mir zu haben, aber doch schon etwas hinter mir.

Da drüben! Ist sie das nicht? Das Boot, ohne Reling, ein hölzerner Rumpf? Atina kommt uns mit pompös gebauschten Segeln entgegen, tatsächlich, sie ist es. Drei Mann Besatzung. Ein Großer, rauchend. Zwei Kleine mit Schwimmwesten, kichernd. Unser Thomsen-Moment. Hej, Käpt'n!

Atina braust uns aus Luv entgegen, wir heben die Hand zum Gruß, winken majestätisch. Der Kapitän macht eine Wende auf engstem Raum, Segel schlagen, und von nun an flanieren wir Seite an Seite, in Rufweite.

»Nach Avernakø!« Der Kapitän sitzt entspannt an der Pinne, während sich einer der beiden Jungs über die Reling beugt und ein uns allen bekanntes Lied herauspresst.

»Alle wohlauf?«, rufe ich.

»Alle wohlauf!«, brüllt der Kapitän extralaut zurück. Er grinst breit. Die Jungs winken nun auch herüber. In ihren Augen steht die pure Aufregung. Und wenn man dabei mal kotzen muss, Schwamm drüber.

Kurze Zeit später haben wir beide den Kurs geändert, Richtung Avernakø Nord, ein exponiert liegender Hafen an der Spitze jener Insel, vor deren Südzunge wir in der Nacht vor Anker gelegen haben. Am Hafen warte eine einfache Pinte, ringsum sei nicht viel als Strand und wogende Felder, hatte der Kapitän gesagt, und wir fanden, das höre sich doch gut an.

Es ist unvermeidlich, wenn zwei Boote nebeneinander hersegeln: Sofort beginnt ein Wettkampf. Neugierig schaut man auf den Trimm des anderen Großsegels, und selbst ich sehe, dass der Kapitän eine schönere Wölbung hinbekommt, dass er vielleicht deswegen einen Hauch schneller ist. Im Segeln heißt »einen Hauch schneller«, dass er uns in zwei Minuten fünf Meter abnimmt. Atina ist ein schmales, langes Boot, die Länge der Wasserlinie dürfte in etwa der unserer Commander entsprechen. Also ein guter Vergleich. Sportlicher Ehrgeiz packt uns sofort, das dauert keine Sekunde. Den Mädels ist so was tendenziell egal. Uns Kerlen nicht. Wir geben ein wenig in der Großschot nach, schieben den Traveller nach Luv und die Holepunkte der Genua nach vorne – und plötzlich gleiten wir Meter um Meter ran. Es ist vielleicht nicht zu glauben, aber als Pit all diese Dinge vorschlägt, weiß ich, was er meint. Ich sehe den Effekt, wie sich Falten glätten, wie die Wölbung größer wird. Wir operieren am offenen Herzen, und mit einem Mal füllt sich der theoretische Quark, den ich mir in meiner Verzweiflung reingezogen habe, mit Leben. Ich bin noch weit davon entfernt, die Koloraturen des Trimmens anzustimmen, aber ich bin jetzt so weit, dass ich immerhin die Melodie verstehe. Ich sage es in diesem Augenblick niemandem, aber der Gedanke bringt mich auf die Zehenspitzen.

Nun sind wir einen Hauch schneller. Vielleicht liegt es auch daran, dass der Kapitän unkonzentriert pinniert. Am Abend wird er zwar sagen, Atina sei nicht so schwer, sie lasse sich nicht so exakt steuern wie Liv, aber ich tippe eher darauf, dass er Rock'n Roll aufgelegt hat und mit der Pinnenhand Luftgitarre spielt.

Als wir außer Hörweite sind, ist unser Ehrgeiz erloschen.

»Manöver üben!«, rufe ich. »Dass wir uns wieder neben Atina setzen.«

»Okay«, sagt Pit, »mach mal.«

»Vollkreiswende oder was?« Ich denke an die rasende Jollenfahrt über die Alster vor einem Jahr, als der Kapitän mich mitten im Orkan zu einer halsbrecherischen Aktion aufgefordert und ich verweigert hatte. Schweiß bricht mir jetzt aus. Das hieße eine Wende und eine Halse mitten durch diesen kräftigen Wind, das hieße eine präzise …

»Nö«, widerspricht Pit. »Reicht ja schon, wenn wir einmal durch den Wind gehen und wieder zurück, so 'ne Art Zickzackkurs.«

Uff, denke ich erleichtert, aber ich vergesse nachzufragen, wann genau der Scheitelpunkt des Manövers anzusetzen sei. Wie weit ich also auf den anderen Bug muss und wie lange warten, ob wir die Genua auf die andere Seite holen oder »back« stehen lassen, also falsch, bis ich den Kurs wieder korrigiere. Ich könnte ganz gemütlich fragen, aber ich tu's nicht. Ich könnte ganz gemütlich drüber nachdenken und das Manöver ganz gemütlich durchziehen, es ist idiotensicher. Wenn man nicht hektisch wird. Wenn man nicht, zum Beispiel, die Kursänderung zu früh abbricht, das Boot plötzlich im Wind verendet, die Segel laut schlagen, die Mädels von hinten »Heh, pennt ihr?« kreischen, und wir ohne Fahrt auf Atina zutreiben, Kurs zum Rammen. Soll ich weiter abfallen oder zurück auf die andere Seite? Aber was, wenn der Kapitän in dieselbe Richtung ausweicht? Ich entscheide mich, wieder Gegenruder zu geben. Was Pit ruft – »Jetzt Kurs halten, Kurs

halten!« –, verstehe ich nicht. (Erst hinterher. Unser Großsegel steht auf der Backbord-Seite, dadurch haben wir Vor-
fahrt, und Atina, obschon durch Liv dazu genötigt, ist aus-
weichpflichtig.)

Aber so treiben wir auf sie zu, wenn der Kapitän nicht reagiert, wird es krachen! Immer näher schiebt sich sein Bug
heran, schon sehe ich Holz splittern und Masten sich verkei-
len und Wasser durch den Rumpf schießen … Da steuert der
gelassen grinsende Kapitän flugs nach Luv und umkurvt uns
elegant. Dass ich gerade einen kapitalen Bock geschossen
habe, hat er offenbar gar nicht gemerkt. Er deutet Richtung
Avernakø und zischt mit schäumendem Bug an uns vorbei.

»Völlig verkorkst«, bringe ich staunend hervor. »Meine
Güte, völlig verkorkst, das Manöver.«

»Wo wolltest du denn hin?«, fragt Anna. »Wolltest du die
erschrecken?«

Pit lacht.

»Ich wollte uns möglichst geräuschlos neben die setzen«,
sage ich heiser, »sodass wir wieder Seite an Seite segeln.« Wir
gucken gemeinsam nach hinten, in Atinas Kielwasser.

»Ganz gute Lehrstunde«, sagt Pit.

Fast alles, was auf See geschieht, birgt eine Lehre, und die
Lehre dieser Minuten werde ich nicht vergessen. Klare Ruder-
lagen geben, die Wende mit Schwung fahren, konzentriert
sein, nichts lässig machen, wird schon gehen, kannst es ja
jetzt. Niemals die Demut verlieren. Nicht mal, wenn die Sonne
scheint und es ja nur der Kapitän ist, der herangerauscht
kommt. Oft fehlt nur ein Fitzelchen zum Knall.

4

WIR LASSEN ATINA den Vortritt in den Hafen, ist doch
klar. Avernakø Nord wird vom scharfen Südostwind berannt,
und wie immer, wenn wir uns einem Hafen nähern, scheinen

die Böen an Intensität zuzunehmen, je näher das Anlegemanöver rückt. Mir werden die Finger rutschig. Es wird viel
Gefühl nötig sein in diesem Hafen, der jetzt, am Nachmittag,
schon voll ist. Ein fast lückenloser Mastenwald. Die Augenblicke, wenn man durch die Mole schlüpft, fideln die Nerven
wund. Atina ist vor uns gleich in die linke Gasse abgebogen,
und neugierig folgen wir ihr nach hinten, wo ich noch zwei,
drei freie Plätze erahne.

Im Hafenhandbuch sind die Tiefen verzeichnet, es wird am
Ende sehr flach, die Gasse geht in Strand über. Atina dreht
ganz hinten links gegen den Wind, direkt neben eine größere
Yacht, und von unserem Bug aus bedeuten mir die Mädels
winkend, wir sollten ihr weiter folgen. Noch 2,00 Meter, zeigt
der Tiefenmesser. Wir nähern uns dem Strand. Genauer: Wir
halten drauf zu. Noch 1,80 Meter. Ich denke an unseren Tiefgang. Nur noch fünf Zentimeter Puffer?

»Misst das Echolot die absolute Wassertiefe?«, fragt Pit
mit gefährlich leiser Stimme.

Ich zucke mit den Achseln.

»Oder die Tiefe des Wassers unterm Kiel?«

»Weiß nicht«, gestehe ich. »Wir werden's herausfinden.«

Ich sehe, wie der Kapitän zu kämpfen hat in seiner Box, wie
er an den Leinen zieht, damit er nicht nach rechts in die
nächste freie Box vertrieben wird. Daneben ist noch eine Box,
darin liegt ein Ruderboot, und schwupps kommt der Strand.
Das könnte eng werden. 1,60 Meter. 1,40 Meter. Offenbar
misst das Echolot das Wasser unterm Kiel. Gut – eine Menge
Luft. 1,20 Meter. 1,00 Meter. 0,80 Meter.

»Sollen wir umkehren?«, frage ich Pit mit rauer Stimme.

»Cool bleiben«, raunt er so abgewichst wie möglich.
»Noch nicht.«

»Wann denn?«

»Cool bleiben.« Je leiser er redet, desto angespannter ist er.
Pit redet nun ganz leise. Ganz, ganz leise. Wie um das Wasser
nicht zu erschrecken.

Ich sehe aus den Augenwinkeln, wie sich in den benachbarten Booten Hälse recken. Höre Gespräche verstummen. Interessiert mich gar nicht. Bin eins mit der Pinne, den rechten Fuß unterm Gaspedal. Schweiß rinnt mir in den Nacken. 0,60 Meter. Liv biegt nach Backbord ab, steuert langsam auf die Box zu. 0,40 Meter. Schweiß in die Augen.

Atina belegt halb die freie Box, das sehe ich plötzlich. Der Kapitän ficht noch immer verbissen mit den Leinen, die beiden Pfähle sind überhaupt sehr nah beeinander – vielleicht passen wir da gar nicht durch? Ich schaue nach rechts. Der Strand ist noch acht Meter entfernt, noch sieben. Eine kräftige Böe, und wir trieben der Länge nach an Land. Der ganzen schönen Länge nach. Schlagzeile: »Liv auf Jungferntörn gestrandet wie ein Wal«.

»Sieht doch ganz gut aus, oder?«, ruft Anna strahlend. 0,20 Meter. Lächerliche zwanzig Zentimeter.

»Sieht Scheiße aus!«, brüllt Pit. »Vollgas rückwärts!«

Ich haue den Rückwärtsgang rein, quälende Sekunden, bis Liv stoppt, endlich zurückstößt. Wir wenden auf engstem Raum. Was heißt »wir«? *Ich* tue es. »Pinne andersrum!«, ruft Pit einmal, aber sonst läuft es dufte: Ich balanciere uns da hinaus. 0,40. 0,60. 1,00. 1,60. Raus.

Ganz vorne am Steg ist noch eine Box frei. Mit dem Heck in den Wind, aber einerlei. Die hatten wir im Vorbeifahren erspäht, die Idee aber sofort verworfen, weil wir wie die Lemminge Atina hinterhereiern mussten. Jetzt, noch mit dem nervösen Schwung des vor einer Minute verpatzten Manövers steuere ich sie direkt an. Sage mir leise vor: Rückenwind, wenig Fahrt, die Heckleinen sind ganz wichtig, die müssen schnell über die Poller! Und, was soll ich sagen, wir knautschen ein bisschen am rechten Pfahl entlang, aber der Langfender puffert uns ab, ich kuppele aus, wir treiben weiter, Pit wirft die eine, ich die andere Leine über, aufstoppen, die Mädels werfen einem Mann am Steg eine Leine zu, zuppel, zuppel, fest.

Wie betäubt kontrolliere ich, dass die Festmacher ordentlich belegt sind. Die Mädels machen sich auf Richtung Klo, Pit stöpselt unseren Strom ein und schnappt sich danach das Logbuch. Ich verziehe mich unter Deck. Sitze einfach nur so da. Bin vollkommen platt. Habe Kopfschmerzen. Kann kaum sitzen vor Kraftlosigkeit. Diese ständige Konzentration: das Hochgucken zum Verklicker, das Hinüberlinsen zum GPS und Echolot, das Vorbeilinsen an der Genua, ob Gegenverkehr kommt, all das zehrt einem die Kraft aus der Rübe. Es sieht auch kein anderer. Pit kennt es natürlich. Pit lässt mich in Ruhe. Hat nur gesagt: » Super gemacht!«, mir auf die Schulter geklopft und sich seinem Kram gewidmet. Man will am liebsten schlafen. Man muss was trinken. Man will nichts mehr reden. Man ist noch nicht stolz, ahnt aber, dass man es bald sein wird. Es ist ein merkwürdiges Gefühl, das ich nirgendwo anders so erlebt habe. Eine geistige Erschöpfung, die unvergleichlich ist. Weil wohl auch eine Angst abfällt. Mindestens eine tiefe Sorge, es zu verpatzen, schon in der nächsten Minute Riesenärger zu haben. Nur die Verkrampfung, die fehlte diesmal. Die Zeit schien mir nicht mehr zu rasen. Ein kleiner Schritt. Ein wichtiger Schritt. Ich beuge mich über die Bordwand – tatsächlich, der Fender hat ganze Arbeit geleistet: keine Schramme. Dabei hatte ich mir extra eine Schramme genehmigt.

Nach einer halben Stunde bin ich wieder ansprechbar. Die Pinte wartet. Eine astreine Holzterrasse vor windgezauselter, rot gestrichener Holzhütte. Eiskaltes Bier. Die Füße weit hinausgestreckt. Die Zufriedenheit spüren, wie sie sich endlich Bahn bricht. Vor uns Schilf, die Stege, Kinderschreien. Der Kapitän gesellt sich zu uns, der von unserem Manöver nichts mitbekommen hat. »'nen schönen Platz habt ihr da gefunden«, sagt er. »Aber 'n bisschen zugig.«

De Ol hat uns am Mittag eine Nachricht geschickt, dass er sich uns anschließen wolle, aber seine Commander lässt auf sich warten. In der Dämmerung versammeln wir uns in

Atinas Cockpit, die beiden Jungs des Kapitäns streifen durch den Hafen. Langsam verlischt der Tag. Petroleumlicht, Swing, Rum, das Singen der Wanten. Es ist schon nach zehn Uhr; ich habe mich aufgemacht, um abzuschlagen, wie der Kapitän das gerne nennt. Der Kiesstrand knirscht unter meinen Sohlen, ich bewundere den kühn hinausgebauten Hafen, den Panoramablick hinüber nach Fünen, wo ich die Lichter von Fåborg zu erkennen glaube. Da sehe ich, im letzten blauen Licht des Tages, am linken Rand eine Bewegung. Ein Boot in wilder Fahrt, in starker Schräglage, seine Navigationslichter eingeschaltet, unter Vollzeug segelnd bei sechs Windstärken: der Alte. Ein filmischer Moment. Eine Saite klingt an aus der großen Symphonie der Menschheit: das Schiff, das sich in den Hafen rettet, bevor die Nacht kommt.

Auf dem Absatz mache ich kehrt und renne zurück zu unseren Freunden. »Da hinten!«, brülle ich. »De Ol rauscht heran!«

Oh, wie alle aufspringen und nach vorne an den Steg rennen! Der Hafen ist ja knallvoll, da und dort sieht es zwar so aus, als sei noch Platz, weil die Pfähle im Dunkeln kaum mehr erkennbar sind, es ist aber kein Platz mehr. De Ol wird sich ganz an den Rand ins Päckchen legen müssen, irgendwo dranmuggeln.

»Und er will in den Hafen *segeln*!«, schreit der Kapitän.

Er schreckt die Besatzung der am Kopfende des Stegs liegenden Yacht auf, die gerade beim Abendessen sitzt. »Tschuldigense die Störung, da kommt noch unser Kumpel, würde es Ihnen was ausmachen, wenn Sie …? Fender raus, danke schön, 'tschuldigung nochmals.« Der Kapitän ist in solchen Momenten beinahe unanständig höflich, ihm einen Wunsch abzuschlagen würden nicht mal die Hartgesottensten vermögen. Außerdem gebietet es der Seemannsbrauch, einander zu helfen.

Zu viert warten wir – barfuß, so gehört sich das ebenfalls – an Deck der sündhaft teuren Najad 380, wie de Ol sich macht.

Glücklicherweise hat er selbst eingesehen, dass es bei diesem Wind und dieser Dunkelheit auch für ihn tückisch wäre, unter Segeln in den Hafen zu donnern. Zwei Minuten fuhrwerkt er mit den Tüchern herum, dann sehen wir, wie er auf die Einfahrt zuhält. »Hier rüber!«, schreit der Kapitän, und beim dritten Ruf hat es de Ol gehört und steuert auf uns zu. Ein Manöver wie aus einem Guss. Gewandet in Jeans und wetterfarbener Fleecejacke legt er seine Commander passgenau an die viel größere Najad, grummelt: »Warum denn hier, da drüben ist doch alles frei?«, macht vorne am Stegende fest, springt nach hinten und reicht dem Eigner schließlich eine Leine, damit der sie bei sich an Bord belegt. Die ganze Zeit halten wir sein Boot mit den Händen von der Najad ab, die nur einen Fender erübrigen konnte. Fünf Minuten weiteres Gefummel, schließlich sagt der etwas eingeschüchtert wirkende Najad-Mann: »Ähem, es wär doch jetzt mal an der Zeit, 'nen Fender rauszuhängen, meinen Sie nicht?«

Daran hatte de Ol im Eifer des Gefechts nicht gedacht, oder er hielt es schlicht für unnötig. Aber er lässt sich breitschlagen, einen rauszurücken, und kurz später steht er Hände schüttelnd und lachend auf dem Steg.

Nach einer schaukeligen Nacht mit dem Hintern im prallen Wind machen wir uns anderntags auf, die Insel zu besichtigen. Wencke mietet sich ein Fahrrad für zwanzig Kronen, das heißt: Sie wirft das Geld in einen Kasten und nimmt sich einfach eins der Räder. Wir anderen marschieren per pedes ins Dorf, wo wir uns verproviantieren, die weiß getünchte Kirche anschauen und dem Wind auf den Feldern zuhören. Nur ein paar hundert Leutchen wohnen auf Avernakø, Tendenz wieder steigend. Mehrmals am Tag kommt die Fähre aus Fåborg, die sogar einen Bus ausspuckt. Gegen Mittag haben wir genug gesehen. Zurück an Bord machen wir uns abfahrbereit.

Da kommt der Folkebootler Markus, der uns vor Wochen bei der Kreuzfahrt mit meinem Bruder heißes Wasser gebracht hatte, in den Hafen hineingesegelt und lässt sich lässig an einen Liegeplatz treiben. Eine kleine Demonstration. Nicht eine einzige hektische Bewegung kann ich erkennen. Kurze Zeit später hat Markus bei de Ol Platz genommen und schlürft einen Trunk. De Ol hat zur Feier des Tages seine Commander direkt neben uns verholt, sodass er uns wunderbar bei den Vorbereitungen beobachten kann. Und gegebenenfalls ein kleines Kommentarchen einstreuen. Als wir vorne eine Leine auf Slip legen und uns langsam nach hinten ziehen, geht es los: »Immer feste ziehen, was?«

»Lass sie doch«, meldet sich Markus zu Wort und spricht mir damit aus der Seele. Die beiden sitzen da wie Waldorf und Statler aus der »Muppet Show«, gut gelaunt, und ein wenig ist es, als würde die Grand Jury des Segelns uns beim Ablegen zusehen. Haltungsnoten sind mir egal, eine Telemark-Landung brauchen wir nicht hinzulegen, aber einen kapitalen Sturz kann ich jetzt nicht brauchen. Wer sich jemals fragt, wie sich Druck anfühlt: So fühlt sich Druck an. Wenn die VIP-Loge dir Kaffee schlürfend aus zwei Metern Entfernung zuschaut, wie du dir vor Aufregung jeden Bändsel um den Finger wickelst.

Pit steht neben mir und schweigt. Wundert sich bloß, das merke ich an seinem Fußtappen, dass wir, obwohl wir gegen den Wind ablegen, den Rückwärtsgang nicht nutzen, sondern nur auf unsere Muskelkraft vertrauen. War ein Tipp von de Ol: Gute Leinenarbeit ist das Geheimnis bei Hafenmanövern.

Wencke gibt ihr Bestes, ich springe ihr bei, und unter Aufbietung aller Kraft bugsieren wir Liv soweit in Luv, dass wir die Heckleinen von den Pfählen streifen können. Endlich gebe ich Fahrt, wie einfach geht das plötzlich! Sanft bewegen wir uns nach hinten, stets unter Kontrolle der vorderen Leine, die unseren Bug am Abtreiben hindert. Als wir von den Pfählen frei sind, Pinne nach rechts, vorne die Leine einholen, auskuppeln, treiben lassen. Aufstoppen. Vorwärtsfahrt, Pinne nach links. Ganz ruhig tuckern wir an den Jungs vorbei, die die Kaffeetasse zum Abschiedsgruß in die Luft halten, eine sofort verständliche Beifallsgeste, genauso gut wie Standing Ovations.

»Na also!«, höre ich noch. Es kam von der Commander. Eine Stimme, die nur einem gehören kann. De Ol hat es mir hinterhergerufen, es klang beinahe väterlich, sehr zufrieden, sehr einverstanden. Und ich sehe an seinem Schmunzeln, wie er sich freut, dass wir Süßwasserheinis uns so ordentlich anstellen.

Oder weiß er, was uns erwartet?

5

DA DRAUSSEN: STURM. Vielleicht kein Sturm im meteorologischen Sinne, aber Windstärke fünf bis sechs und in Böen bis sieben. Für uns ist das ein Sturm. Annas erster Sturm. Mein erster Sturm.

Sobald wir die schützende Landabdeckung Avernakøs verlassen haben, drückt es mächtig auf die Segel, und Liv saust in einer zirkusreifen Schräglage dahin, die mit einem Geodreick kaum mehr messbar wäre. Südwind, durch die Lücke zwischen Avernakø und Lyø wie in einer Düse beschleunigt. Anna ist ein wenig blass um die Nase, ich kann sie verstehen, aber mir geht es nicht so. An der Pinne spüre ich den Ruderdruck, und der ist noch aushaltbar. Wir segeln fast halben Wind hinüber nach Svendborg, und Liv hält stabil Kurs.

Reffen? Nicht reffen? Unter Seglern ist das eine der Prinzipienfragen, und obwohl jedermann weiß, dass man meistens zu spät refft, reffen die meisten auch beim nächsten Mal wieder zu spät. Wir auch. Die Genua ist zu zwei Drittel ausgerollt, das Groß ganz oben, so schießen wir dahin, 6,5 Knoten. Wir sind umgeben von Wolkenballen, die sich jagen, der Himmel ein graues Etwas. Nur dort, zwischen den beiden Inseln zur Rechten, schiebt sich unaufhaltsam eine große Wolke heran, die sich deutlich von der Konkurrenz abhebt – sie ist tiefschwarz und reicht bis hinunter an die Kimm, wo Meer und Himmel verschmelzen.

»Hoffentlich hält die nicht auf uns zu.«

»Hoffentlich witschen wir vorher durch, bevor die durchzieht.«

»Vielleicht ist sie ja auch schneller, und wir kriegen gar nichts mehr mit.«

»Sie ist nicht schneller. Sie hat genau die richtige Geschwindigkeit. Rettungswesten an, Freunde. Das wird heftig.« Das kommt von Pit, der mit Wencke im Mittelmeer schon Stürme und hohe Wellen abgeritten hat, aber immer auf deutlich größeren, moderneren Booten.

Ich bleibe an der Pinne, während die anderen ihr Ölzeug überstreifen. Beobachte die schwarze Wand. Vielleicht fünf Minuten bleiben uns noch. Unheimlich: Dieser Zug wird uns überrollen, und ich weiß nicht, wie es ausgeht. Ob uns wirklich Gefahr droht, ob es nur unangenehm wird? Wie Liv reagiert? Wir rollen die Genua auf die Hälfte ein. Die Wellen aus Süd fegen mittlerweile in beachtlicher Höhe heran, sodass ich beim Steuern voll konzentriert sein muss. Sie als Breitseite zu nehmen, wäre gefährlich, deshalb steuere ich einen spitzen Winkel, auch wenn wir dabei Höhe verlieren. Zum Glück ist kein Land in der Nähe, keine Untiefe. Was hatte de Ol vor einem Jahr als Allererstes gesagt? Bei Sturm halte dich von Land fern. Das vermeiden, was Segler »Legerwall« nennen – eine Lage, in der dich der Wind unbarmherzig in Richtung Ufer drückt und du aufkreuzen musst, um aus der Mühle rauszukommen.

Unsere Rettungswesten!, fällt mir ein – sie sind noch immer in ihrer Originalverpackung. Rechts unten unter der Sitzbank im Salon. Nur einmal im Laden angehabt, seitdem haben wir nie geübt, sie anzulegen. Ich schaue über die Schulter. Vielleicht noch drei Minuten. Keine Chance, zu entkommen.

Pit und Wencke haben geübtere Hände, Anna schlüpft durch die Auftriebskörper, fingert am Verschluss rum, aber der ist nichts für Aufgeregte. Diagonal nach hinten schieben und durch. Gut. Anna hat ihre Weste an, ich schlüpfe in meine. Kriege sie zu, trotz meiner nervösen Finger. Jetzt endlich entschließen wir uns zum Reffen. Pit hat sich eingepickt, um nicht über Bord gespült werden zu können, arbeitet sich vor zum Mast, belegt die Reffleine. Wir lösen das Fall, Pit zieht und zieht, das Groß kommt runter, das Fall wieder gespannt. Eine Welle trifft uns von der Seite, die ich nicht gesehen habe, das Boot kippt bedenklich, immer weiter nach Backbord, Anna entfährt ein entsetztes Kreischen, Pit stolpert, Gegenruder, ich stabilisiere das Boot, Pit springt ins Cockpit, überstanden.

Höchstens 200 Meter ist die schwarze Wand noch entfernt, schon trifft uns der erste Böenkragen. Ein Hieb wie mit einer Pranke. Dann bricht die Sintflut los. Binnen Sekunden hat uns die Wolke überspült, untergetunkt, um uns besteht die Welt aus schwerem, schnell und dicht fallendem Regen. Die Mädels haben sich unter Deck verzogen, Pit bückt sich unter die Sprayhood, und ich ducke mich so gut es geht, ohne die Pinne loszulassen. Die Sicht: noch fünfzig Meter. Das ganze Meer zusammengeschrumpft auf ein Blasen werfendes Nadelkissen, dessen Ränder sich rasch im Tropfennebel verlieren. Wenn uns jetzt eine Fähre aufs Korn nähme ... Ginge das noch, ausweichen? Kaum. Wir würden sie zu spät sehen. Und hören erst recht nicht. Es ist ein infernalisches Getrommel, der Regen prasselt aufs Deck und gegen die Segel, schießt in einem Sturzbach hinunter auf das Dach der Sprayhood und ergießt sich von da über die Reling. Ein existenzielles, dichtes, berauschendes, beängstigendes, lebendig machendes Erlebnis. Pit grinst bis über beide Ohren. Die Mädels nicht. Sie fordern weitere Maßnahmen.

Als der erste Guss nachlässt, holen wir das Groß ganz runter. Nur mehr mit dem halben Vorsegel zischen wir durch die aufgerissene See, der Regen hat etwas nachgelassen, die wildesten Böen sind überstanden.

Wie lange das währt? Eine Viertelstunde? Eine halbe Stunde? Ich weiß es nicht. Sturmritt. Tropfende Klamotten. Leuchtende Augen. Nun reißt der Himmel auf.

In den Svendborgsund hinein begleitet uns die Sonne. Raus aus dem zu warmen Ölzeug. Vor einem Jahr bin ich hier mit dem Kapitän entlanggesegelt, durch dieses Spalier an Häusern und Gutshöfen. Und jetzt mit meinem eigenen Boot. Ich fühle mich wie frisch geduscht, wie erwacht nach erquickendem Schlaf. Nach dem Sturm kommen die Endorphine.

Beglückende Fahrt in den Nordhafen. Dort den Luxus, einen formidablen Liegeplatz zu ergattern. Bei »Bendixens« Fisch essen. Im Abendlicht machen wir ein Foto, wie wir auf dem Steg lümmeln. Es ist ein, nach diesem Ritt, rätselhaft unbeschwertes Foto. Ein gnädiges Abendlicht lässt uns alle strahlend aussehen, aber ich vermute, es ist auch ein innerliches Strahlen, das sich Bahn bricht. Als seien wir erlöst von etwas. Oder bereichert.

Danach Streifzug durch die Stadt, in einer Kneipe läuft Fußball, aber wir sitzen viel lieber bei uns an Bord. Ein langer, milder Abend zu Füßen der *Toldkammer*. Wir reden leise über den ersten Sturm mit Liv, über das Band, das in diesen schweren Minuten zwischen ihr und uns geschmiedet wurde. Ein Vertrauen, das nicht mehr zu verlieren ist.

Eine Nuss aber knacken wir an diesem Abend ums Verrecken nicht: wie man am Kompass die Krängung ablesen kann. Man müsse die situativ am linken Rand stehende Zahl von 180 abziehen, meint Pit. Die Mädels widersprechen johlend, Wencke hat eine ganz eigene Theorie, die überhaupt nicht stimmen kann, und erst am nächsten Morgen wird Anna den roten Punkt unterm Kompass entdecken, der das Rätsel löst. Ein Blick genügt künftig, um zu wissen, wie es um unsere Lage bestellt ist.

Mehr und mehr übernehmen fortan Anna und ich die Manöver. Pit begnügt sich zunehmend, nur noch gelegentlich Hand anzulegen, einen Fehler zu korrigieren, Tipps zu geben. Ein

Intensivkurs auf dem eigenen Boot, mit einem nimmermüden Lehrer und dessen gut gelaunter Gefährtin. Wenig tiefer gehende Gespräche, die nicht das Segeln betreffen, viel Albernheit, Sorglosigkeit, Losgelöstheit, aber auch gemeinsames Schweigen und aufs Meer gucken und Schiffe begucken und lesen und die anderen in Ruhe lassen. Einfach eine Zeit mit Freunden. Keine Themensuche, keine verstörenden Pausen. Eine lange Woche wird das werden, die sich anfühlt wie mehr.

Immer vertrauter werde ich mit allen Handgriffen. Zugleich entgleitet mir das Staunen des Neulings, verliert sich der Zauber des Ahnungslosen. Abends mache ich mir weniger Notizen. Nach wie vor sind es viele Fragen, aber sie werden immer spezifischer. Manche Begriffe, die ich vor einem Jahr lustig fand, leuchten mir jetzt zwar nicht ein, aber ich gehe mit ihnen um, als wären sie mir schon lange vertraut.

»Am Ende dieser Reise wollen Anna und ich bereit sein, es selbst zu wagen«, sage ich einmal. Pit nickt stumm und würdevoll. Wencke schaut Anna fragend an.

»Bist du dir sicher?«, wendet sich Anna neckend an mich. »Hinauszufahren ohne Skipper an Bord? Weil, du bist mir alles andere als ein Skipper. Noch nicht mal ein Skipperchen.«

Ich gebe ihr einen Kuss auf die Nase. »Wenn es glückt, wird es der Abschied vom Anfang sein. Es wird ein neues Kapitel beginnen, der Horizont ist noch immer weit, und wir haben gerade erst abgelegt …«

»Wenn es glückt«, sagt Anna. »Kann auch nicht glücken.«

Wir lassen das Thema fürs Erste sein. Leider erwarten uns hinter Svendborg enge Fahrwasser – und Flaute. Nach Rudkøbing kommen wir noch unter Segeln. Passieren die Stadt am Mittag. Zur Linken sehen wir die Bianca-Werft, die seit den Neunzigern wieder im Besitz der Gründerfamilie ist. Liv wurde hier gebaut, vor vielen Jahren. Auf Langeland lebten die Männer und Frauen, die ihren Salon auskleideten, die ihr mit ihrer Handwerkskunst eine Seele gaben. Es soll noch ein paar Alte geben, die damals dabei waren. Vielleicht werde ich sie eines Tages besuchen. Der Mann, der die Commander erdachte und ihre Linien ersann, die uns durch die schwarze Wolke trugen, war ein Däne namens Jan Kjærulff. Er ist vor ein paar Jahren gestorben. Im Internet habe ich ein Foto gefunden. Es zeigt einen älteren Mann mit Pfeife im Mund, der lächelt, die Haare in die Stirn geweht, um die Augen die Falten der Segler. Im Hintergrund ist ein Hafenbecken zu sehen, Wasser, ein paar Boote. Ich bilde mir ein, dass dieser Ingenieur glücklich war mit seiner Commander, mit dem, was er tat. Schiffe bauen, die Stürme überstehen.

Nach Marstal muss man präzise navigieren, die Stadt ist umgeben von Untiefen. Kaum zu glauben, dass hier früher 300 große Segelschiffe beheimatet waren, kaum vorstellbar, wie der schmale, schlauchartige Hafen vor hundert Jahren gebrummt haben muss. Bei Regen und fiesen Böen suchen wir uns ein Plätzchen am halb leeren Steg. Das Anlegen gelingt gut, aber plötzlich höre ich Pits erstaunten Ruf – von der Luvleine hinten hat er gerade noch zwanzig Zentimeter in der Hand. Wäre die Box nur zwei Handbreit länger, wäre unser Heck wieder frei, bereit, in der nächsten Böe dem Nebenlieger auf die Pelle zu rücken. Immer wieder was Neues. Jeder kleine Schreck eine Lehre. In der Stadt gehe ich gleich eine Leine kaufen, auch wenn die etwas lang ausfällt: vierzig Meter. Sonderangebot halt. Ich werde sie im Winter durchschneiden und die Enden von einem Spezialisten veröden lassen. Aber vierzig Meter! Hat man die vertüddelt, hat man was zu tun.

Marstal: Der Mann im Touristenbüro liest »Wir Ertrunkenen«, und ich beneide ihn. Die ganze Stadt war für den hier geborenen Autoren Carsten Jensen Inspiration. Es ist eine kleine Stadt mit gewundenen Gassen und einer Handvoll Cafés, einer mächtigen Kirche, in denen Dreimaster aufgehängt sind, und einem ausufernden Seefahrtsmuseum. Marschiert man am Hafen vorbei, gelangt man auf eine sandige Landzunge, die wie ein Haken das Hafenbecken umfasst. Auf dem Rücken dieser Zunge bunte Badehäuschen, die die Marstaler von

Generation zu Generation weitervererben. Ein schönes Fleckchen Erde. Die nackten Füße im Sand. Der weite Blick hinaus
auf den Kleinen Belt. Leider zu kühl zum Baden.

Jenseits von Ærøskøbing, nur ein paar Seemeilen weiter,
liegt eine tiefe, großzügig geschnittene Bucht, die Revkrog
heißt, wie der kleinere Vetter drüben vor Avernakø. Unser
Ziel für den Nachmittag. Gammelstunden vom Feinsten. Wir
sind längst in einem neuen Modus. Die Stunden sickern dahin.
Frieden über dem Boot. Vom Strand dringt, ganz schwach,
Frauengekicher.

Als der Abend anbricht, lichten wir den Anker und nehmen
Kurs auf Søby an der Nordspitze Ærøs. Glattes Wasser, wenig
Wind im Schutz der Insel. In dem geräumigen Hafen machen
wir ganz vorne am Steg der Länge nach fest, was uns erstaun-
lich zart gelingt. Mächtige Burger aus dem Hafenkiosk, mit
Blick über den Hafen.

Lange glimmende Dämmerung. Livs Cockpit guckt frei
Richtung Hafeneinfahrt, Leuchtturm, Sonnenuntergang, und
es vergehen viele Minuten, in denen Wencke, Anna, Pit und
ich staunen, wie die Wolken sich allmählich verfärben und der
Himmel aus dem Tag in die Nacht gleitet.

Am nächsten Tag sind wir die Einzigen auf dem Kleinen
Belt. Rückenwind. Wir segeln Schmetterling bei Windstärke
vier: Genua nach Steuerbord, Großsegel nach Backbord. Bau-
men die Genua aus, damit sie nicht flattern kann, und zurren
das Groß vorne fest, ein improvisierter Bullenstander, um ein
ungewolltes Umschlagen zu vermeiden. Wir machen schöne
Fahrt, aber man muss ausgesprochen exakt steuern. Eine
wilde Böe, ein Fehler an der Pinne, und irgendwo könnte
etwas reißen oder brechen. Segeln für Fortgeschrittene. Pit
findet an diesen Feinheiten großes Vergnügen, und ich mache
willig mit, sauge an unserem Tag der Heimkehr noch auf, was
ich aufsaugen kann.

Die beiden werden morgen nach Hause aufbrechen, und
Anna und ich bleiben allein an Bord.

Bald erreichen wir unseren Hafen. Den Anleger fahren Anna und ich fast allein. Habe zu spät eingelenkt, muss vor den Pfählen aufstoppen. Aber sonst: Es glückt. Vielleicht, weil ich ruhig bleibe. Ganz sicher, weil sich das Wissen eingestellt hat, Liv in den wichtigsten Dingen zu verstehen. Was sie will, wie sie sich verhält, wie man gegenarbeitet. Das Chaos ist nicht in ihr. Es ist, wenn es kommt, in mir.

Wieder, und noch mehr als sonst, bin ich völlig erschlagen. Ob vom Schmetterlingskurs oder von der langen Woche oder vom bloßen Erleichtertsein, ich weiß es nicht. Haue mich in den Salon und bin fünf Minuten nach dem Festmachen im Land der schaukelnden Träume. Die Mädels wecken mich nach einer Stunde mit Blätterteigkuchen, den sie erstanden haben, und dem Duft frischen Kaffees. Als Nachtisch präsentieren sie eine Dose Bier.

»Masterbrew«, verkündet Wencke.

»Das haben wir uns verdient.« Pit wirft einen Blick auf die Dose. »Zehn Komma fünf Prozent. Respekt, Mädels.«

»Masterbrew für die Mastercrew«, sagt Anna lächelnd.

In der Abschiedsnacht versacken wir mit dem Kapitän, man kann es nicht anders nennen. Zum Glück versackt Liv nicht mit. Wir sitzen im Cockpit und reden und trinken, derweil am Himmel Sternschnuppen sausen. Um eins schleppen wir uns in die Kojen. Langer, erholsamer Schlaf. Am nächsten Morgen die Nachricht auf meinem Handy:

Ausgelaufen 0130. Operierte nachts am Geleit. Versenkte 6. Keine Überlebenden. Kiel in Sicht. U47.

Der wahnsinnige Kapitän hat seine Atina noch in derselben Nacht hinausgejagt. Im Cockpit liegend, beleuchtet nur vom Glimmen seines Kompasses, um sich das nachtschwarze Meer, über sich den klaren, sternenübersäten Himmel, steuerte er sein Boot auf Kurs 180 Grad die Küste hinunter. Atina brachte ihn sicher in den Hafen.

ZWÖLF

LIV & WIR

ZUM ABSCHIED ERSTELLEN Pit und ich eine Liste mit 25 Punkten, die man mal noch erledigen müsste. Es wird immer kleinkramiger. Das Glas des Barometers ist herausgefallen. Verdammt noch eins: der Cockpittisch! Polster aufmöbeln. Kühlschrank kaufen, wenn Kohle vorhanden. Und so weiter. Manches sehr wichtig, aber nicht vieles.

Eine Woche auf engstem Raum führt zum Bruch oder schmiedet zusammen. Wir fallen uns zum Abschied in die Arme. Winken lange, bis Wencke und Pit um die Ecke gekurvt sind. Weg sind sie. Anna und ich schauen uns an. Wir sind nun allein an Bord. Zum ersten Mal wieder allein mit Liv, ohne Kind, ohne Hund. Wir könnten jetzt rausfahren. Wir müssten jetzt rausfahren. Wir sollten es wagen. Niemand da, der eingriffe, der den rettenden Einfall hätte, der Livs Willen lesen könnte. Nur wir. Immer wieder schauen wir auf das Wetterradar am Eingang zu den Duschen. Von Osten wälzt sich ein Wolkenstrudel heran, der anderntags Starkwind bringen wird und Gewitter. Ein Lümmelwetter im Hafen, an eine Ausfahrt nicht zu denken.

Anna fängt an, gedankenverloren den Salon aufzuklaren. Stellt Bücher von hier nach dort, fegt Krümel zusammen, wischt nass auf, sortiert CDs. Ich nehme mir die Backskiste vor. Backskisten sind normalerweise nicht mein Hobby. Sie sind sehr tief. Sie haben keine Schubladen. Was immer man hineintut, wird normalerweise untertauchen und erst wieder zum Vorschein kommen, wenn man es garantiert nicht braucht. Aber jetzt suche ich nicht mal was. Vielmehr fange ich an, alles herauszuholen, was ich in der Backskiste entdecke. Den Feuerlöscher von 1975, offenbar das niemals benutzte Original, den wollte ich ja austauschen. Daneben Leinengewimmel. Eine verschließbare Kiste mit allerhand Lacken, Ölen und Schräubchen. Ein Käscher an dünnem Stiel –

eine prima Sache für unseren Sohn, in ein paar Jahren. Ersatzbretter. Ersatzkanister Diesel, leer. Tüten, die komisch riechen. Ein altes T-Shirt mit Farbresten drauf. Eine Stunde lang sortiere ich aus, sortiere ich ein. Ich lasse mir sehr viel Zeit. In dieser Zeit könnte man den Augiasstall ausmisten, an dem sich einst Herkules abarbeitete. Schließlich ist alles getan.

Anna und ich schauen uns wieder an. Dann in die Luft, hinüber zu den Bäumen, die sich sanft im Wind wiegen. Anna hält eine wärmende Tasse Tee in den Händen, ich das zugeklappte Hafenhandbuch.

»Sollen wir?«, frage ich.

»Müssen wir?«

»Wollen wir?«

»Wir wollen.«

»Und wenn nicht jetzt, werden wir uns schwertun, es jemals zu tun.«

Sie nickt. »Es ist allerdings nicht wenig Wind.«

»Aber auch nicht viel. Kein Wind, der zur Ausrede taugte.«

Sie wiegt den Kopf. Rundblick. Fast nichts los mehr im Hafen, jetzt, zur Mittagszeit. Kein Publikum. Kaiserliche Umstände für eine Premiere.

»Wir tun es«, sage ich.

»Ja?«

»Ich weiß, dass wir's können.«

»Okay.«

»Ich übernehme die Verantwortung, wenn's schiefgeht.«

Anna lacht. »Okay!«

Die nächste Stunde stecken wir die Köpfe zusammen und tun nichts weiter, als en détail zu besprechen, wie wir vorgehen. Das ganze Ablegemanöver wie ein »Malen nach Zahlen«-Bild. Es ist ganz eigentümlich. Solange wir unseren Verstand eingeschaltet haben, ist uns klar, dass es ein vollkommen einfaches Manöver sein wird, Liv bei diesen Bedingungen, mit günstigem Wind, aus der Box herauszubugsieren und sicher den Hafen zu verlassen. Aber dann lassen wir uns drauf ein, auf die Vorstellung, aufs Erleben. Und zumindest bei mir beginnt das Herz wie wild zu schlagen. Hoch bis zum Hals. Adrenalin bis in die Fingerspitzen. Wahnsinn. Ich kenne das vom 13:13 im fünften Satz beim Volleyball, wenn es um den Aufstieg geht. Auszeit, ein paar Sekunden zum Sammeln. Zum Verrücktwerden. Aber hier will kein Gegner uns den Willen brechen. Hier muss ich mich nicht wehren. Ich könnte sogar Nein sagen (würde mir das aber kaum verzeihen).

Okay.

Okay?

Okay.

Der Wind kommt von Backbord, das heißt, Anna wird unseren Bug mit dem Bootshaken eng an der linken Sorgleine halten. Ich löse derweil die achteren Leinen, ziehe uns nach hinten, schieße sie auf und lege sie auf den Pfahl, das wird es nachher erleichtern, wenn wir zurückkehren. Motor an. *Tak-Tak-Tak.* Ich schaue in Annas Gesicht. Sie ist so aufgeregt wie ich. Wir wollen nicht herumbrüllen, das haben wir uns fest vorgenommen, daher wispern wir so laut es geht. Sehe ich auch so angespannt aus? Die Stirn in Falten? Aber Anna lächelt auch. Als würde es klappen. Ich kann nicht lächeln. Das schaffen meine Synapsen nicht mehr, die laufen schon auf Volllast. Einkuppeln rückwärts. Leichter Schub. Auskuppeln. Liv gleitet wie auf Schienen, auf den Gleisen gehalten durch Anna.

Die Leine auf den Pfahl legen ... Fällt wieder runter. Mist! Liv schiebt sich weiter nach hinten. Wieder drauf. Zu kurze Buchten. Oder zu lang. Fällt halb runter. Egal. Wird schon da oben bleiben. Blick zurück. Kein Verkehr in der Gasse. Wir sind halb draußen. Wir sind drei Viertel draußen. Vorne der Bug fast zwischen den Pfählen.

»Okay?«, wispert Anna.

»Warte noch!«, wispere ich zurück, so laut ich kann.

Einkuppeln rückwärts, kurzer Schub, durch die Pfähle. Die Pinne nach rechts, jetzt müsste das Heck nach links, der Bug nach rechts schwenken und … Das Gegenteil geschieht. Der Bug will nach Backbord. Genau in die falsche Richtung. Das kann doch nicht sein! Welcher Geist sitzt auf unserem Ruder?

Endlich begreife ich. »Kannst jetzt loslassen!«, rufe ich. Annas Bootshaken hält unseren Bug noch immer an der Sorgleine. Klar, dass das Heck ausbricht. Ausbrechen muss. Kein Geist. Ein geistloser Skipper.

»Sag ich doch.« Mit feinem Schwung löst Anna den Haken von der einen Seite, macht den Schritt nach Steuerbord, pickt ihn auf der anderen Seite ein, zieht kurz, löst ihn sofort. Ruder gerade, Schub zurück. Wir gleiten, gleiten, noch zwei Meter, noch einen, aufstoppen! Und Schub voraus. Ruder legen, Pinne nach links, wir kommen frei von den Pfählen, geschafft.

Mein Herz wummert bis zum Hals. Mein Magen ist ein Stein. Meine Beine zittern. Hurra!

Anna kommt mit den Leinen nach hinten, schießt sie auf, wir umarmen uns, tun ganz und gar nicht, als sei dies gewöhnlich. Wir beide und Liv. Auf kleiner Fahrt. Auf so großer Fahrt.

Draußen dampfen wir in die weite Bucht. Setzen erst das Groß. Setzen die Genua. Sechs Komma zwei Knoten. Rauschefahrt. Glückseligkeit in den Knochen. Die Härchen auf meinen Unterarmen surfen im Wind.

Zwei Stunden hin und her, wenden, machen, tun. Nicht alle Handgriffe sitzen auf Anhieb. Aber am Ende sitzen sie alle. Liv macht, was wir wollen. Liv folgt uns. Liv vertraut uns, yes, Sir.

Als am Horizont dickere Wolken aufziehen, machen wir uns auf die Rückfahrt. Die Segel eingeholt. Motor angeworfen. Die Leinen zurechtgelegt. Wieder sprechen wir durch, was wann wie zu tun ist. Wieder dieses Herzbummern. Mit anderthalb Knoten kriechen wir zur Hafeneinfahrt, weil ich mich in aller Ruhe vorbereiten möchte. Ich bin längst vorbereitet, da sind wir immer noch eine halbe Seemeile entfernt. Eine Qual, diese Schleichfahrt. Wie ein Gang zum Schafott.

Das erste Mal ist fast überstanden. Noch so viel zu lernen. Wir werden mit Pumba wiederkommen, mit unserem Sohn, wir werden Nerven lassen. Wir werden herumwispern, bis unsere Stimmen heiser werden. Wir werden es genießen.

Ich schaue Anna an. Anna schaut mich an, die Brauen gehoben.

Langsam drücke ich den Gashebel nach vorne. Nicht sehr weit. Aber weit genug, dass der Motor hochdreht, dass wir mehr Fahrt aufnehmen, dass wir uns mit drei Knoten unserem Hafen nähern.

Als wüssten wir, was zu tun ist. Als seien wir auf dem Weg nach Hause. Als seien dies unsere Perlen da hinten im Kielwasser.

Und wir bald angekommen.

Für Anna,
die im wahren Leben
natürlich nicht Anna heißt
und es bewundernswert erträgt,
den Teufelsskipper
an Bord zu haben

Für unseren Sohn,
der zweifelsohne noch sehr jung ist,
aber schon ein kleiner Seemann

Für meine Eltern,
die vom Schwarzwald aus
an guten Tagen
beinahe
das Meer sehen können

Für Pumba,
die im wahren Leben
genau so wassergeil ist
wie in diesem Buch geschildert

Für Nina,
weil wir an sie glauben

Für alle,
die immer fest
zu Livs Crew gehören werden –
vor allem jenen Männern,
die uns das Segeln beibrachten
und manches andere auch

GLOSSAR Dieses Verzeichnis vermag bedauerlicherweise keinen Ersatz für Lehrbücher zu bieten. Das liegt vor allem am Verfasser, der die Einträge schrieb, wie auf Liv die → Pinne gewachsen ist. Für misslingende Manöver aufgrund ärgerlich unpräziser Beschreibungen bitte den Autor nicht haftbar machen – der kämpft selbst weiterhin mit Tücken aller Art.

ABDRIFT
Seitliche Bewegung durchs Wasser, die mehr zu spüren als zu sehen ist – der Wind drückt das Boot vor sich her. Ein ausgeprägter Kiel verringert die A.

ABFALLEN
Die Pinne so stellen, dass sich der Bug aus dem Wind wegdreht

ACHTERN
Hinterer Teil des Schiffes

ACHTERSTAG
Der dicke Draht, der Heck und Mastspitze verbindet. Stabilisiert den Mast. Lässt sich theoretisch stramm ziehen, um den Mast leicht nach hinten zu biegen. Eins der mysteriösen Instrumente des → Trimmens

(HART/HOCH) AM WIND
Das Boot in einem möglichst spitzen Winkel gegen den Wind segeln. Meist mit viel → Krängung verbunden und mit Mordsunruhe auf und unter Deck

ANLUVEN
Den Bug des Bootes in Richtung des Windes drehen

AUFKREUZEN
Im Zickzackkurs gegen den Wind segeln. Anstrengend. Dauert immer länger als erwartet, weil der gesegelte Kurs mit der Luftlinie wenig gemein hat

AUFLANDIG
Der Wind weht von der See zur Küste. Gegenteil: ablandig

AUFSCHIESSEN

1. Eine Leine so in gleichmäßigen, o-förmigen Buchten zusammenlegen, dass man sie hinterher ohne Wutanfall auseinanderdröseln kann

2. Den Bug in den Wind drehen und dort halten, bis die Fahrt aus dem Boot geht

BACK

Das Vorsegel trotz → Wende nicht auf die andere Seite ziehen. Unterstützt die Drehbewegung. Technik für Fortgeschrittene bei schnellen Wenden oder → Hafenmanövern

BACKBORD

Linke Schiffsseite – wenn man von hinten nach vorne guckt

BACKSKISTE

Stauraum unter einer Sitzbank im → Cockpit. Immer geheimnisvoll riechend. Das Innenleben bietet Stoff für Horrorfilme

BAUM

Querstange, die beweglich am Mast befestigt ist. Die untere Kante des → Großsegels ist darin fixiert. Der B. fegt bei → Patenthalsen übers Deck wie ein Henkersschwert

BELEGEN

Befestigen einer Leine, möglichst elegant und dennoch belastbar

BILGE

Keller des Boots. Hier sammeln sich Ölreste, eingedrungenes Wasser und der eine oder andere Ananasrum, eine Brühe, die von Zeit zu Zeit ausgepumpt werden muss.

BLOCK

Umlenkrolle, die hilft, die auftretenden Kräfte zu bändigen

COCKPIT

Der offene Steuer- und Lümmelbereich am Heck. Eine → Kuchenbude kann das Cockpit in einen zweiten, geschützten → Salon verwandeln. Oder in eine brütende Zeltsauna

DÄNISCHE SÜDSEE

Traumrevier südlich von Fünen. Viele Inselchen. Meist wenig Wassertiefe. Gutes Fernglas erforderlich

DICHT HOLEN
Flaches Trimmen eines Segels durch Ziehen an einer → Schot

DINGHI
Beiboot. Auch Shit Shuttle genannt, vulgo: Shittle

DURCHKENTERN
Seitlicher 360-Grad-Salto des Bootes durchs Wasser. Überlebbar

EINHANDSEGLER
Könner, die ein Boot alleine beherrschen, vor allem → Hafenmanöver

FALL
Leine, mit der man ein Segel setzt

FALLENSTOPPER
Klemme, mit der man das Fall kontrolliert dichter holen oder lockerer machen kann

FOLKEBOOT
Der VW-Käfer unter den Segelbooten; stammt ursprünglich aus Schweden. Was für leidensfähige Segelgourmets

FREIBORD
Abstand zwischen Deckskante und Wasser

GENUA
Den Mast überlappendes dreieckiges Vorsegel. Bei manchen Booten ein Riesenömmel

GROSSSEGEL
Das Hauptsegel, gehalten durch Mast und Baum

HAFENMANÖVER
Lassen Skipper-Herzen höher schlagen. Wenn alles klappt, sehr erfüllend. Wenn nicht: aprupt einsetzender, nicht enden wollender Alptraum

HALBER WIND / HALBWINDKURS
Wind von der Seite. Angenehm. Ruhiges Segeln. Auch schnell

HALSE
Das Heck des Bootes wird durch den Wind gedreht. Obacht: Baum kann herumschlagen! Besonders gefürchtet ist die → Patenthalse

HOLEPUNKT
Verstellbare Blöcke, die die Zugrichtung der Schoten beeinflussen. Hoch-physikalische Angelegenheit

JOCKEL
Umgangssprachlich für: Motor

JOLLE
Kleines, offenes Segelboot, ideal zum Lernen. Sehr kippelig. Auf der Alster kenterfreudig

KATAMARAN
Zweirumpfboot. Was für Couch-Potatoes

KIMM
Die Linie, wo Himmel und Wasser sich treffen

KLAMPE
Am Boot oder am Kai fest installierte Festmachvorrichtung, an der Leinen belegt werden

KLEMMCLEAT
Klemme, um eine → Schot zu fixieren

KRÄNGUNG
Seitliche Neigung des Schiffes. Für Neulinge eher beunruhigend. Gehört aber prinzipiell zum Segeln. Maximale Krängung sollte nicht überschritten werden, sonst → durchkentern

KUCHENBUDE
Zeltartiger Aufbau überm Cockpit. Wer's mag …

KUHWENDE
Kurswechsel bei Wind von seitlich hinten in Q-Form. Ist vor allem bei starken Böen sinnvoll, um den Gefahren einer → Halse zu entgehen

LAZYJACK
Genialer Leinensack, der das Großsegel beim Bergen aufnimmt

LEE
Richtung, in die der Wind weht; windabgewandte Seite der Küste

LEGERWALL
Bedrohliche Position eines Schiffes nahe einer Küste, wenn der Wind auflandig weht

LUV
Richtung, aus der der Wind kommt; windzugewandte Seite

LUVLEINE
Festmacher, auf dem der Winddruck lastet

NIEDERGANG
Treppe vom Cockpit in den → Salon

OPTIMIST
Schalenartiges Miniboot für Kinder mit einem Segel. Putzig

PALSTEK
Wichtigster Knoten, belastbar, schnell lösbar, für tausend Zwecke geeignet. Eigentlich nicht sehr kompliziert. Das Krokodil muss nur durch
den Teich und um die Palme zurück in den Teich hopsen. Oder?

PANTRY
Bordküche.
Im Idealfall mit funktionierendem Kühlschrank

PATENTHALSE
Durch Steuerfehler oder widrige Verhältnisse auf See verursachte unbe-
absichtigte Halse. Zu Recht gefürchtet

PERSENNING
Schutzplane, die übers Cockpit gezogen wird

PINNE
Hebel aus Holz, mit dem das Ruder bedient wird. Viel romantischer als
ein Steuerrad. Auch präziser

PÜTTING
Flaches Eisen, das fest mit dem Schiffsrumpf verbunden ist, und an dem
die → Wanten befestigt sind

REFF
Verkleinerung des Segels, wenn der Wind zu stark wird. Wird immer zu
spät eingebunden.

RELING
Schiffsgeländer

RIGG
Das Konstrukt aus Mast, → Salinge und → Wanten

RISS
Die Form des Rumpfes. Es gibt Risse, die erweisen sich auf See als erstaunlich misslungen. Andere, wie der der Bianca Commander 31, als elegant, stabil, kurzum: beglückend geglückt

ROTT
morsch, gammelig

SALING
Quer am Mast befestigte Strebe, die die → Wanten vom Mast abspreizt

SALON
Gemütliches Wohnzimmer unter Deck. Abends erhellt von Petroleumlampen, die gut riechen. Bücher, Musik, Wein – alles in Reichweite

SCHÄKEL
Mit Bolzen verschließbarer, U-förmiger Verbindungsbügel. Was für Fummelfreunde

SCHAPP
Fach, Schränkchen. Wunderbar, um sich Finger einzuklemmen

SCHEINBARER WIND
Der fürs Segeln relevante Wind. Mathematisch ausgedrückt: Vektorsumme aus dem vor Ort wehenden Wind und dem Fahrtwind. Roger?

SCHMETTERLING
Segelstellung bei gleichmäßigem achterlichem Wind. Groß nach Backbord, Genua nach Steuerbord, oder umgekehrt. Sehr genaues Steuern nötig. Ratsam nur bei schwacher Brise

SCHOT
Leine, mit der ein Segel stramm gezogen wird

SCHWALBENNEST
Fach im Cockpit. Gut für → Winschkurbeln oder Knabbereien

SELBSTHOLEWINSCH
Beim Segelsetzen oder Dichtholen wird die Leine im Uhrzeigersinn um die → Winsch gelegt, was die Arbeit massiv erleichtert. Bei der S. klemmt

die Leine von selbst in der Winsch, eine Hand bleibt daher frei, um etwa die Pinne zu führen.

SPRAYHOOD
Halbrundes Segeltuchverdeck, in das Plastikfenster eingelassen sind. Schützt den Niedergang vor Spritzwasser, Regen und Wind. Oft nicht sehr schick, aber nützlich

SPRING
Leine, die zusätzlich zu den üblichen Festmachern verwendet wird; etwa vom Heck des Boots nach vorne an Land oder vom Bug nach hinten an Land

STAG
In Längsrichtung des Schiffes verlaufendes Drahttauwerk, das den Mast hält

STEUERBORD
von hinten guckend: rechts

TRAVELLER
Laufschlitten, um den Holepunkt der Schot des Großsegels zu verändern. Der T. kann mit Leinen nach Luv oder Lee bewegt werden. Schönes Wort, übrigens

TRIMMEN
Das Feilen an der optimalen Segelstellung. 'Ne Wissenschaft für sich

VERKLICKER
Beweglicher Anzeigepfeil für den scheinbaren Wind an der Mastspitze

VORSEGEL
Ein vor dem Mast angebrachtes Segel, zum Beispiel Genua

WANTEN
An den Püttings befestigtes Drahttauwerk, das den Mast seitlich hält

WENDE
Manöver zum Kurswechsel, bei dem das Boot mit dem Bug durch den Wind geht

WINSCH
Im Uhrzeigersinn mit einer Kurbel zu drehende Seilwinde. Umstandskrämer sollten vorher üben

PIPER

Rüdiger Barth

Endlich weg

Über eine Weltreise zu zweit. 368 Seiten mit 24 Farbbildseiten. Piper Taschenbuch

Kurz vor ihrem 35. Geburtstag brechen Rüdiger Barth und seine Frau aus: Raus aus dem Alltag, der Arbeit, entwischen sie dem nahenden deutschen Winter. Vier lange Monate sind sie dem Leben auf der Spur, reisen einmal um die Erde, erkunden elf Länder auf fünf Kontinenten – Städte und Flecken, von denen sie immer schon geträumt haben, per Flugzeug, Bus, Fähre, Fahrrad, Mietwagen, Moped und zu Fuß. In New Orleans spüren die beiden, wie die Stadt kämpft, auf die Beine zu kommen; in Neuengland treffen sie die verrücktesten Eiscreme-Erfinder der Welt. Auf Guadeloupe packt sie die große Gelassenheit, bevor sie auf St. Lucia in einen irren Wahlkampf geraten. In Rio tanzen sie Samba im Maracana-Stadion, und in Chile genehmigen sie sich Wein, der doppelt so teuer ist wie das Zimmer für die Nacht. Sie tauchen auf der Osterinsel in eine vergangene Zeit ein, tuckern durch das Mekongdelta, machen in Sydney Urlaub vom Reisen. Am Ende, so schreibt der Autor, sind sie keine besseren Menschen geworden, aber glücklichere. Doch noch wartet das letzte Ziel: wieder zu Hause anzukommen.

01/1807/01/L